생존과 번영으로 가는 새로운 길

통일한국의 선택

생존과 번영으로 가는 새로운 길

통일한국의 선택

초판 1쇄 발행 2022년 4월 8일

지은이 강장석
펴낸이 윤관백
펴낸곳 도서출판 선인
디자인 이진호
등 록 제5-77호(1998.11.4)
주 소 서울특별시 양천구 남부순환로48길 1
전 화 02)718-6252/6257
팩 스 02)718-6253
E-mail sunin72@chol.com

정가 32,000원
ISBN 979-11-6068-704-0 93300

생존과 번영으로 가는
새로운 길

통일한국의 선택

강장석 저

도서
출판 **선인**

서언

미래학자
James A. Dator

『통일한국의 선택』은 시기적으로 적합하고 영감을 고취하는 창의적인 연구인 듯합니다. 지금 한국과 세계는 예상치 못했던 많은 도전에 직면해 있고, 그것들이 우리가 의존하고 있는 환경뿐만 아니라 인간의 생존 자체까지도 위협하고 있습니다. 이 모든 것은 전적으로 과거와 현재에 인간이 행한 결정과 행동들의 결과물인 듯합니다. 만약에 인간이 스스로를 멸종의 위기로 몰아간다면, 우리는 이 문제를 직시하고 파국을 면하기 위해서 정직하고 협조적이며 신속히 대응해야 할 것입니다. 그러나 우리 대부분은 그렇게 할 의지도, 능력도 부족한 듯합니다. 마치 어린아이와 같이 잘 이해하지 못하는 제도나 과정들은 쉽게 파괴하는데 앞장서기 보다는 우리 스스로 힘을 합쳐 상상과 용기, 성실함을 가지고 공정하고 평화스러우며 지속가능한 새로운 제도를 창조하는데 적극적인 사명감을 가져야 할 것입니다.

이 책을 통해서 강장석교수는 한국의 미래뿐만 아니라 아시아·태평양지역과 전 세계를 위해서 가장 중요한 문제들 중의 하나를 다루었습니다. 그것은 바로 한반도에 살고 있는 모든 한국인들을 하나 되게 하는, 공정과 평화에 기반을 둔 지속가능한 통일문제에 관한 것입니다. 통일문제는 참혹하고 부질없는 전쟁으로 깨어진 한반도 국민들에게는 당연히 아주 절박한 과제가 될 것이지만, 한편으로는 희망과 두려움의 주제이기도 합니다.

그러나 지금은 우리 모두가 앞을 향해 함께 전진하기 위해서 서로 공감하는 효율적인 해법을 찾고자 노력해야 할 때라고 봅니다. 코로나19의 세계적 확산으로 인해서 적어도 지난 70년 간, 아니 그 이상으로 존재했던 거의 모든 사회제도와 행동패턴들이 작동을 중단했습니다. 우리는 멈춤과 가속을 반복하는 이 잠시 동안의 '시간적 균열'(Cleft in Time) 시대를 활용해서 한반도 통일문제의 유익한 해결책을 찾는 데 앞장서야 할 때라고 생각합니다. 동시에 우리는 지구와 그곳에 사는 모든 인간들의 운명이 인간과 지구에 대해서 행한 자신들의 행위들에 의해서 크게 좌우되는 최초의 시대, 정확히 말해서 '인류세'(人類世, Anthropocene Epoch) 시대의 막대한 도전들에 현명하게 대처해야 할 것입니다.

우리가 해야 할 우선적인 일들 중의 하나는 바로 시간과 자원낭비를 중단하고, 살상을 준비하거나 그 일에 적극적으로 종사하는 사람들을 더 이상 못하도록 중단시키는 일입니다. 우리 인간은 원래 살인자로 태어난 것이 아니라 협조자, 지원자, 공유자, 그리고 사랑으로 태어났습니다. 그러나 그 무정한 살인자를 자연의 협조자로 바꾸기 위해서는 막대한 노력이 필요합니다. 지구상에서 대부분의 인도주의적 시기에는 인간은 비교적 번성하고 공정하며 비(非)살상의 사회에서 살았습니다. 조직적 살인은 비교적 새로운 현상입니다. 이 같은 살상은 인간 간에 협조하고 공유하며 원하는 것을 배울 수 있도록 속히 종식되어야 합니다. 그 의미는 살인자들을 훈련하고 보상하는 행위를 금지하고, 단순히 생존차원에서 살인을 자극시키는 여건들, 이를테면 가난과 굶주림, 불공정과 같은 환경들을 제거하자는 것입니다.

동시에 우리는 범지구적 기후변화문제, 즉 해양수면의 높이뿐만 아니라 전통적인 영농과 수송, 생활방식까지도 파괴하는 재앙적인 기후변화문제의 해결에 우리의 자원과 관심을 돌릴 필요가 있습니다.

이 책은 통일이후 한반도 국민들의 삶을 고무적으로 조명하고 있을 뿐만 아니라, 전쟁 종식을 위해서는 어떻게 생각하고 대처해야 하는지에 관한 모델이 된다고 생각합니다. 뿐만 아니라 이 책은 다음과 같은 새로운 인류세 시대의 많은 도전적 문제들을 다루고 있습니다.

첫째는 우리가 '선호하는 미래'(preferred futures)를 평화스럽고 협력적으로, 그리고 공정하게 창조할 필요성과 그 가능성을 믿는 것이고;

둘째는 성공적으로 통일된 한반도에서 어떤 삶이 예상되는가에 관해서 창조적으로 상상해 보는 것이며;

셋째는 그 비전(vision)이 실제적으로 기능하기 위해서는 무엇이 필요한 가에 관한 사실들(facts)을 수집하는 동시에, 방해요소는 무엇인지를 찾아내고 이를 극복하고 회피하고 최소화해서, 그 비전의 실현에 긍정적으로 작용하는 있는 힘들(forces)을 동원하는 것이며;

넷째는 그 비전이 의도된 대로 실현되도록 가치관과 교육, 언론, 제도와 과정들을 창조해 내는 것이며;

마지막으로는, 새로운 기회와 도전을 맞이하기 위해서 주변 환경을 항시 점검하고, 새로운 정보와 사람을 기초로 비전자체를 재정의 하면서 목표를 향하여 점진적으로, 그러나 단호히 앞으로 나아가야 할 것입니다.

이 책에는 많은 탁견들과 현실적인 제안들을 담고 있습니다. 저는 저자가 제시한 많은 제안들에 대해서 여러분들이 더욱 만족하도록 하기 위해서 다음과 같은 세 가지 점을 강조하고자 합니다.

첫째는 이 책에서도 언급했듯이 통일한국은 어떤 열강(big powers)과도 동맹을 맺지 않는 무장 중립정책(armed neutrality)을 따를 것을 권합니다. 한국전쟁 이래 남북한을 지배해 왔던 정치, 경제적인 세계화의 힘은 상당히 약화된 반면, 지금 인류세(人類世) 시대의 대부분의 과정들은 어떤 국가의 통제에서도 벗어나 지구문제화되었다고 저는 최근 들어 여러 차례 강조한 바 있습니다. 통일한국은 그 어떤 특정 국가의 속국이 되어서는 안 됩니다. 오히려 통일한국은 아시아나 아프리카, 남미나 유럽에 있는 다른 작은 평화의 국가들과 연대해 나가길 희망합니다.

둘째, 저는 오래전에 프레드 릭스(Fred W. Riggs) 교수(하와이대학교)를 통해서 미국 대통령제가 다른 나라에서는 1인의 선출직(대통령)이 과도한 권력을 갖게 되어 대단히 위험하고 불안정하며 비민주적인 제도가 된다는 사실을 알게 되었습니다. 그 결과 필연적으로 대통령과 국회가 교착상태에 빠지게 되고, 군사쿠데타가 빈발한다는 사실입니다. 만약에 정부 제도를 선택함에 있어서 미국 대통령제와 영국 의회내각제 중에서 어느 하나를 택해야 한다면 저는 지금으로서는 의원내각제라고 말하고 싶습니다.

동시에 현재의 모든 통치제도들은 상당히 낡았다고 생각합니다. 그 어떤 것도 긴급한 현안문제를 해결하지 못하고 있고, 앞으로도 그러하리라고 봅니다. 나라별로 좀 차이는 있지만, 민주주의나 독재제도나 더 이상 성공적으로 작동하지 못하고 있습니다. 새로운 우주학에 기반을 둔 신기술들이 인류가 21세기 너머로까지 번성할 수 있도록 비전을 제시하고 실행되도록 할 필요가 있어 보입니다. 한국은 모바일과 인공합성지능과 환경 분야에서 앞서가고 있습니다. 이런 한국인들이 그 재능(talents)을 자신들이 가장 긴요하게 필요로 하는 새롭고 민주적이며 효율적인 국내정부와 세계정부를 창조하는데 쏟아 붓기를 기원합니다.

끝으로, 한국을 비롯한 다른 국가들도 인간과 지구를 살해할 정도로 끝없는 생산과 소비의 증대를 조장하는 지속적인 경제성장의 강박 관념에서 벗어날 필요가 있다고 봅니다. 대신에 우리 모두는 범지구적으로 그리고 지역적으로 단결하여 '인류세 시대'의 많은 도전들에 맞서서 현명하게 대처해 나갈 필요가 있다고 봅니다. 이 보다 더 긴급한 것은 없을 겁니다. 저는 우리 모두에게 희망과 비전의 미래를 제시하고, 새로운 영감을 고취하는 저서를 집필해 준 강장석교수에게 거듭 축하를 드립니다.

2022년 4월
James A. Dator
명예교수
하와이대학교 정치학과 &
하와이 미래학연구센터

이 책을 펴며

    1994년 12월 5일에 우크라이나는 러시아, 미국, 영국과 함께 자국에 남아있던 핵무기(핵미사일 176기, 핵탄두 1천 8백여 기)를 해체하는 대가로 경제원조와 더불어 자국의 주권과 안전보장을 약속받는 부다페스트 안전보장 각서(memorandum)를 체결했으나 2014년에는 러시아로부터 크림반도를 빼앗겼고, 2022년 2월 24일에는 러시아의 전면적인 침공을 받아 많은 국민이 주변국가로 탈출하는 등 국가적 존립위기를 맞고 있다. 이것은 자체적 방어력 대비 없이 평화논리에만 의존한 무모한 결과로 생각된다.

    2021년 8월 15일에는 아프가니스탄에서 탈레반 반군이 수도 카불을 점령하고 정부를 전복하게 되자 수십만 명의 아프간 주민들이 대탈출을 시도하는 아비규환의 현장을 우리는 TV로 목격했다. 이것은 미국이 아프간 내전에 참여한 지 20년 만에 자국 군대철수를 개시하고 그 철수가 완료(8월말)되기도 전에 일어난 일이었다. 당시 그 나라 대통령은 이미 나라를 떠났고, 그 나라의 군과 정부는 무기력했으며 나라를 지키자는 의지조차 보이지 않았었다. 이것은 마치 1975년에 있었던 월남의 패망과 국민들의 대탈출 참극을 재연하는 듯했다.

이것은 누구의 책임이며, 무엇이 잘못 되어서인가? 군대의 무기가 부족해서도 아니었고, 군인 숫자가 부족해서도 아니었다. 그런데도 왜 그런 소수의 반군에게 송두리째 나라를 넘겨주었던가?

우선 정치지도자와 정부가 무능하고 부패했고, 군대가 사명감을 잃었으며, 국민들이 단합하지 못했던 것이다. 이런 나라에서 철수하는 미군만을 탓할 일은 아니라고 본다. 미국은 더 이상 '미국의 이익'에 부합되지 않는 전쟁으로 본 것이다.

이 같은 일은 한반도에서도 얼마든지 발생가능한 일이라고 생각한다. 결코 남의 일이 아닌 것이다. 이런 사태를 보면서 위기 시 올바른 지도자와 국민의 단합이 얼마나 중요한지를, 그리고 약소국에게는 외교가 생명이라는 사실을 절감하였다. 우리의 구한말 때도 그랬듯이 약소국에서 국론이 분열되고 외교에 실패하면 국가 자체를 잃게 되는 것이다.

이런 관점에서 저자는 이 책을 쓰면서 특별한 각오와 사명감으로 임하였다. 다가올 통일에 대비하여 새 국가의 초석이 될 기본 틀에 관한 연구가 시급하다고 생각했다. 그렇지 아니하고 아무런 준비 없이 눈사태와 같이 통일이 불쑥 찾아온다면 우리 국가와 사회가 대혼란에 빠질 수 있음을 크게 염려했다. 그래서 이 연구에 착수했고, 저자가 가진 모든 지력과 경험, 통찰력과 예측력을 총 동원하여 통일 대한민국시대에 가장 적합하고 이상적이며 또한 실현가능한 제도를 창출해 보고자 노력했다. 마치 저자는 조선왕조의 기본 설계도 겪인 〈조선경국전(朝鮮經國典)〉[1]을 집필했던 삼봉 정도전(鄭

---

1) 조선경국전은 1394년(태조3년)에 정도전이 태조 이성계에게 지어 올린 사찬 법전이다. 이 법전은 조선 건국의 설계도이자 일종의 헌법에 해당하며, 상하 2권의 필사본(보물 제1924호)으로 구성되어 있다.

道傳) 선생의 심정과도 같은 마음가짐으로 이 책의 저술에 임했다.

'미래는 꿈꾸는 자의 것'이라고 한다. 저자는 "가장 안전하고 평화로우며, 작지만 강대한, 국민이 진정으로 행복한 통일 대한민국"을 꿈꾼다. 그리하여 새 나라를 생존과 더 큰 번영으로 견인하는 새로운 길을 개척하고자 했다.

책의 내용을 개략적으로 살펴보면, 우선 저자는 미래의 통일한국이 성공적으로 출범하기 위해서는 그 구성원인 국민의 사기와 용기, 희망이 제일 중요한 덕목이라고 생각하여 서두에서 그 가능성을 힘껏 부각시키고자 했다. 한국은 최빈국 수준에서 벗어나 이제는 세계 10위권의 경제대국에다가, 세계 6위의 군사력과 1인당 국민소득이 3만 2천 달러에 달하는 소강국의 기적을 이루어냈다. 그 가능성은 무한하여 통일 후에는 민족의 전성기를 맞아 한반도를 넘어서 만주와 몽골, 연해주는 물론이고 중앙아시아까지도 아우르는 정치 경제적 연대 가능성까지 전망해 본다. 그리하여 통일한국은 1929년에 인도의 시성 타고르(R. Tagore)가 조선인들을 향해서 외쳤던 '동방의 등불'을 넘어서 '세계의 큰 별'로 떠오르는 희망의 대한민국을 그려냈다.

이어서 저자는 통일한국(한반도)의 생존과 안보문제를 최우선 과제로 생각하여 이 연구에 많은 양을 할애했다. 언제나 지정학적으로 열세인 한반도를 우세지대로 전환할 수 있는 획기적인 방안은 없는가? 이 고민의 끝은 이전과는 전혀 색다른 역발상의 비대칭전략으로서 '영세중립노선'을 선택하는 것이다. 보통국가의 평범한 전략으로는 이 난제를 영원히 풀 수 없다는 절박한 판단에서 그 악순환의 고리를 완전히 끊어버리고자 이 특수한 외교안보노선을 제안한 것이다. 다만 이 노선이 성공을 거두기 위해서는 몇 가지 전제가 있는 바, 첫째는 주변 4강(미, 일, 중, 러)과 한반도의 중립노선에 합의(협정)가 필요하고, 둘째 그 중립은 무력(자주국방)에 기반 한 것이며, 셋째 그 중립정책의 실시시기로는 통일 전이 아닌, 반드시 통일이후에 검토됨이 바람직하다.

또한 저자는 통일 후에는 한반도가 전쟁과 폭력이 난무했던 과거를 지양하고자 영세중립노선에 걸맞은 비핵화, 비폭력, 평화지대로 대전환할 것을 제안하였다. 이 평화지대는 무늬만의 무력한 평화지대가 아니라, 국가방어에 충분한 군사력(자주국방)을 갖춘 평화안전지대를 의미한다. 현재 한국이 유지하고 있는 세계 6위 정도의 군사력이라면 이 평화지대 유지에 부족하지 않으리라고 본다. 그러나 통일한국의 군대는 "돈은 덜 들이고 화력은 막강한" 스위스나 이스라엘 군대와 같은 실속 있는 군사 운용체제를 건의했다. 그래서 영세중립국 취지에 합당하도록 국방비도 줄이고, 군인 수도 30만 명 이내로 축소하되, 남녀평등의 전문모병제로 전환하며, 그 전력상의 공백은 더 큰 국력과 경제력의 뒷받침, 그리고 첨단과학기술로 무장한 스마트 군대(smart military)로 메우자는 것이다.

새 국가의 내치와 관련해서는 제2의 건국이념으로서 세 가지(민주, 인본, 평화)의 기본철학을 제안하였다. 중앙정치는 1인 권력지배를 완벽히 차단하고자 대통령과 총리 간에 정부권력을 배타적으로 양분하는 프랑스식보다 개선된 한국형의 새로운 '이원정부제'를 제안하였고, 의회권력 또한 상호견제가 필요하여 양원제 채택을 건의했다. 무엇보다도 통일한국시대에는 중앙집권주의를 지양하고 국민과 주민이 행복한 지방자치, 주민자치를 실현하기 위해서 연방제 수준의 지방분권과 재정분할, 보충성 원칙의 도입을 제안했다.

이 책의 마지막 장에서는 8천만 대한민국 국민의 생계와 먹거리를 책임지고, 보다 윤택한 경제생활을 도모하기 위해서 세 가지의 혁신 조치를 제시했는데, 그것은 국가사회의 완전개방, 과학기술강국, 한류문화의 산업화이다. 이 중에서도 특히 '과학기술강국'에 방점을 두고, 4차 산업혁명시대에 필수영역인 인공지능, 바이오헬스, 친환경기술, 우주산업에 올인(all-in) 할 것을 주문했다. 그러나 인간은 빵과 기술만으로는 살 수 없기에 살벌한 4차 산업혁명시대에서 다소나마 위안을 얻고자 정신적 가치로서 윤리, 도덕률과 인간이 존중되는 '인본사회' 구현을 제시하면서 연구를 마무리했다.

저자는 오랜 기간의 구상과 집필과정을 거쳐서 마침내 이 책을 세상에 내놓게 되었다. 이 연구 속에는 저자가 생각하는 수많은 아이디어와 가치와 이상들이 내포되어 있으나, 이들 모두가 미래에 그대로 이루어질 것으로는 생각하지 않는다. 다만, 앞으로 통일논의가 본격적으로 진행되면 미리 해 놓은 이 연구가 큰 도움이 될 것을 기대해 마지않는다. 사실 통일이후의 과제들에 대해서는 지금까지 정부나 연구기관, 학회 등에서 본격적인 연구나 토론이 없는 것을 저자는 많이 아쉬워한다. 본 연구가 미흡하지만 이들 미래과제에 종합적으로 접근한 최초의 저서라는 점에서 위안이 된다.

이 책을 펴면서 저자의 지적 능력과 식견에 많은 영감을 주신 여러 스승님들께 깊은 감사와 존경을 표한다. 특히 저자의 유학시절 때 미래학이라는 새 학문의 길을 알려 주셨고 이 책의 서문까지 흔쾌히 써 주신 저명한 미래학자 James A. Dator 교수님과, 비폭력의 위대한 정신과 가치를 일깨워 주신 고(故) Glenn D. Paige 교수님, 그리고 대통령제의 한계와 민주정부에 대해서 가르침을 주신 저명한 행정학자 고(故) Fred W. Riggs 교수님께 깊은 감사를 드린다. 이 밖에도 저자의 삶에 많은 정신적 위안과 격려가 되어 주신

모든 분들과 이 책의 출판을 맡아주신 도서출판 선인의 윤관백 대
표님과 이경남 편집팀장께 깊은 감사를 드린다.

2022년 4월

일산 미래학연구소에서

저자 강장석

차례

민족의 통합과 대(大)확장

한반도 통일은 누가 원하든 원하지 아니하든 눈사태와 같이 하루아침에 불쑥 다가올 것을 예상하고 그 대비책으로 미리 이 연구를 시작한다. 이 연구는 통일이전까지의 문제에 대해서는 논외로 하고, 통일이후에서의 핵심 국정과제들만을 연구대상으로 삼았으며, 방법론으로는 주로 미래학과 지정학 관점에서 서술한다.

이 책의 시작은 우선 한민족의 무한한 잠재력과 가능성, 그리고 희망을 보여주고자 한다. 짧은 기간에 민족이 이룩해 낸 놀라운 성과들을 제시한다. 이것을 바탕으로 민족이 해결해야 할 통일과업과 통일 후의 당면과제들에 대해서 구체적으로 논의한다. 무엇보다도 통일에 이르는 방안을 몇 가지 시나리오 방식으로 풀이하고, 통일 후의 당면과제로서 북한지역 개발과 민족의 대 확장을 도모할 만주, 몽골, 시베리아 등지에 대한 진출방안을 상세히 논의한다.

제1장

들어가며

한반도 통일은 거센 쓰나미(tsunami)와 같이 한순간에 몰려오리라고 예상한다. 갑자기 떠 밀려오는 거대한 파도를 순조롭게 맞이하기 위해서는 철저한 사전준비와 대비가 필요하다. 이 나라의 분단은 스스로의 과오도 있겠지만 타(他)에 의해서 만들어진 지극히 인위적이고 부자연스런 것이기에 언젠가는 원래의 모습으로 되돌아가는 것이 순리이고 자연일 것이다. 이 분단의 터널에도 끝이 있을 터인데, 그 끝이 그리 멀어 보이지는 않는다.

막상 남과 북이 하나가 되는 통일이 불쑥 눈앞에 다가온다면 바로 그 날은 8천만의 온 민족에게는 최고의 기쁨이자 축제의 날이 될 것이다. 하지만 얼마 안 가서 이성을 되찾는 순간, 정치사회적으로는 대혼란과 혼돈의 세상으로 변모할 수가 있다. 이 혼란은 지난 1945년 8월 15일 일제 해방 이후의 사회적 혼란보다도 훨씬 더 심각할 수가 있다. 그 때의 혼란이 민족내부의 이념적 갈등에서 온 것이라면, 앞으로 통일 후의 혼란은 사상적으로 완전히 배타적인 두 집단(남과 북) 간의 강제적 합체에서 오는 대립과 갈등이기 때문이다. 이 갈등을 잘 관리하지 못하면 사회적 대혼란은 물론이고, 차라리 통일을 하지 않은 것만도 못하다는 말까지 나올 수가 있다. 이런 심각한 상황을 미리 예상하여 대비해 보고자 하는 것이 본 연구의 배경이자 의도다.

　이 나라 민족은 한반도 땅에서 하나가 되어 함께 사는 것이 정상적이다. 이들은 오랜 세월 여기서 살아왔고 앞으로도 그렇게 사는 것이 자연스런 모습이다. 역사적 관점에서 보아도 이 민족은 최초로 통일국가를 이루었던 통일신라(676년~) 이래 줄 곧[1] 이 땅에서 하나의 민족, 하나의 국가로 살아왔고, 그동안의 수많은 침략에도 불구하고 한 번도 자신들의 정체성을 잃어버린 적이 없던 사람들이다. 하물며 지난 세기 35년간의 일제강점기 하에서도 그들은 분리되지 않았고 하나가 되어 시련을 극복하지 않았던가? 이런 민족이 외세에 의해서 1세기가 다 되도록 남과 북으로 나뉜 채 적대적 관계로 살아가는 것은 분명히 비정상이고 부자연스럽다.

　이런 비정상은 반드시 정상으로 되돌아오는 것이 진리이고 순리라고 믿는다. 분단 70여년이 지난 지금(2021년) 한반도에는 통일의 가능성을 엿볼 수 있는 여러 조짐과 여건들이 쌓여가고 있다. 1990년의 독일통일이 그랬듯이, 한반도에서도 많은 사람들이 생각하는 것보다 훨씬 빨리 통일의 순간이 다가올 수 있다. 그렇게 된다면 남과 북의 7,800만 인구가 한 지붕 아래서 살아가야 하는 현실을 직시해야 한다. 이들은 오랜 세월을 전혀 다른 체제와 환경 속에서 살아왔기 때문에 사실상 이미 상당히 다른 사람이 되어있는 상태다. 생각도, 사고방식도, 가치관도 너무나 다른 상태에 이르렀다고 본다. 그렇기 때문에 통일이 되는 순간 그 기쁨과 환희는 말할 수 없이 크겠지만, 그런 시간도 잠시 일뿐 곧 냉정한 현실세계로 되돌아오지 않

---

1) 후삼국시대인 892년~936년의 44년간은 제외됨.

을 수 없다.

이제부터는 남과 북 진영과 각 집단 간에는 첨예한 이해관계와 입장 차이 등으로 갈등과 대립을 겪게 되고 대혼란과 혼돈의 시기를 맞게 될 것이 내다보인다. 이 같은 상황은 이미 지난 1945년에 광복을 맞으면서 민족 내부의 충돌과 대혼란을 겪었던 과거를 돌이켜 보면 바로 예상해 볼 수 있다. 아마도 그 때보다 더 힘든 상황이 연출될지도 모른다. 이런 위기상황을 미연에 방지하기 위해서는 철저한 사전연구와 대비책이 필요한 것이 자명하다.

잠시 주변을 살펴보면, 거대 공룡국가들로 둘러싸인 한반도는 지정학적으로 언제나 생존의 위협을 받아왔다. 이 나라가 내부적으로 안정을 취하고 있을 때는 생존과 안전에 별 문제가 없었으나, 내부가 흔들리거나 불안정할 때에는 어김없이 주변국으로부터 침략은 물론이고 식민침탈과 민족분단의 수모까지 겪었다. 이것은 아마도 한반도가 위치하고 있는 지정학적 환경에 연유한 것으로도 볼 수 있다. 돌이켜 보건데, 주변의 열강들로 에워싸인 한반도는 대륙세력의 거대한 변화에 요동을 쳤었고, 해양세력의 확장 시에도 몸살을 앓아왔다. 한마디로 한반도는 사방이 포위된 흔들리는 요새라고나 할까. 이런 곳에서 자신들의 생존과 정체성을 확고히 지켜내고 더 큰 번영과 영향력까지 발휘할 수 있는 방책은 무엇이겠는가? 이 물음에 해답을 찾는 것이 본 연구의 목적이 된다.

향후 이 나라가 분단의 벽을 넘어서 어렵게나마 통일국가를 이루어낸다면 그 다음에는 생존과 번영, 그리고 그 이상의 국가로 발전해 나갈 수 있는 치밀한 사전계획과 설계가 준비되어 있어야 할 것이다. 그 설계도는 보다 긍정적이고 장기적 시각에서, 그리고 우리의 꿈과 이상을 가장 잘 담아내는 그런 것이어야 할 것이다. 우리가 어떤 꿈을 꾸고 이상을 그리느냐에 따라서 미래는 아름다운 낙원이 될 수도 있고, 혹독한 겨울이 될 수도 있을 것이다. 미래는 꿈꾸고 소망하는 자의 것이라고 믿는다.

국가도 결코 예외가 아니다. 통일을 이루어낸 후 새 국가를 창설할 때 그 꿈은 참신해야 하고, 희망적이어야 하며, 구성원들이 환호하고 함께 맞이할 수 있는 그런 것이어야 한다. 또한 그 꿈은 원대하고 높은 안목과 혜안을 가지며, 중장기적인 시각에서 치밀하게 설계된 실현가능한 것이어야 하고, 가능하면 주변국들까지도 환영해 마지않는 그런 팔방미인적인 것이라면 더욱 좋겠다. 이런 꿈을 그려내기 위해서는 현실에 대한 깊은 이해뿐만 아니라 국가와 국민의 미래에 관한 깊은 통찰력과 혜안이 따라야 할 것이다. 그렇지 아니하고 미래에 대한 꿈과 이상도 없이 오늘과 현실에만 급급하여 조잡한 그림을 그려 낸다면 그것은 새 국가의 백년대계에 커다란 오점이 될 것이다.

이런 생각에서, 저자가 설계하는 통일 대한민국은 국가와 국민이 진정으로 행복해 하고, 주변국들도 환호하는 새롭고도 참신한 미래 사회를 염두에 두고 있다. 그 설계도에는 이루지 못할 꿈은 없다는 점에서 현실보다는 격상된 이상적인 미래상을 담고자 한다. 그리하여 통일한국은 일제강점기와 전쟁과 분단이라는 역사의 깊은 질곡에서 완전히 벗어나서 자신의 안전과 생존을 확고히 하고, 번영을 이룩하며, 나아가서 주변국들과도 공존과 공영을 달성하면서, 세상과 인류에까지 크게 이바지하는 진정으로 세상에서 빛나는 큰 별이 되는 위대한 꿈을 실현하길 기대한다.

이 책의 연구대상(내용)으로는 통일 후를 대비하여 제2의 대한민국 건국에 필수적인 기본 품목만을 골라서 다루고자 한다. 통일 후에 창설될 대한민국은 통일 이전과는 아주 다른 새로운 국가의 탄생이 된다. 새 국가 건립을 위해서는 여러 부문에 걸친 국가적 선택이 요청되는데, 그것들이 아주 현명하고 위대한 선택이 되기를 바란다. 그러나 그 선택과정은 참으로 지난하고 고통을 수반하는 것일 수가 있다. 이유인 즉, 통일 후에는 생각과 사고방식이 너무도 다른 많은 이질적인 집단과 8천만에 가까운 대(大) 식구가 이 결정과정에 참여하기 때문이다. 통일을 이룬 후에도 정상적인 정부가 가동할 때까지는 일정기간 과도기를 거칠 것으로 예상되는데, 그 기간은 짧을수록 좋다고 본다. 그러나 철저한 사전연구와 준비가 없다면 그 과도기는 길어질 수밖에 없고, 또한 민족 내부적으로 혹독한 시련과 갈등을 겪게 될 것이 예견된다.

그럼, 새 출발을 하게 될 통일 대한민국에 있어서 가장 중요하고 시급한 문제는 무엇인가? 첫째로는 국가의 생존과 안전문제를 확실히 보장하는 일이 될 것이다. 이를 위해서 통일한국은 외교안보상 중요한 선택을 해야 할 것이다. 즉, 지금과 같은 한미군사동맹을 그대로 유지할 것인가, 아니면 그것 없이 독자적인 역량으로 자주 노선을 걸어갈 것인가부터 선택해야 할 것이다. 이와 관련하여 저자는 한반도의 지정학과 현실을 고려하여 무장 영세중립노선을 제안한다. 즉, 통일 후에는 어느 열강 세력에도 편중하지 않는 스위스 방식의 영세중립외교노선을 말하는 것인데, 자기방어능력이 확보된 '무장 '중립노선을 권유한다. 다만 중립노선으로 인해 문제점은 높은 국력으로 뒷받침하자는 전략이다.

이 연구를 통해서 새 국가에 필요한 많은 정책제안들이 이루어지는데, 이들이 실현되기 위해서는 무엇보다도 높은 국민적 사기와 능력이 요구된다고 보았다. 그래서 이 책의 첫 장에서 시련을 이겨

낸 한국인들에게 희망과 용기를 줄 수 있는 많은 성과들을 열거하고, 보다 큰 능력과 가능성을 보여주고자 노력하였다. 그리하여 미래 한국인은 한반도를 넘어서 만주와 몽고, 연해주 지역에 이르는 정치경제적 연대까지도 모색할 수 있다고 보았다.

다음으로는 핵무기와 관련한 선택지다. 만약에 통일 후에도 북한이 개발해 놓은 핵무기가 남게 될 경우, 그것을 어떻게 처리할 것인가는 중차대한 문제가 된다. 그것을 그대로 보유할 것인지, 아니면 완전 폐기할 것인가 등의 선택을 주변으로부터 강요받게 될 것이다. 이에 대한 통일한국의 명확한 입장 정리가 반드시 필요하다. 이 밖에도 통일한국의 안보와 관련하여 국방력의 유지수준과 총 병역 수 및 충원 방법 등에 관한 기본방침을 미리 수립해 둘 필요가 있을 것이다.

그리고 통일 후에 한반도를 어떤 모습의 영토로 운영해 나갈 것인가도 중요한 선택이 될 것이다. 만약에 통일 대한민국이 영세중립노선을 채택한다면 그것에 합당한 것으로는 비핵, 비폭력, 평화지대화가 될 것이다. 이 전략은 약한 자의 선택이 아닌 강한 자의 선택이 될 수 있다. 영세중립을 한다면서 핵무장 국가가 될 수는 없는 것이다. 한반도가 가장 자유롭고 평화로운 중립지대가 된다면 그 이득은 더 없이 클 것이다. 왜 이런 전략이 필요한 것인지에 대한 깊은 논의가 있게 될 것이다.

내치문제와 관련해서는 제2의 건국에 따른 국가 목표와 이념에 관한 연구가 선행될 필요가 있고, 이를 바탕으로 하여 중앙과 지방정부 구성을 비롯한 기본적인 정치제도에 관해 논의할 것이다. 특히 1인 권력독점을 방지하기 위해서 대통령제가 아닌 행정부 권력을 분점하는 '이원정부제'를 추천하고, 의회권력 또한 상호견제를 위해서 양원제를 제안하다. 새 나라에서는 지금과 같은 중앙집권주의에서 완전히 벗어나 발달된 정보통신기술을 활용한 전자민주주의와 시민자치 내지 주민자치시대를 열 것을 제안한다.

이 책의 마지막 장에서는 통일 후 8천만 국민을 경제적으로 풍요롭게 하고 번영까지 가져올 수 있는 각가지 경제 산업적 전략과 윤리문제에 관해서 언급한다. 그리하여 국민 모두가 행복한 세상 만들기에 초점을 두면서 연구를 마무리 한다.

이 책의 연구범위와 관련해서는 책의 제목에서도 표현된 바와 같이, 시간적 범위로서는 남과 북이 하나가 되는 통일 이후 시점의 문제들만을 연구대상으로 삼는다. 다시 말해서 통일이전의 이슈는 이 책의 연구대상에서 제외된다. 이유인 즉, 통일이전의 문제까지 포함한다면 연구대상과 범위가 너무 커지게 되고, 경우의 수 또한 많아져서 적절한 논의와 진행이 어렵기 때문이다. 따라서 이 책에서는 어떤 방식에 의하든 남과 북이 하나가 되는 완전한 통일을 이룬 시점 이후의 국정 과제들만을 연구의 대상이자 범위로 삼았다. 다만, 예외적으로 통일방식에 관한 몇 가지의 가상 시나리오만은 이번 연구에 포함시켰다.

이 연구는 앞으로 등장할 통일한국이 걸어갈 새로운 길을 제시하는 데 그 목적이 있다. 미국의 미래학자 제임스 데이터(James A. Dator)[2]는 "미래는 예측하는 것이 아니라 발명하는 것이다.(The future is not to forecast, but to invent.)라고 하였다. 미래는 예측하는 것도 예정된 것도 아닌, 백지에 새 그림을 그리는 것이라고 보는 것이다. 미래학은 아무도 가 보지 않은 곳에 새 길을 내고

---

2) 저자는 1985~1988년 미국 하와이대학교 대학원 박사학위 과정 시 저명한 미래학자 James A. Dator 교수로부터 수학한 바 있다.

새 집을 짓는 작업으로 생각한다. 물론 미래가 무엇인가에 대해서는 학자에 따라 다른 견해들을 가지고 있다. 미래는 현재의 연장선상으로서 예측가능하다고 보는 견해도 있고, 그 연장선이 굴곡이 심해 굴절되거나 단절되기가 십상이어서 미래예측이 불가능하다는 설도 있다. 아마도 지금 인류가 혹독하게 겪고 있는 코로나-19 팬데믹(pandemic) 현상도 과거의 연장선상이 아닌, 역사의 단절 현상이 아닌가 싶다.

그러나 본 연구는 우선 미래학의 접근방법을 사용하여 미래를 현재의 단순한 연장선상이 아닌, 합리적 창조가 가능한 영역으로 인식하여 새 길과 새 방안을 제시하고, 여러 가지 선택지 중에서도 국익과 국민행복을 우선시 하는 위대한 선택을 가능케 하는 적극적인 방법론을 채택하고자 한다.

미래학의 방법론으로는 여러 가지가 소개되고 있다. 대표적으로는 브레인 스토밍(brain storming)과 집단지성을 이용한 델파이(delphi) 방법, 추세영향분석(trend-impact analysis)과 시나리오(scenario) 기법 등을 들 수 있는데, 본 연구에서는 이 같은 이론적인 방법론 보다는 저자가 평소 가지고 있는 신념과 통찰력, 미래관, 정부기관에서 오랫동안 종사했던 경험과, 그리고 교수로서 연구한 내용 등을 바탕으로 한반도의 미래문제를 내다보고자 한다. 그 밖에 한반도가 위치하고 있는 특수상황을 고려하여 지정학적 접근방법도 적극 활용한다.

이 책의 연구는 시간적으로는 현재의 문제가 아닌, 아직 우리가 가보지 않은 통일 이후의 문제, 즉 통일한국의 기본 틀에 관한 연구이기 때문에 깊은 현실감각과 창의성이 요청된다. 이 분야에 관한 기존 연구는 중립국제도를 제외하고는 사실상 전무한 실정이어서 미래학과 지정학적 시각에서 주로 저자의 직관과 통찰력, 합리적인 미래관에 의존하였다는 점을 밝히며, 이에 따라 이 책에서는 별도로 참고문헌 란을 두지 않고 꼭 필요한 경우에만 해당 면에서 출처와 주(註)를 부기하였다.

제2장

통일과정과 효과

제1절 희망과 가능성을 본 한국인

1. 동방의 등불을 넘어서

1929년 일제강점기 당시 깊은 암흑 속에서 신음하던 조선인들을 향해서 인도의 시성(詩聖) 라빈드라나트 타고르(Rabindranath Tagore)는 이렇게 읊었다.

"일찍이 아세아의 황금시기에
빛나던 등촉의 하나인 조선
그 등불 한 번 다시 켜지는 날에
너는 동방의 밝은 빛이 되리라"[1]

R. Tagore
(1861~1941)

---

1) 이 시는 인도의 시성 라빈드라나트 타고르(Rabindranath Tagore, 1861~ 1941)가 일본 방문 중에 동아일보 기자의 요청을 받고 써서 건네 준 당초 6행의 시였는데, 주요한 선생이 4행으로 번역하여 1929년 4월 3일자 동아일보에 게재하였다. 영어 원문은 "In the golden age of Asia, Korea was one of its lamp-bearers, And that lamp is waiting to be lighted once again, For the illumination in the East."

그의 이 읊조림은 고달픈 식민지배 하에서 신음하던 조선인들에게 분명 커다란 희망의 메시지였겠지만, 이것은 단순한 위로가 아닌 분명 예언가적인 통찰력이었다.

그가 예언한 대로 조선인들은 한국인이 되어 화들짝 잠에서 깨어났다. 구한말로부터 일제강점기를 거쳐 6.25동란에 이르기까지 긴 세월 동안 넘어지고 깨지고 짓밟힌 한민족의 얼과 영혼이 치유 받고 건강을 되찾아 이제는 동방을 넘어 세계에 우뚝 서고 있다. 그러나 이 작은 나라는 수천 년 세월을 지나오면서 한 번도 이웃 나라를 침범한 적이 없었고, 언제나 주변 열강들로부터 침략을 받아 고난을 겪었으나 단 한차례(일제강점기) 외에는 결코 주권을 잃지 않은 채 자신들만의 고유문화와 정체성을 온전히 지켜왔다. 이런 민족에게 이제 새로운 기회와 역사가 시작되고 있는 것을 목격하고 있다. 이제 대한민국은 '조용한 아침의 나라'(the land of morning calm)에서 화들짝 잠을 깨어 세계인들이 몰려드는 평화와 희망의 한반도로 변모하고 있다.

2. 놀라운 성과들: 희망과 가능성을 보았다

1950년대 초에 전쟁과 폐허의 늪을 지난 한국은 1960~1970년대에는 지도자와 국민의 각성에 의해서 잠자던 민족혼을 일깨워 산업화의 기초를 다졌고, 1980년대에는 정치적 민주화에도 불을 지폈으며, 1990년대에 들어서는 어느 나라보다도 신속하게 지식정보사회에 뛰어들어 괄목할 만한 성과를 올렸다. 이것을 바탕으로 밀레니움(millenium) 시대에 들어서는 세계 굴지의 경제대국(10위권) 반열에 오르는 믿지 못할 성과를 이루어 냈다. 전쟁 후 불과 반세기만에 이룩해 낸 기적이다.

새 천년시대에 접어들어 한국 땅에는 외국인들로 넘쳐나고 있다. 한 때 가난하던 시절에는 못내 외면했던 그들이었지만, 이제는 '경제의 양지'를 찾아, 또는 '한류의 물결'에 동참하고자 주변국들뿐만 아니라, 먼 곳 아시아, 유럽, 아프리카, 남미 국가 사람들까지도 작은 한국 땅으로 몰려들고 있다. 그리하여 2020년 현재 전 세계 한류 팬이 1억 명을 돌파했다는 소식까지 들려온다.[2] 그리고 한 때 영어가 그러했듯이 요즘 세계 곳곳에는 한국어 강좌들이 신설되고, K-pop이 세상 곳곳에 울려 퍼지고, 그 노래와 몸짓을 따라하는 외국인들이 늘어나는 모습을 보면서 한국과 한국인들은 미래에 대한 커다란 꿈과 희망, 그리고 가능성을 보았고 확인하게 되었다. 뿐만 아니라 전쟁의 폐허 속에서 70년도 채 안되어 한국인은 이미(2019년) 세계6위의 무역대국에, 세계6위의 군사력까지 보유하고 있어 세계인들이 놀라고 있다. 이것은 결코 우연한 일이 아닌 것이며, 문화민족으로서 오랫동안 잠재했던 한국인의 우수한 기질들이 때를 만나 활력을 되찾았기 때문이 아닌가 싶다.

짧은 기간에 한국인들이 이룩한 성과는 나열할 수 없을 만큼 많다. 한국은 우선 전쟁 후 폐허 속에서 세계 최빈국으로서 원조를 받던 국가에서 원조 공여국으로 전환한 유일한 나라이며, 교육열이 지나칠 정도로 높고 문맹률이 거의 없는 나라, 인터넷 속도가 세계에서 가장 빠르고, 거의 모든 국민이 스마트 폰을 가진 나라 등 세계 1등 대열에 들어가는 것들이 수없이 많다. 특히 경제부문의 성과는 괄목한 데, 전쟁 직후 1958년에는 1인당 명목 국민소득(GDP)이

---

2) 한국국제교류재단, "2020 지구촌 한류현황" 참조.

최빈국 수준인 85달러(USD)에 불과했지만 2019년에는 3만 2000달러(USD)로 세계 30위를 기록했다. 메모리 반도체와 스마트 폰 등 한국의 IT산업은 세계를 선도하는 수준이 되었고, 조선, 자동차, 전자제품 등 제조 산업 또한 괄목할 만하다.

뿐만 아니라, 체육 문화부문에서도 세계적 붐을 일으키고 있다. 한국은 이미 두 차례(하계, 동계)의 올림픽과 월드컵까지 유치한 나라가 되었고, 한국여성들이 각종 세계 프로골프대회에서 연일 우승했다는 소식은 뉴스거리도 되지 못하고 있다. 강한 성취욕과 열정, 은근과 끈기, 그리고 근면과 창의성이 잘 어울려져서 한 때 깊은 시름에 빠져있던 한국과 한국인의 얼을 일깨우고 그들의 신바람 정신을 불러 온 결과가 아닌가 생각한다.

마침내 2021년 7월 2일에 유엔무역개발회의(UNCTAD)는 대한민국의 지위를 기존의 개발도상국(A그룹)에서 선진국(B그룹)으로 변경하는 안건을 만장일치로 가결했다. 이 같은 변경은 1964년에 이 기구가 출범한 이래 처음 있는 일이라고 한다. 한국이 더 이상 개도국이 아닌 선진국 대열에 진입한 것을 유엔과 국제사회가 공식적으로 인정한 셈이다. 이런 모든 현상들은 한국과 한국인들의 무한한 가능성과 밝은 미래를 예견해 준다.

그러나 이 땅에 어찌 좋은 일만 있겠는가? 짧은 시간에 많은 성과를 올리다보니 부작용과 문제점도 뒤따랐다. 아직까지도 상대적으로 높은 사회적 부패지수, 정치권의 후진성, 높은 자살률과 교통사고율, 최저 출산율뿐만 아니라, 노동시간이 많아 가계수입은 늘어났지만 국민의 행복지수는 그에 따라가지 못하는 등의 문제점들도 있어서 앞으로의 해결과제가 되고 있다.

그러나 무엇보다 당대의 한국인이 짊어진 가장 크고 무거운 짐은 당면한 통일과업이다. 분단의 장벽이 한국과 한국인의 미래를 태산과 같이 앞에서 가로 막고 있다. 이 거대 장벽을 무난히 뛰어 넘어서야 대한민국과 한반도는 앞으로 동방의 등불 이상의 진정한 세상의 큰 별이 되어 주변뿐만 아니라 인류공영에 이바지 할 수 있는 기회를 갖게 될 것이다. 이것을 가능하게 해 줄 가장 현실적인 통일 시나리오 몇 가지를 미래학과 지정학 시각에서 가정해 본다.

제2절 통일 시나리오: 넘어야 할 험준한 통일 산맥

1. 시나리오 (1): 최상의 통일 방식
외국군의 영토개입 없이, 4개국 합의에 의한 1국 1정부 1체제 통일

통일은 필요하고 꼭 성취해야 할 민족적 과제임에는 틀림없지만 몇 가지 전제조건이 있다. 우선은 통일과정이 순조로워야 하고, 결과물로서의 통일이 민족의 현재와 미래에 합당하고 완전한 것이어야 한다. 그 과정이 '순조로워야 한다'는 것은 통일과정상 치러야 하는 불가피한 비용과 대가가 민족적으로나 국가적으로 감내할 수 있는 정도라야 함을 말한다. 그리고 '합당하고 완전한 통일'이어야 한다는 것은 문자 그대로 민족사적으로 정당한 통일의 형태이되, 정치적으로는 민족 단일체로서 1국가, 1정부, 1체의 완전한 민족국가(nation state)로의 통합을 의미하며, 동시에 과도적이거나 미완성의 통일이 아닌, 영토 면에서는 현재의 국경선, 즉 한반도와 그 부속도서가 온전히(100%) 하나로 통합되는 통일을 의미한다. 따라서 외세에 의한 영토분할이나 남북 간의 정치적 흥정에 의한 인위적인 연방제 또는 국가연합제와 같은 형태는 일시적이고 과도기적이며 미완성의, 통일 아닌 통일로 간주하고자 한다.

통일을 이루는 방식에는 여러 가지가 있을 수 있다. 그러나 그들 중에서도 저자가 최상으로 그리는 민족과 한반도의 현재와 미래를 위한 가장 바람직하고 정당한 통일방식으로는,

> "통일과정에 외국군의 영토개입 없이, 4자(남, 북, 미, 중)간의 빅딜 협상에 의해서, 자유민주주의체제 하의 단일국가, 단일정부로의 민족 대통합을 이루어내고, 통일한국의 국경선을 현 상태(한반도와 그 부속도서) 그대로 유지하는 통일"이다.

이 방안을 자세히 설명하자면, 한반도 북쪽(북한)에 급변사태 등 어떤 상황이 발생하더라도 한국과 미국은 물론이고, 한미동맹의 강력한 억제정책에 의해서 어떤 다른 주변국(중국, 러시아, 일본) 군대도 북한영토에 진입하는 사태가 발생하지 않고, 4개국(남, 북, 미, 중) 간의 빅딜 협상에 의해 한반도 통일문제를 푸는 것이 최선이자 최상의 방식이 됨을 의미한다. 한반도 통일과정에서 협상의 주체는 어디까지나 남북한 당사자가 되어야 하며, 관련 2개국(미국과 중국)은 중재자 내지 지원자로서의 역할에 그쳐야 할 것이다. 따라서 통일 협상테이블에 앉을 수 있는 주변국으로는 정전협정의 당사국인 미국과 중국만이며, 러시아와 일본은 한반도 통일문제의 직접적인 당사자이 아니기 때문에 이 협상 테이블에 앉을 이유가 없다. 이 두 나라(러시아, 일본)는 지난 날(2003~2007년) 북핵문제 해결을 위해서 여섯 차례 실시했던 이른바 북핵 6자회담(남, 북,

미, 중, 일, 러)의 참여자였던 것을 빌미로 향후 한반도 통일협상테이블에도 앉고자 요구할는지도 모른다. 그러나 이 회담은 그 성격이 전적으로 다르고, 무엇보다 한반도 통일문제에 관한 한 일본과 러시아는 직접 당사자가 될 수 없기 때문에 처음부터 그 참여 대상에서 배제하는 것이 마땅하다.

그리고 영토의 경계선(국경)과 관련해서는, 우선은 현재 남북한이 견지하고 있는 외각 경계선을 그대로 유지함을 전제로 해야 한다. 이 말은 주변국들의 한반도 관여로 인한 영토침탈이나 분할이 있어서는 안 된다는 것을 뜻한다. 여타 백두산 경계문제나 간도문제 등은 통일 이후에 중국과 별도로 타결해야 할 문제로 보아서 통일협상에서 이 문제를 제기할 필요는 없다고 본다.

1) 시나리오 전개

그럼, 최상의 통일 결과를 가져올 구체적인 시나리오를 상정해 보자. 남북통일은 다소 과장적이지만 한반도의 어느 한 쪽(북한)에서 빅뱅(big bang) 수준의 큰 사건이 일어나야 가능할 것이라는 게 평소 저자의 생각이다. 다시 말해서 이 말은 남한과 북한 정권이 현재와 같이 건재(健在) 하는 한, 대화와 협상에 의한 통일방식은 불가함을 의미한다. 세계 정치사를 되돌아보아도 적대 집단 간에 대화와 타협에 의한 국가 통일은 그 유례가 없으며, 이론상으로나 가능한 일로 보기 때문이다. 이런 점에서 이 시나리오에서는 통일로 가는 최초의 발화 기점을 "북한정권의 사실상의 붕괴사태"로 상정하였다.

구체적으로는, 북한 최고지도자의 사망 또는 유고와 같은 긴급사태가 발생하게 되면 북한은 비상사태를 선포한 가운데, 내부적으로는 사태를 긴급 수습한 후에 정권의 후계자 문제를 논의하지만 결론에 이르지 못하고, 점차 정치군부세력 간에는 균열현상을 보이기 시작하고, 마치 남한에서의 1979년 12월 12일 사태 때와 같이, 내부 세력 간에 충돌이 벌어져 그 중에서 승리자가 최고 권력자로서 일단 전권을 쥐게 된다.

그는 주변 세력들을 평정하고 전열을 정비한 후에, 일시적으로는 백두혈통(김평일, 김여정, 김정철 등) 중 한 명(김평일 가능성)을 형식적 후계자로 발탁한 후에 자신이 실권을 행사하는 이른바 1차 과도정권이 탄생한다. 이 과도정권은 갑작스럽게 급조된 군사정권이기에 상당히 불안정하며, 그마저 막후에서 중국(평양주재 중국대사관)이 막강한 영향력을 행사하여 일단 친중적인 정권으로 탄생할 가능성이 있다. 하지만 이 정권은 얼마가지 못해서 무너지게 되고, 또 다른 정치세력에 의해서 대체되어 2차 과도정권이 설립되는데, 이번에는 친중 노선이 아닌, 개혁개방을 주장하는 상당히 중립노선의 정권이 탄생할 수 있다. 이 2차 정권은 내부적으로 인민군대뿐만 아니라 북한주민들로부터도 어느 정도의 지지를 받으면서 내부 수습과 사회 안정을 위해서 진력한다. 그런 다음 이 2차 과도정권은 눈을 외부세계로 돌려 중국과 베트남이 과거 시도했던 것과 같은 개혁개방정책을 선언하고, 그 일환으로서 그동안 적대관계에 있던 미국, 일본과 외교관계를 수립하자는 등 광폭적인 조치를 이어나간다.

그러나 북한사회 내부의 경제사회적 불안은 가중되고, 체제붕괴 조짐과 위기감까지 엄습함에 따라, 이 과도정권은 어쩔 수없이 남한과의 협상을 시도하지 않을 수 없게 된다. 이것을 압박하는 상황으로서, 내부적으로는 군부와 정치세력들로부터 아직도 도전이 계속되고 있는데다가, 북한 주민들의 엑소더스(대탈출)가 광범위하게 일어나 북, 중 국경선은 물론이고 서해안과 동해안을 통해서도 인민들의 탈출이 이어지고 있고, 군인들까지 이에 합세해서 일부 휴전선마저 무너지는 등 사회적 동요가 확산된다. 게다가 대외적으로는 중국이 자국 군대를 북한영토 내로 이동시키려는 긴박한 움직임이 계속 전선으로부터 보고되고 있고, 한미연합군의 정찰기와 전투기들은 연일 북한영토 주변을 선회 하는 등 군사적 긴장수위가 높은 가운데, 북한의 새 지도부는 국가붕괴가 시간 읽기에 들어갔다는 판단에서 더 이상 버티지 못하고, 결국 남한 당국을 향해서 협상의 손짓을 보내지 않을 수 없게 된다. 말하자면 북한의 새 지도부로서는 내우외환의 절박한 상황에 처하게 된 모습이다.

그러나 한 가지 다행인 것은 한미연합군의 강력대응으로 중국 인민해방군은 압록강과 두만강을 아직 넘지 못하고 있고, 러시아 또한 미국의 눈치를 보고 있어 아직까지는 북한영토 내에 외국군의 진입은 없는 상태다. 이 같은 상황유지를 위해서 미국은 한국, 일본과의 합의 하에 유엔안보리에 북한 문제를 긴급 상정하고, 미국과 한국을 비롯하여 어떤 주변국(중국, 러시아, 일본)도 북한 영토 내로 군대를 진입해서는 안 된다는 안보리결의를 이끌어 낸다. 이 때 중국군의 남하유혹을 저지할 수 있는 유일한 힘은 미국의 강력대응 밖에는 없다는 점에서, 한미동맹은 한반도의 운명을 결정짓는 생명줄과 같은 역할을 하게 된다.

2) 4자(남, 북, 미, 중)간의 빅딜 협상

이렇게 북한의 새 지도부로부터 구원의 긴급 콜(SOS)이 있게 되자 남한 당국은 미국과의 합의하에 기다렸다는 듯이 협상테이블을 준비하고 북한의 과도정부 지도부를 기꺼이 초대한다. 협상장소로는 서울도, 평양도 아닌 중간지점인 판문점이 유력하다. 협상테이블에는 남과 북의 대표가 한반도 문제의 당사자로서 마주 앉고, 미국과 중국 대표도 정전협정의 당사자로서 양쪽에 앉게 된다. 이렇게 하여 한반도 문제를 둘러싸고 4자(남북한, 미국, 중국)간에 결렬한 협상이 연일 진행되어 간다.

이 협상테이블에서 북한 측 대표는 우선 남한을 포함하여 어떤 주변국도 자신들(북한)의 영토 내에 군대를 진입시켜서는 안 되며, 자신들의 내정에도 간섭하지 말 것을 강력히 요구하는 한편, 남한 측은 북한에 대하여 경제사회적 지원을 제안하고, 북한주민과 지도층 인사들에 대한 신변안전보장을 조건으로 인민군의 무장해제와 휴전선의 단계별 철거를 요구하는 동시에, 남북 간에 신속히 통일절차를 진행하여 한반도 전역에서 자유총선거에 의한 단일정부수립과, 자유민주주의 및 시장경제체제에 의한 완전한 남북통합을 주장한다.

다른 한편, 이 협상에서 미국 측 대표는 자신들의 최대 관심사인 북한 핵무기 등 대량살상무기(WMD)와 그 시설들의 철거문제를 들고 나오고, 이에 맞서서 중국 측은 미군 또한 북한 영토에 대한 진입을 금하고, 한반도에서의 완전한 철수를 약속받으려 한다. 이같이 4자간의 지루한 협상이 이어진 후 최종결과로서는, 결국 남북한 간의 한반도 통일을 주변국이 인정하되, 남북한 합의에 의한 자유민주주의와 시장경제, 단일정부 구성에 최종 합의한다. 그리고 미국에게는 유엔 전문기구(IAEA)로 하여금 일정한 기간 내에 북한 핵무기와 시설에 대한 사찰과 철거(제거)를 실시할 것에 동의해 주고, 대신 중국에게는 주한 미군의 휴전선 이북으로의 북진이 없음을 확약해 주고, 한반도에서 미군 철수문제는 통일 이후에 재론하는 선에서 최종 결론을 낸다.

정말 이렇게만 된다면 통일과정에서 어느 누구의 피도 흘리지 않고, 4자(남, 북, 미, 중) 모두에게 이득이 되는 그야말로 최상의 윈-윈 게임(win-win game)이 되는 것이다.

〈표 2-1〉 한반도 통일 관련 4자간 빅딜 협상 내용

참여국(지위)	요구 사항 및 합의 내용
남한 (당사자)	- 통일절차의 신속 진행 - 북한 주민과 지도층 인사에 대한 신변안전보장 약속 - 인민군의 무장해제와 휴전선의 단계별 철거 - 자유민주주의와 시장경제 체제 - 남북한 자유총선거에 의한 단일 통일정부 수립 등
북한 (당사자)	- 북한 영토 내에 외국군(한국군 포함) 진입 금지 - 내정 불간섭 - 핵무기 및 시설 등에 대한 접근 금지 - 내부 안정 시까지 일정 시간 부여 요구 - 경제사회적 지원 등
미국 (정전협정 당사자 겸 중재자)	- 일정기간 내에 IAEA에 의한 북한 내의 핵시설 등에 대한 사찰 및 제거 - 중국 인민해방군의 북한영토 진입 금지
중국 (정전협정 당사자 겸 중재자)	- 미군의 북진(북한영토) 금지 - 통일 후에 주한 미군 철수문제 재론

이 시나리오에서 다소 의문이 가는 한 가지는, 중국이 1961년에 북한과 상호우호협력조약(군사동맹)을 체결함으로써 유사시 북한에 대하여 자동 군사개입권(조약 제2조)까지 가지고 있는 마당에 북한 내부의 붕괴상황을 좌시만 할 수 있을 것인가이다. 그래서 중국은 여차하면 북한 땅에 즉각 투입 가능한 충분한 군대를 북-중 국경 주변에 전진 배치하고 있는데, 이들이 일방적으로 남하를 감행할 때, 위기에 처한 북한 당국이 이것을 과연 반대하거나 저지할 물리적 능력이 있겠는가의 문제이다. 이에 대한 유일한 해법으로는 유엔안보리 등을 통한 미국의 외교력과 한, 미, 일 연합군의 강력한 대응책 밖에 없을 것이다. 이 대응책은 러시아군의 남하 저지에도 그대로 적용될 수 있을 것이다.

3) 남북 당사자 간의 빅딜 협상: 1국, 1정부, 1체제 목표

앞의 시나리오에서와 같이, 한반도 문제에 깊은 관련이 있는 4자(남, 북, 미, 중)간에 빅딜협상이 성공을 거두게 된다면, 뒤이어 남북 간에는 직접 당사자로서 통일절차와 내용에 관한 구체적인 빅딜 협상이 별도로 마련되어야 할 것이다. 우선 통일의 형태와 관련하여 격론이 예상되는 데, 북한 측 대표는 '연방제'나 최소한 '낮은 단계의 연방제'와 같은 상투적인 자기식의 통일방안을 들고 나올 가능성이 아주 높다. 이에 대응하여 남측으로서는 협상이 순탄하게 진행되지 않으면 '남북연합제'카드를 만지작거릴 수가 있다. 그러나 이들 모두는 통일 이전에 남북한 당국자들이 제각기 자신들의 정권 유지 차원에서 내 놓았던 정당성 없는 비현실적인 제안들로서 통일을 지연시키고 사회적 혼란만을 야기한다는 점에서 결코 받아들여서는 안 될 것들이다.

사실 남한의 자유민주주의체제와 북한의 공산사회주의체제는 그 본질과 실상에 있어서 마치 '물과 기름'과 같은 이질적인 것으로서 연방제가 되었든 국가연합제가 되었든 '한 지붕 두 가구'가 공존할 수 없는 본질적 한계를 지니고 있으며, 단지 분단을 연장시키는 기만술에 불과하다고 보기 때문에 반대한다.

좀 더 내용을 살펴보면, 북한 측이 통일 이전에 줄기차게 주장해 온 이른바 고려연방제는 1980년 10월 10일에 노동당 제6차 대회 (김일성연설)에서 '고려민주연방공화국창립방안'이라는 공식 명으로 제시되었다. 이 방식은 남북의 양 지역정부가 내정을 맡고, 외교와 국방은 중앙정부(연방정부)가 맡는 '1민족 1국가 2제도 2정부'의 통일방식이다. 이 방안에서 구상하고 있는 기구로는 남과 북의 사상, 제도를 그대로 인정하는 가운데, 중앙에는 남과 북의 대표가 동등하게 참여하는 '민족통일정부'를 세우고, 그 밑에는 남과 북이 동등한 권한과 의무를 갖는 각각의 지역자치정부를 두는 이른바 '연방공화국'을 창립하여 통일하자는 것이었다. 좀 더 구체적으로 보면, 연방정부의 기구로서는 남과 북이 동수의 대표와 해외동포대표를 포함하는 '최고민족연방회의체'를 구성하고, 그 상임기구로 '연방상설위원회'를 두어 정치, 국방, 외교 등 연방국가의 전반적인 사업을 주관하도록 한다는 것이다. 그리고 이들 두 기구의 공동의장과 공동위원장은 남과 북이 윤번제로 맡으며, 국호는 '고려민주연방공화국'으로 하고, 외교노선으로는 비동맹, 중립국 노선을 채택한다는 것이었다.

그 후에도 북측의 김일성은 1991년에는 남과 북의 지역정부에 보다 많은 권한을 주는 이른바 '느슨한 연방제' 안을 제시하였고, 그 이후에도 북한의 김정일과 남측의 김대중대통령 시절에는 연방제 하에서 양측의 지방정부에 더 많은 자치권과, 심지어 일부 외교, 군사권까지 허용하는 이른바 '낮은 단계의 연방제'라는 표현이 나왔고, 이것에다가 남측 정부가 주장해 왔던 남북연합제와의 연결까지 시도해 보았으나, 결국에는 남측의 새로운 보수정부의 출현과 국민의 반대로 인하여 더 이상 진전을 보지 못하고 흐지부지 되고 말았다.

한편, 통일 이전에 남한 측에서 주장했던 '연합제' 방식에 의한 통일은 실존하는 남한과 북한 정부가 각기 완전한 주권과 정치체제를 그대로 유지한 채 일정 과도기를 거쳐 완전 통일에 이르고자 하는 구상이었다. 일명 '남북연합'은 1989년 9월에 남한의 노태우정부가 발표한 '한민족공동체통일방안'이라는 구상에서 출발하여, 1994년 8월에 김영삼정부가 제시한 '민족공동체통일방안'으로 일부 수정, 보완되어 남쪽 정부의 공식적 통일방안으로 되어 왔었다. 이 방식은 "선(先) 민족적 동질성 회복, 후(後) 완전한 민족통일"의 수순을 상정하였다. 남과 북의 두 정부를 관리할 기구로서는 정상회의, 각료회의, 남북평의회 등의 기구를 상정하였다.

이 방식의 특징은 남과 북이 대외적으로 각자 완전한 외교권과 군사력을 보유한 주권국가로 존재하고, 다만 대내적으로는 국제법상의 국가관계가 아닌 남북한 간의 '특수 관계'를 상정하였다. 따라서 이 방식은 사실상 두 주권국가를 묶는 느슨한 형태의 연합제(confederation 또는 commonwealth) 형식으로서, 성격상으로는 주권적 상하관계 내지 상호 기속적인 관계에 놓이는 연방제(federation)와는 다르고, 오히려 느슨한 형태의 유럽공동체(EU) 내지 노르딕(Nordic) 연합체와 엇비슷한 성격으로 보인다. 그러나 이 남북연합제 구상은 김대중정부 때 남북 간 정상회담을 통해서 북측이 주장한 연방제 안과의 절충을 시도하였으나 결국 성공하지 못하고 남측만의 구상으로서 머물게 되고 말았다.

이렇게 하여, 통일 이전에 북측 정부가 주장했던 '고려연방제통일 방안'이나, 남측 정부가 제시했던 '민족공동체통일방안(남북연합)' 은 공히 주권자인 양측 국민의 열띤 토론이나 공론의 절차를 거치 지 않은 채, 각기 정권유지 차원의 일방적인 주장과 도식에 불과하 여 현실적으로는 채택가능성이 전무하였으며, 단지 통일을 위한 통 일 방안으로서 대외적 전시효과 밖에 얻지 못했다.

다시 시나리오로 돌아와서, 많은 세월이 경과한 후에, 그리고 한 반도의 정치지형이 완전히 바뀐 상황에서 협상테이블에 나란히 앉 은 남북한 대표 간에는 또 다시 오래전에 각기 주장했던 통일방식 들을 꺼내들 수가 있다. 그러나 북측 대표는 완전히 지형이 기울어 진 협상테이블에서 더 이상 자신들의 안(연방제 또는 느슨한 연방 제)을 계속 주장할 처지가 못 된다는 것을 곧 갈파하게 된다. 연방 제나 남북연합제는 양측 정부가 건재할 때나 검토 가능한 것들인 데, 한 쪽(북한)이 몰락의 위기에 처한 긴급 상황에서는 더 이상 과 거의 비현실적인 방안을 다시 거론하는 것 자체가 무의미한 것이기 때문에, 오히려 북한 측으로서는 체제붕괴를 전제로 "줄 것은 내주 고, 받을 것은 받아내는 식"의 현실적인 타협안을 내는 것이 현명할 것이다. 그 결과로서 나올 수 있는 최종 카드는 연방제도, 연합제도 아닌, 남북이 영원히 하나가 되는 '단일국가'와 '단일정부'에 합의하 는 것이다. 이것이야말로 분단 이전의 원점으로 돌아가는 완전한 민족통일이 되는 길이다.

여기까지 합의가 이루어진다면, 그 다음 주제로서는 체재문제가 되는데, 북한 측은 다 무너진 자신들의 내부사회를 돌아보면서 그 주범이었던 공산주의나 사회주의체제를 고집할 수가 없는 형편이 될 것이다. 중국이나 베트남 식의 정치적 사회주의와 경제적 시장경제를 혼합한 제도를 하자고 우길 수도 있겠지만, 이것 또한 상황적으로도 맞지 않고, 이미 때를 놓친 지나간 배에 불과하다. 울며 겨자 먹기 식으로 북측은 불가피하게도 인류사회에서 이미 공증된 자유민주주의와 시장경제체제를 받아들일 수밖에 없게 될 것이고, 대신 남측은 북한사회가 사실상 몰락하게 되는 경우에도 북한 주민이나 지도층 인사들에 대해서는 신변상의 안전보장을 확약해 줄 필요가 있을 것이다. 여타 통일절차문제에 관해서는 앞서 있었던 4자간의 빅딜협상에서 합의 된 대로 진행하는데, 자유민주주의체제 하의 단일국가와 단일정부가 되기 위해서는 남북 전역에서 자유총선거가 실시되어야 하고, 그 결과로서 통일정부를 탄생시켜야 할 것이다. 이렇게만 된다면 내용적으로는 독일통일과 같은 남한 중심의 일종의 흡수통일방식이 되는 것인데, 이것이야말로 가장 합리적이고 민족의 미래를 위해서도 합당한 통일방식이 될 것이다.

이와 같이 해서 한반도에서 피를 흘리지 않고 물이 높은 데서 낮은 곳으로 자연스레 흐르듯이 경제와 민주화에 꽃을 피운 남한 중심으로 완전한 통일을 이루어낸다면 민족사적으로도 더 없이 좋을 수가 없을 것이다. 이 시나리오야말로 통일비용이 가장 저렴하고 최대효과를 가져오는 최상의 선택으로 여겨진다. 하지만 이 시나리오에는 많은 가상적인 요소들을 포함하고 있기 때문에, 그 실현가능성에 대해서는 확답을 하기가 결코 쉽지 않다. 다만, 민족의 염원과 바람을 담은 미래를 향한 최상의 시나리오로서 훗날 통일과정에 깊은 참고가 되길 바란다.

2. 시나리오 (2) : 현실가능성이 높은 통일 방식
북한 분할점령 후, 4자간 빅딜협상을 거친 후, 남한 중심 통일

1) 4개국(한, 미, 중, 러)에 의한 북한 분할점령 시나리오(1안)

지금부터는 한반도 통일과정에서 현실적으로 실현가능성이 상당히 높은 시나리오 하나를 그려 본다. 결론부터 말하자면, "한국과 주변3국에 의한 북한영토의 분할점령이 이루어진 후, 일정기간 경과 후 점령군(4자: 한, 미, 중, 러) 간의 빅딜협상을 거쳐 합의에 이른 다음, 점령군들의 한반도 철수가 이루어지고, 그 후에 사실상 남한주도의 통일"로 진행하는 시나리오다.

좀 더 자세히 설명하자면, 북한사회가 최고지도자의 유고 등 사유로 급변사태를 겪게 되고, 내부분열과 체제붕괴가 임박하게 되자, 중국은 기다렸다는 듯이 미국의 개입에 앞서서 미리 전진배치해 둔 자국의 국경주둔 군대를 즉시 북한영토로 진격시킨다. 이를 지켜본 러시아 군대 또한 국경을 넘어 북한영토로 진군하며, 이에 대응하고자 한미연합군이 동해안과 서해안, 그리고 일부는 휴전선을 넘어 북진을 결행함에 따라, 결국 북한 땅은 4개국(한국, 미국, 중국, 러시아)의 분할점령에 들어간다. 이것은 마치 2차 세계대전이 끝나자마자 연합국들(미국, 영국, 프랑스, 러시아)이 독일과 오스트리아를 분할 점령하는 방식과 같은 것이다. 일정기간이 경과된 후 이들 점령군은 서로 간에 '주고받는 식'의 빅딜(big deal) 협상을 벌이게 되고, 우여곡절 끝에 4자 간에 최종합의에 이른 다음에야 각기 군대를 북한 땅에서 철수하게 되며, 이후의 한반도 통일문제는 사실상 남한이 주도하는 통일로 결론이 나는 가설이다.

북한 땅의 분할점령 당시에 가장 먼저 선제공격을 단행한 중국

인민해방군은 조, 중우호협력조약(1961년)에 명시한 자동개입조항(제2조)을 빌미로 북한을 지원한다는 명분을 내 세워 신속하게 남하를 결행하여 평양까지 입성하게 되고, 곧이어 양강도와 자강도뿐만 아니라 함경남도까지 점령범위를 넓힘으로써 대동강과 원산만을 잇는 광대한 북한영토를 점령하게 된다. 이렇게 함으로써 중국은 북한이 목숨을 걸고 지키고 있던 핵무기와 시설들을 자신들의 관리 하에 둘 수 있게 되고, 무엇보다도 동해안을 통해서 중국이 막바로 태평양으로 진출할 수 있는 해상 교두보를 확보한다는 점에서 엄청난 이득을 얻을 수가 있다. 이것을 지켜보던 러시아로서도 한반도에서의 전리품을 챙길 목적으로 남하를 결심하게 되고, 그 결과 함경북도 일대를 점령하게 된다.

이렇게 북한 땅이 중국군과 러시아군에 의해 강점되자, 한국과 미국의 연합군은 동해안과 서해안을 통해서, 그리고 일부는 휴전선을 돌파하여 북진을 결행하여 황해도와 강원도, 평양남도 일부를 점령하고 평양근교까지 진격한다. 이에 앞서 미군은 중국군의 남하가 시작되자마자 북한의 일부 핵시설에 대한 외과수술식의 폭격(surgical strike)을 단행하여 일부 핵무기와 시설을 폭파한 바 있다. 일본도 초기에는 북한영토점령에 가담하려고 시도하였으나 한국의 극력 반대와 미국의 만류로 인하여 결국 계획을 포기한다. 이렇게 되어 북한은 자신이 가지고 있던 핵무기 사용도 불가하게 되고 인민군대도 지리멸렬한 가운데 결국 수도인 평양을 비롯하여 북한의 전 국토가 점령군 군대에 의해서 분할 점령되는 수모를 겪게 된다.

한편, 이와 유사한 시나리오가 이미 미국 쪽에서 나온 것으로 전해졌다. 버락 오바마(Barack Obama) 정부 시절인 2009년에 북한

〈그림 2-1〉 북한영토에 대한 4개국 분할점령 가상도

체제의 붕괴시나리오를 다루었던 미국의 민간연구기관인 전력국제
문제연구소(CSIS)가 '국방정책 4개년 보고서'(QDR)에서 북한붕괴

시의 가상 점령시나리오를 작성했다고 하는데, 그것에 의하면 황해
도는 유엔이 점령하고, 강원도는 미국과 일본이, 함경북도는 러시
아가, 그리고 평안도와 자강도, 양강도, 함경남도는 중국이 각각 점
령한다는 가상도다.

앞서 저자가 제시한 시나리오와의 차이는 이 연구기관(CSIS)의
가상도에는 일본이 북한 점령에 가담해서 미국과 함께 강원도를 점
령한다는 것인데, 저자는 그렇게 보지 않고 일본은 한국의 강력한
반대도 있겠지만, 전쟁과 그 참여를 금지하는 자신들의 평화헌법
(제9조) 규정으로 인하여 북한점령에 결국 참여하지 못하게 되고,
대신 한미연합군이 강원도를 포함한 평양이남 지역을 점령한 후에
평양까지 입성하는 것으로 저자는 상정하였다.

〈그림 2-2〉 미국 민간연구기관(CSIS)의 북한 분할 가상도(2009년)

그리고 이 가상도에는 유엔군이 황해도를 점령하는 것으로 되어 있는데, 이것은 타당하지 않다고 본다. 왜냐하면 이 워 게임(war game)에는 이미 미국, 중국, 러시아 등 3국이 분할점령에 참여하고 있고, 이들이 모두 유엔안보리 상임이사국이기 때문에 별도로 다른 유엔군을 파견한다는 것은 이치에 맞지 않기 때문이다. 유엔군이 터무니없이 북한 땅을 점령한다는 것은 넌센스(non-sense)로 보인다. 아무튼 이것은 어디까지나 가상도에 불과하기 때문에 실제와는 많은 괴리가 있을 수 있다. 그리고 이 가상도는 미국정부에 의한 공식적인 것이 아닌, 하나의 민간연구소(CSIS) 차원의 연구라는 점에서 그다지 확대 해석할 필요가 없다고 본다.

2) 중국군에 의한 '부분'분할점령 시나리오(2안)

앞의 시나리오(1안)에서는 북한의 전체 영토에 대한 4개국 분할점령의 가설을 설정했는데, 제2안으로서 이와는 조금 달리 중국군에 의한 '부분 점령'가능성을 상정해 볼 수가 있다. 시나리오 내용인즉, 북한붕괴 초기에 혼란을 틈타서 중국 인민해방군은 조, 중우호협력조약(제2조)에 따라 북한을 지원한다는 명분으로 일방적으로 압록강을 건너 남하를 계속하여 평양시내에까지 입성을 완료하고, 다른 또 하나의 중국군단은 두만강을 도하, 남하하여 함경북도 전역을 장악하는 기습적인 조치를 단행한다. 이에 따라 북한의 평양이북지역 대부분은 중국군이 장악한 상태가 된다. 그러나 중국군의 더 이상의 남하는 한미연합군의 강력한 대응에 막혀 그 상태에서 머물러 있다. 한편, 이때 러시아 군대도 북한 땅으로의 진출을 시도하였으나 함경북도 지역에 대한 중국군의 선제적 침투와 미국의 극

〈그림 2-3〉 중국군에 의한 북한영토 '부분' 분할점령 가상도

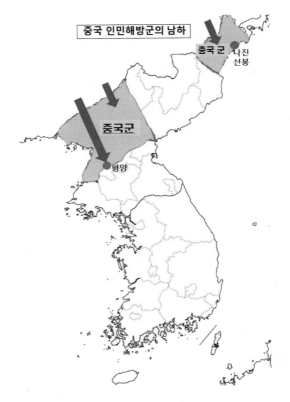

력 저지에 막혀서 러시아는 남하 계획을 포기한다.

한편, 미군은 중국 인민해방군의 남하가 시작되자말자 혼란을 틈타서 선제적으로 북한 내의 일부 핵시설에 대한 폭격을 단행한다. 그 후 한미연합군은 한반도 북측 주변에서 강력한 무력시위를 펼치면서 중국군의 더 이상의 남하와 러시아군의 이동을 막는 한편, 유엔안보리를 통해서 중국 및 러시아와 협상을 추진한다. 그런 다음에 4자(한, 미, 중, 러)간에 가까스로 합의가 이루어짐에 따라 중국

군은 울며 겨자 먹기 식으로 결국 북한 땅에서 자국 군대의 철수를 결심하게 된다. 그러나 중국은 자신들이 점령하고 있는 함경북도 북단의 일부지역에 대해서는 계속 점령을 요구하면서 협상을 끌고 나간다. 왜냐하면 이 지역은 중국이 동북3성에서 곧바로 동해와 태평양으로 진출할 수 있는 해상 교두보가 되기 때문에 이곳을 결코 포기하지 않으려는 속셈이다.

그런 속셈을 누구보다 잘 알고 있는 미국과 러시아는 물론이고 한국까지도 중국의 의도에 반기를 들고 나서지만 좀처럼 중국은 포기하지 않는다. 중국 측 입장에서는 평양과 여타지역은 포기할 수 있어도 동해로의 진출로가 있는 나진항과 그 주변지역은 포기할 수 없기 때문이다. 따라서 이 항구 지역에 대한 할양이 없다면 중국은 철군을 할 수 없다는 강경한 입장을 보인다. 러시아로서는 이 지역이 중국에 할양된다면 러시아와 한반도의 연결고리가 차단되는 결과가 되기 때문에 중국할애에 반대하고 나선다. 엎치락뒤치락 끝에 나진항과 그 주변에 대한 중국의 30년 조차권을 인정하는 선에서 최종 합의가 이루어짐에 따라 끈질긴 중국군은 평양을 비롯한 북한 전역에서 완전히 철수하게 된다. 그러나 이 나진항의 조차권도 통일 후에는 한국 민들의 거센 저항과 위세에 눌려 몇 년 안가서 결국 포기하게 된다.

이상과 같이 두 가지의 북한영토 분할점령 시나리오를 상정해 보았는데, 처음의 제1안과 같이 북한 땅을 4개국이 분할점령하든지, 아니면 제2안과 같이 중국에 의한 부분적 점령이 이루어지든지 간에, 그 점령은 타국 영토에 대한 침략행위에 해당되므로 국제법상으로 정당화 될 수 없기에 일정시간이 경과된 후에는 결국 당사자들 간에 빅딜협상이 벌어질 수밖에 없다. 그 협상내용에 관해서는 앞서 시나리오1(최상의 통일방식)에서 제시한 협상 항목들이 여기에도 그대로 적용될 수 있을 것이다(앞의 〈표 2-1〉 참조). 즉, 러시아와, 특히 중국은 미군의 휴전선 이북으로의 북진 저지와 궁극적으로는 미군의 한반도 철수가 최대 목표가 될 것이고, 미국은 북한 내의 핵무기와 미사일 시설 제거가 지상 목표가 될 것이다.

일본도 한반도 분쟁에 개입, 일정 지분을 얻으려고 획책하겠지만 남북한의 극심한 반대로 그 시도가 무산된다. 한편, 이 협상에서 남한이 요구하는 것은 우선 북한 땅에서 외국군 모두가 완전 철수하는 것이고, 그 다음에 우리(남한)가 주도하는 완전한 남북통일(1국, 1정부, 1체제)을 실현하는 것이다. 이 시나리오에서 북한은 이미 사실상 붕괴상태이기 때문에 통일논의에 북한 측 대표를 참여시키는 형식을 취하겠지만 사실상 남한 주도의 흡수통일로 가게 될 것이다.

이상에서 내다 본 바와 같이, 한반도의 통일과정에서 최대 걸림돌이자 장애물은 중국임을 상정한다. 중국은 압록강과 두만강을 사이에 두고 북한과 약 1,340km의 국경을 마주하고 있다. 중국은 이미 한국전쟁 때 직접 개입한 전력이 있는데다가, 1961년에는 북한과 군사동맹조약인 '조, 중우호협력조약'을 체결하여 한반도 유사시에 자국군의 한반도 자동개입장치(조약 제2조)를 국제법적으로 마련해 놓고 있다. 뿐만 아니라, 중국은 자국의 국력이 커짐에 따라 학술연구를 가장한 이른바 동북공정(東北工程)이라는 사업을 벌려 고구려 역사마저 자국에 편입시키려는 등 역사왜곡을 시도하고 있고, 이것을 바탕으로 북한붕괴 시 자국군대의 한반도 진출을 정당화하려는 만반의 준비를 하고 있다는 의심을 받고 있다.

무엇보다도 중국의 한반도 개입의 현실적 이유로는 미국의 영향력 차단을 들 수 있다. 중국으로서는 북한이라는 존재가 미국의 대

중(對中) 영향력 차단을 위한 완충지대로서 중요한 지정학적 가치가 있는데, 남북한이 자유민주주의체제로 통일되고, 미군마저 한반도에 계속 남게 된다면 자신들(중국)에게는 치명적일 것이다. 다시 말해서, 미군이 압록강과 두만강 유역까지 북상한다면 동북아 3성은 물론이고 공산주의 중국에는 치명적인 영향을 미치게 될 것을 심히 우려하는 것이다. 이런 이유들에서 중국은 체제동반자인 북한 땅에서 붕괴사태가 발생하면 그것은 곧 자신들의 발등의 불로 생각하여 한국전쟁 때와 같이 유사시에 즉각 한반도에 자신들의 군대를 진격시킬 가능성이 아주 높다는 점을 지적하고 싶다.

그러나 중국에 비하여 러시아군의 한반도 진입가능성은 상대적으로 낮다고 본다. 러시아는 북한과 두만강 하류지대에 약 17km 가량 국경을 맞대고 있지만 중국보다는 북한에 대한 이해관계가 덜하고, 미국을 많이 의식하고 있기 때문에, 미국이 강력한 대응과 조치를 취한다면 일단 러시아의 남하는 막을 수 있다고 본다. 그러나 중국이 노골적으로 평양까지 접수하고 상당한 북한영토를 점령한다면 러시아군도 함경북도까지는 진출할 가능성이 있다고 본다.

하지만 일본의 경우는 한반도 상황에 자신들도 개입하여 전리품을 얻고자 하는 마음은 꿀떡 같겠지만, 우선 미국의 손바닥 안에서 마음대로 할 수가 없고, 자신들의 헌법상으로도 타국의 영토개입에 문제가 있고, 한국 또한 일본의 개입을 극력 반대하기 때문에 일본의 직접 한반도 개입은 결코 용이하지 않으리라고 본다.

이렇게 하여, 점령군들이 모두 북한영토에서 철수하게 된다면 남는 일은 한반도 통일절차가 될 것이다. 이 쯤 되면 북한사회는 이미 거의 붕괴상태가 되어 있을 것이고, 인민군 또한 거의 해체상태가 되기 때문에 통일문제는 주변국들의 양해 위에서 결국 남한정부 주도로 신속히 진행할 수가 있을 것이다. 그 결과 남북한은 유엔 감시하에 전 민족이 참여하는 자유총선거를 실시하여 자유민주주와 시장경제를 기본질서로 하는 단일국가에, 단일정부를 세움으로써 민족의 숙원 사업인 통일과업을 달성하게 되는 해피 엔딩이 될 것이다.

3. 시나리오 (3): 최악의 통일 방식
북한의 무력 적화 시도 & 핵전쟁

　만약에 북한인민군에 의해 한반도가 무력 적화 통일된다면 그것은 민족사적으로나 한민족에게는 최악이자 더 큰 불행은 없을 것이다. 그러나 이것이 전혀 불가능한 일이 아닐 수도 있다. 1990년 독일통일의 경우에는 민족 상호간에 참혹한 전쟁이 없었기에 당시의 국제적 기류를 최대한 활용하여 자신들의 통일을 이루어낼 수가 있었다. 하지만 한반도는 경우가 많이 다르다. 우선 동족 간에 참혹한 전쟁을 치렀고, 그 상처가 아직도 아물지 않은 상태인데다가, 그동안 서로 간에 자유로운 왕래나 교류다운 교류가 없었던 그야말로 냉전 상태가 오랜 기간 지속되어 왔다. 물론 간간히 남북 간에 몇 차례 정상회담이 있었고, 일시적인 인적, 물적 교류가 있었지만 그것은 한반도의 지형을 바꿀만한 수준의 것이 아닌, 교류를 위한 교류 수준이었다고 말할 수 있다.

　통일 전 북한은 나름대로 자기식의 공산사회주의체제를 공고히 해 왔지만 그것은 칼 막스(Karl Marx)와 레닌(V. Lenin)이 주창했던 이상적인 프롤레타리아 사회주의가 아니라, 폐쇄된 1인 수령지배체제로 변질된 전체주의방식에 의해서 인민들을 지배해 왔다. 게다가 외교, 경제적인 고립과 황폐화를 겪는 가운데 미국과 남한의 위협에 대응하고자 나름대로 비용 대비 가성비가 가장 높은 핵과 미사일 개발로 응수해 왔다. 이런 북한이 핵과 미사일을 앞세워 남측을 위협하고 무력에 의해 남한지역이 공산화 되는 상황을 가상해 보자. 이보다 더 불행한 일이 또 있을까? 민족사적으로도 그렇고, 자유시민으로서도 그렇다. 이미 한국전쟁을 치른 경험으로 볼 때, 만약에 적화통일이 일어난다면 남한사회에 어떤 참혹한 일들이 벌어질지는 가히 짐작이 가고도 남는다.

1) 기습타격(미국) vs. 반격(북한) (1안)

그러나 미래는 누구도 장담할 수 없기에 북한의 적화통일기도라는 한반도 최악의 시나리오를 가상해 본다. 미국의 갖은 압력에도 불구하고 이미 북한은 수십 기의 핵탄두와 대륙간 탄도유도탄(ICBM) 등 대량살상무기를 개발한 상태에서 그 숫자를 계속 증가시키고 있고, 실전 배치를 진행 중에 있다. 이에 더하여 북한은 핵실험과 미사일시험을 계속하고 있어 인내의 한계에 이른 미국은 불가피하게 북한의 핵시설 중 일부에 대해서 선제적인 정밀기습타격(surgical strike)을 가한다. 이에 대해서 반격에 나선 북한은 그 공격목표로 미국 영토가 아닌 남한지역으로 눈을 돌리는 데, 그 1차적 목표는 오랫동안 남북 간에 해상경계선을 두고 분쟁을 벌여오던 서해 5도(백령도, 대청도, 소청도, 연평도, 소연평도) 중에서 혼란을 초래하기 위해서 동시에 두 개 섬에 대한 기습적인 침투작전을 벌여 신속히 점령한 후에 다른 주변 섬들까지 점령을 이어간다.

이에 반격에 나선 한미연합군은 그 탈환을 시도하지만 여의치 않게 되자 옹진반도를 포함한 북한의 서해안지역에 대한 공격을 감행

〈그림 2-4〉 서해5도 및 북방한계선(NLL)

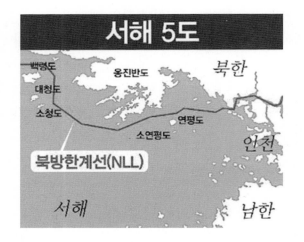

하여 전투는 확전일로로 접어든다. 이에 다시 북한은 핵무기로 위협을 가중시키면서 남한의 일부 후방지역에 특수부대를 침투시키고, 제한적이지만 장거리 방사정포를 서울 등지에 발사하는 등 전면전 양상으로 치닫는다. 휴전선에도 전투가 벌어지고 일부 중서부 전선이 무너지면서 서울로의 진격을 감행하여 서울 전역이 북한군의 수중에 들어간다.

이에 한미연합군은 인민군의 격퇴를 위해서 격렬한 저항 전을 벌이면서 동시에 북한의 주요 군사목표물에 포격을 가한다. 이에 남북 간의 충돌은 전면전 양상을 띠게 되고, 북한의 핵사용 가능성이 점증되자 미군은 선제적인 전술핵무기 사용을 검토하면서, 일단 더이상의 확전방지를 위해서 북한에 휴전을 제안한다. 이렇게 하여 일단 양측은 휴전을 하게 되어 전투는 멈추었지만 서해 5도 전체는 완전히 북한의 수중에 들어가게 되고, 북한군은 서울을 비롯한 남측 지역에서 일단 퇴각한다. 이 과정에서 양측에는 많은 인적 희생이 발생하게 되고 한반도는 다시 분쟁의 한복판에 서게 된다.

이상과 같이 남북 간에 단기간의 전쟁가능성을 가정해 보았으나 현실적으로는 북한이 남한을 무력에 의해서 완전히 공산화할 가능성은 낮다고 본다. 왜냐 하면 현대전은 총력전인데 남북 간에는 이미 국력 차이가 너무도 크기 때문에 비록 전쟁초기에 북한이 일시적으로 유리한 국면을 맞게 되더라도 곧 반격을 받아 격퇴될 가능성이 높기 때문이다. 그래서 비록 북한이 핵으로 무장하여 남측을 위협할 수는 있어도 실재로 사용 시에는 자멸을 각오해야 하는 큰 모험이 따르고, 미국의 핵우산정책이 살아있는 한 북한 핵 사용은 그만큼 제한될 수밖에 없을 것이다. 아마도 현실적으로는 북의 핵무기 사용 움직임이 포착되는 순간에 바로 응징이 가해지기 때문에 북한으로서도 결코 무모한 짓을 감행하기는 쉽지 않을 것이다.

무엇보다도 북한은 체제 면에서 많은 모순과 문제점을 안고 있는 데다가 인민들의 생활이나 사기 면에서도 세계 최하위 수준임을 감안할 때, 총력전이 될 현대전에서 북한에 의한 한반도의 무력공산화 시도는 결코 현실화 되지는 못할 것으로 보이며, 만약에 그것이 실현된다면 민족에게는 더 없는 불행이 되고 말 것이다.

2) 최악의 핵전쟁 시나리오(2안)

그러나 위와 같은 '이성적'전쟁 시나리오(1안)와는 달리, 실제로 한반도에서 핵무기가 사용되는 또 하나의 최악의 핵전쟁 시나리오를 가상해 보고자 한다. 그 상황을 전개해 보자면, 북한이 핵실험과 장거리 미사일 시험을 계속 확대함으로써 북-미간의 관계가 최악으로 치닫게 됨에 따라 미국은 드디어 북한의 일부 핵시설에 대한 선제기습공격(surgical strike)을 결심하고 이를 드디어 실행에 옮긴다. 이에 놀란 북한지도자와 군부는 핵사용 가능성을 수차례 언급하게 되고, 실제로 그 사용가능성이 임박했다는 판단이 확고히 서게 되자, 미국은 추가적으로 북한지역의 핵무기와 미사일 기지에 대한 대대적인 공격을 감행하고 평양에 대한 폭격까지도 실행에 옮긴다.

반격에 나선 북한지도부는 사생결단의 조치로서 남한의 동남부지역(고리, 월성, 한빛, 한울 등)에 가동 중인 원자력발전소 중 한 곳을 선정하여 미사일(지대지 또는 SLBM) 공격으로 정밀 타격한다. 이로 인해 원자로가 폭발하고 방사능이 대량 유출되어 남한 전역과 일본 서부지역까지 대혼란과 아수라장에 빠진다. 북한 측으로서는 자신들의 핵무기를 직접 사용하지 않고서도 핵무기를 사용한 것과 같은 유사효과를 거둔 셈이다. 그로 인한 피해는 치명적인데, 마치 1986년 구소련의 체르노빌 원자력발전소의 폭발이나, 2011년 일본 후쿠시마 원자력발전소 사고 이상의 참극을 불러온다.

다시 반격에 나선 한미연합군은 평양 공격을 본격 재개하고, 전면전으로 전환하면서, 북한 최고지도자에 대한 직접적인 섬멸작전에 돌입한다. 사멸의 위기에서 빠져나오지 못하게 된 것을 확인한 최고지도자는 최후의 결단으로서 핵무기의 실제 사용을 검토하고 최종적으로는 이를 사용하는 광신적 결단을 내리고 만다. 그 목표 지점으로는 남한 주둔 미군의 본거지로 결정하고, 결사항전으로서 그 지점을 향하여 핵탄두가 탑재된 미사일 1기를 정밀 발사하여 명중하고 만다. 이로써 남한을 비롯한 한반도 전체는 또다시 핵 구름과 핵 폭풍의 아비규환 장으로 깊이 빠져든다. 이런 상황에서 누군들 안전하겠는가? 수십만의 인명살상과 국민들의 해상탈출이 벌어지는 등 그야말로 대 참극이 연출된다. 이런 아수라장 속에서 어느한 쪽이 전쟁에서 승리한들 무슨 의미가 있겠는가? 모두의 패배이고 한민족 전체의 대참사인 것이다. 이 같은 극단적인 참극이 결코 발생하지 않도록 사전에 철저히 대비하는 것이 정치지도자들의 몫이다.

4. 시나리오 (4): 중국의 분할로 인한 통일가능성

한반도 통일은 전혀 예상하지 않았던 외부사태로 인해서 갑작스레 찾아 올 수가 있다. 그 가능성은 중국의 붕괴사태를 염두에 두고 하는 말이다. 중국은 북한에 대한 영향력이 가장 높은 이웃이며, 정치적으로나 경제적으로 북한정권을 지탱하는 호위무사와 다름없는 역할을 해 왔다. 그런 중국에게 예상외로 북한보다도 먼저 체제붕괴사태가 일어나고, 뒤이어 대륙분할까지 수반하는 빅뱅 급의 대변혁이 일어난다면 그 여파는 고스란히 압록강과 두만강을 넘어 북한지역으로 불어 닥칠 것이 명백해 보인다.

1) 중국 붕괴의 빅뱅 시나리오

그럼, 중국 대륙을 뒤흔들 체제붕괴와 분할사태가 오기까지의 시나리오를 상정해 본다. 공산주의체제 중국은 등샤오핑(鄧小平)의 결단에 따라 1979년부터 과감한 개혁개방조치를 추진해 온 결과 미국을 비롯한 서방의 협조에 힘입어 2010년대에 와서는 국내총생산(GDP) 면에서는 세계 2위이던 일본을 물리치고 자칭 타칭 G2수준의 경제력과 군사력까지 갖추게 되었다. 이런 중국이 자국에서 발현한 코로나19 이후에도 7% 전후의 경제성장률을 지속한다면 2030년경에는 적어도 경제적으로는 세계 최대 패권국(Pax America)인 미국을 능가할 예정이다. 이런 중국이 경제력을 바탕으로 군사력을 배가하고 우주경쟁에서까지 미국을 위협함에 따라 당황스런 미국은 확실히 중국 견제에 나서게 된다.

우선 미국은 중국정부와 기업들이 미국 내 각종 지식재산권 등을 탈취한다고 보고 산업스파이들을 추방시키고, 무역불균형을 시정하고자 무역전쟁까지 벌이면서 중국시장을 압박한다. 한편 동, 남중국해와 대만해협에서는 양국 간에 군사적 긴장이 팽배한 가운데, 미국은 홍콩문제와 티베트, 신장위구르지역의 인권문제 등 중국의 국내문제에도 깊이 관여하면서 미, 중간의 긴장수위가 올라간다. 게다가 중국은 자국영토(우한)에서 발발한 코로나19 바이러스가 전 세계적으로 확산(pandemic)된 데 대한 책임이 있고, 특히 수백만 명의 미국인이 이 바이러스로 사망하거나 감염되는 등 미국사회에 치명적인 위해를 입혔다고 판단하며, 2020년 11월 3일에 치러진 미국 대선에까지 중국정부가 개입했다고 판단하는 등 미국은 중국에 대한 분노가 극에 달한다.

급기야 미국은 중국에 대한 보복조치로서 대만에 대한 파병에 이어 정식외교관계 수립을 선언한다. 이것은 중국에게 핵주먹을 날리는 것과 같은 것이다. 한편 홍콩과 마카오에서는 중국으로부터의 분리, 독립운동이 전개되고, 그동안 억눌려 왔던 티베트와 신장위구르자치구를 비롯하여 내몽고자치구에서도 분리운동이 가속화 되는 가운데, 중국대륙 내부에서도 반체제운동이 급물살을 타게 된다. 이 같은 사회적 불안현상으로 인해서 중국은 한때 10% 이상의 고도경제성장을 이룩했었고, 근년에도 7% 내외의 견실한 성장세를 유지해 왔던 경제발전속도가 5% 이하로 대폭 느려지면서 실업자가 양산되고, 기업들이 파산되고, 인민들의 해외이주가 급증하는 등 민심이 흉흉하게 됨에 따라, 1989년의 천안문 사태와 같은 대규모 시위가 전국적으로 확산되고 공산당 지도부와 체제 자체에 대한 도전이 일어나게 된다. 그리하여 결국에는 당의 총서기 등 지도부가 사퇴하고 당의 체질개선을 위한 대대적인 정풍운동이 벌어지지만 인민들의 욕구를 충족시키기에는 턱없이 역부족이다. 한편 국제적으로는 미국이 대만과 직접 수교함에 따라 수많은 국가들이 대만과의 수교에 동참하게 됨으로써 중국은 외교적 고립을 겪게 되는 등 중대한 내우외환의 위기에 처하게 된다.

그 결과 드디어 홍콩과 마카오를 필두로 분리, 독립선언이 있게 되자, 티베트와 신장위구르자치구가 분리 독립을 선언하고, 이어서 내몽고자치구와 동북 3성(랴오닝, 지린, 헤이룽장)까지도 이 물결에 가세하는 등 분리독립의 도미노현상이 연출된다. 이 중에서 내몽고는 분리되면서 모국격인 몽골과 합치게 되고, 동북아 3성은 하나로 합쳐져 새로운 민주공화국으로 탄생한다. 이쯤 되면 중국공산당도 더 이상 버티지 못하고 해체수순을 밟을 수밖에 없고, 마치 1991년에 구소련체제가 붕괴하면서 14개국이 독립해 나갔듯이, 중국도 5~6개국으로 국토가 분할되고 공산주의체제마저 종말을 고한체, 결국에는 자유와 인권을 받드는 인류보편의 자유민주주의체제로의 대전환을 받아들일 수밖에 없게 된다.

2) 북한체제의 동반붕괴 가능성

이 같은 중국대륙에서의 지각변동과 후폭풍은 허약한 북한사회에도 그대로 불어 닥쳐(spill-over) 대 홍역을 치르게 되는데, 그 결과 유일독존(唯一獨存)의 북한 공산사회주의체제도 더 이상 버티지 못하고 체제전환을 모색하지 않을 수가 없게 된다. 그 대안으로서는 결국 남한과의 빅딜 협상을 통해서 자유민주주의체제로의 통합을 모색하는 길 이외에는 다른 방도가 없다. 왜냐하면 이 길만이 자신과 가족의 생명을 지키고 그래도 명예롭게 퇴진할 수 있는 유일한 길이 되기 때문이다.

이상과 같이 북한보다 먼저 중국대륙에서 예상치 못한 빅뱅 사태가 발생하게 되고, 그 후폭풍이 북한지역에 불어 닥쳐 한반도 통일이라는 의외의 결실을 가져오는 가상적 시나리오를 그려 보았다. 사실 한반도 통일은 남북한 당국이 현재와 같이 나름 정상적으로 가동되고 있는 상황에서는 그 어떤 대화나 협상에 의해서도 그 실현이 불가하다는 것이 저자의 지론이자 소견이다. 따라서 북한사회 내부에서 또는 그들의 대부(大父) 격인 중국 본토에서 시나리오에서와 같은 대 사변 내지 격동이 일어날 때에만 그 여파로 한반도 통일의 실마리가 풀릴 수 있을 것으로 내다본다. 그런데 그 대사변이 북한 내부보다는 예상외로 중국대륙에서 먼저 발생한다면 동북아시아뿐만 아니라 한반도의 정치지형까지도 바꾸어 놓는 의외의 결과를 가져올 수도 있을 것이다.

제3절 통일의 시너지 효과

1. 통일은 빠를수록 좋다: 통일편익 vs. 분단비용

통일은 빠를수록 민족사적으로나 현실적으로도 좋고 바람직하다. 근년에 들어와서 남한에서는 내부 경제사정이 좋지 않게 되자 국민 중 특히 젊은 층에서 통일을 미루자는 의견이 많아지고 있다. 4차 산업혁명시대에 접어들면서 실업이 증가하고, 소득이 감소하며, 경제적 어려움에 봉착하자 "우리(남한)도 살기 어려운데 북한사람들까지 신경 쓸 겨를이 있냐?"는 것이다. 충분히 이해가 간다. 그러나 깊이 생각해 보면, 비록 통일과정을 직접 겪게 될 당대의 남한사람들에게는 고통을 수반하는 측면이 분명히 있겠지만, 그러나 그들의 후세들에게는 큰 축복과 기회의 장을 열게 될 것이다. 하나의 민족이 영원한 분단국가로 살 수 없는 한, 기회가 찾아 올 때는 고통을 무릅쓰고라도 통일의 과업을 마무리하는 하는 것이 당대 세대의 역사적 책무가 아닌가 생각한다.

그러나 남한사람들이 가장 염려하는 것은 통일비용이다. 사실 막대한 통일비용이 들 것은 분명하다. 그 비용이 얼마나 될 것인가는 계산법에 따라 다르지만 엄청난 금액이 들어갈 것은 각오해야 할 것이다. 북한이 망가질수록, 그리고 통일이 늦어질수록, 그것에 비례하여 통일비용은 증대될 것이다. 북한은 오랜 기간 패쇄적인 공산사회주의체제 하에서 살았고, 그마저 오랫동안 국제적 제제 하에 놓여 있었기 때문에 그들의 국민경제는 세계 최빈국 수준인 것이 사실이다. 이런 상황에서 갑자기 통일이 찾아온다면 남한경제는 많은 어려움에 봉착할 것이 당연히 예상된다. 도로, 철도, 항만, 공항 등 사회간접자본(SOC) 부문에 있어서 북한은 현재 지극히 낙후된 상태에 놓여있고, 2천 5백만 인민들의 경제생활도 극빈 수준을 면치 못하고 있는 것이 사실이다. 통일이 된다고 해서 모든 것을 한꺼번에 남한수준으로 끌어올리기는 사실상 불가능한 바, 단계적으로 조금씩 해소해 나가야 할 것이다.

통일이 이루어지면 민족이 하나가 되는 큰 기쁨도 있겠지만, 다른 많은 문제들도 동시에 발생하게 마련이다. 예컨대, 정치사상적으로 아주 다른 사람들이 함께 산다는 것도 결코 쉽지 않을 것이고, 사회적으로도 민족의 대이동과 같은 혼란이 초래될 것이다. 그럼에도 불구하고 통일은 빠를수록 바람직하다고 보는 것은, 여러 측면에서 분석해 볼 때 비록 정확한 수치를 제시할 수는 없지만, 분단비용(divided cost)보다는 통일편익(unified benefit)이 훨씬 크다고 보기 때문이다. 그 내용을 살펴보자면, 앞에서 일부 분단비용의 사례들을 열거했지만, 아직까지도 1천만 명의 이산가족이 정신적인 고통을 받고 있고, 현재도 남북 양측에는 합해서 2백만에 가까운 군 병력유지에 천문학적인 군사비를 투입하고 있으며, 상호 간에 적대관계로 인해 치르는 여타 비용은 계산이 불가할 정도다. 통일은 이 같은 불필요한 분단비용을 일시에 해소해 줄 수 있으며, 남북한 민족이 하나로 되고, 분단된 국토를 합치는 것만으로도 그 이득(benefit)은 금액으로 환산이 불가하다. 그 만큼 통일로 인하여 얻게 될 편익(benefit)과 시너지 효과는 분단비용을 상회하고도 남는다. 뿐만 아니라 통일이 가져올 미래가치들을 생각한다면 통일문제에 있어서는 보다 적극적이고 전향적인 자세가 필요해 보인다.

2. 통일은 민족 재도약의 큰 발판

앞에서 저자는 한반도에 통일을 가져올 수 있는 몇 가지의 가상 시나리오를 상정해 보았다. 이들 중에서 어떤 하나가 실현될 수도 있고, 아니면 몇 가지가 융합되거나 제3의 어떤 것이 나타날 수도 있을 것이다. 어떻든 한반도 통일은 시간문제로 보며, 우리 주변에 아주 가까이 와 있음을 직감하고 있다. 어떻게 보면 통일은 호불호 (好不好)의 문제가 아니라, 우리가 원하든 원하지 않든지 하루아침에 불쑥 찾아올 수가 있다. 우리는 1990년의 독일통일을 보았고, 1991년에는 수 만 기의 핵탄두를 보유했던 구소련이 맥없이 무너지는 것을 목격하지 않았던가? 한반도 통일 역시 우리가 계획한다고 반드시 되는 것도 아니고, 그 시기를 미룬다고 해서 미루어지는 것도 아니기 때문에 담담한 심정으로 착실히 그 때를 대비하는 것이 현시점에서 우리가 해야 할 일이 아닌가 생각한다.

우여곡절을 겪어서라도 한반도에 통일이 찾아온다면 민족으로서는 커다란 도약을 이룰 수 있는 발판을 마련하게 된다. 앞서 간략히 살펴보았듯이, 6.25전쟁의 참화를 딛고 일어선 남한 단독으로도 세계가 놀랄만한 기적 같은 성과들을 이루어냈다. 이런 남한에 북한까지 합류하여 민족과 국토의 대통합이 실현된다면, 그 시너지 효과는 상상을 초월할 것이다.

우선 인구 면에서 보면, 통일 전에는 남한이 세계 28위(약 5,200만 명), 북한이 54위(약 2,600만 명)를 각각 기록하면서 적은 인구국가로 분류되었으나, 통일 후에는 남북한을 합친 한반도 전체 인구가 약 7,800만 명(세계 20위)에 달하게 되어 현재의 영국, 프랑스, 이탈리아보다도 더 많고, 거의 독일 인구(약 8천 4백만 명, 세계 19위)

에 근접함으로써 인구 면에서는 결코 작은 나라가 아닌 중견 수준의 국가가 된다. 한편, 국토면적에 있어서도 통일한국은 통일 전(남한 107위, 북한 97위)보다 남한 기준으로 2배 이상이 확장되는데, 세계 순위에 있어서는 83위로서 거의 영국(78위) 수준의 국토면적을 가지게 된다. 이렇게 외형적 체급(體級)만으로 볼 때 통일한국은 비록 이웃의 거대국가인 중국과 러시아에는 훨씬 못 미치지만 일본과는 큰 차이가 없게 된다.

〈표 2-2〉 통일한국의 인구 및 국토 면적

국가	인구 수(명) (세계 순위)	국토 면적(ha) (세계 순위)
중국	1,444,216,102(1)	960,001,080(4)
미국	332,915,074(3)	983,151,000(3)
러시아	145,912,022(9)	1,709,825,000(1)
일본	126,057,096(11)	37,797,000(61)
독일	83,900,471(19)	35,758,000(62)
통일한국	77,708,714(20)	22,090,372(83)
영국	68,207,114(22)	24,361,000(78)
프랑스	65,426,177(23)	54,908,700(47)
이탈리아	60,367,471(25)	30,134,000(70)

출처: 대한민국 통계청(2021년) 및 유엔 자료(편집).

통일 전 북한 인구는 약 2,600만 명으로 남한의 절반 수준인데, 이 인구가 통일로 인해 하나로 통합된다면 부족한 인력확보에 큰 보탬이 될 것이다. 남한은 그동안 산업 발전에 따른 노동력 부족으로 동남아시아와 중국 등 많은 주변 국가들로부터 부족 인력을 보충해 왔는데, 통일이 되면 이 문제는 많이 해소될 전망이다. 그리고 통일로 인해서 국토면적이 2배 이상 커지게 되고, 무엇보다도 그동안 분단에 의해서 대륙접근이 차단되고 섬과 같이 고립되었던 남한의 입장에서는 중국, 중앙아시아, 러시아 등으로의 대륙진출이 가능하게 됨으로써 제2의 도약과 대 확장기를 맞을 수가 있다.

3. 경제력과 종합국력에서 G3~G5 전망

다음으로 통일이 가져올 시너지 효과로서 통일전후의 국력 변화를 살펴보자. 한 국가의 종합국력을 평가하는 방법에는 연구기관마다 다소 차이가 있지만 국제적인 신뢰를 받고 있는 '글로벌파이어파워'(GFP)의 조사 자료에 따르면, 2021년 기준 대한민국의 군사력은 영국(8위)과 프랑스(7위)보다 높은 세계6위를 유지하고 있고, 종합국력 순위[3]에서는 세계11위로 평가받고 있으며, 경제력의 척도인 국내총생산(GDP)에서도 세계11위를 유지하고 있다. 이 같은 기록은 지난세기 중반에 세계 최빈국이었던 나라치고는 기적이라고 말할 수 있다. 여기에다가 통일이 되면 어떤 변화가 있을까? 통일 이전을 기준으로 볼 때, 북한은 국제적 고립 등으로 인해서 경제적으로는 최빈국 수준임에 틀림없겠으나, 군사적으로는 세계28위(2021년 기준)를 기록한 것으로 같은 통계(GFP)는 말하고 있다. 이것은 한마디로 인민과 경제의 희생 위에서 군사력만 극대화 시킨 것으로 풀이되며, 게다가 수십 기에 달하는 핵탄두까지 보유하고 있어서 이것까지 고려한다면 북한의 군사력은 단순히 세계28위가 아니라 훨씬 더 높은 단계라고 봐야 할 것이다.

이런 현실 하에서 통일 후 하나가 될 한반도의 국력을 가늠해 보

---

3) 종합국력은 영국 소재 싱크탱크 연구소인 '헨리 잭슨 소사이어티'의 2019년 지정학적 역량 평가를 기준으로 삼았다.

면, 종합국력 면에서는 통일한국이 거의 G3~G5 수준으로까지 상승할 가능성이 엿보인다. 특히 군사력 면에서는 병력수를 대폭 줄인다고 해도 화력 면에서는 미국, 러시아, 중국 다음의 세계 4위 군사강국이 될 가능성이 있다. 이 점은 일본에게는 한반도 통일을 견제하는 위협 요인으로 작용할 수 있다. 무엇보다도 문제가 되고 있는, 현재 북한이 보유하고 핵무기의 처리문제에 관해서는 제4장에서 자세히 논의한다.

통일 전 한국의 발전 속도를 본 많은 미래학자들과 투자기관들은 아마도 한국이 통일만 된다면 2050년쯤에는 다른 선진국들을 제치고 세계 G2의 경제대국으로 올라설 가능성이 있다고 전망하기도 하며,[4] 지금은 황무지같이 보이는 북한 땅에 투자한다면 훗날 대박이 날 것이라고 주장하기도 한다. 그만큼 한국과 통일한국의 잠재력을 높이 평가하는 말이다. 2021년 현재 한국의 경제력(GDP)이 앞서 본대로 세계11위인데, 여기에다가 통일 후에 북한인구와 영토, 경제까지 합쳐진다면 얼마 안가서 통일한국의 경제력과 종합국력은 공히 G3~G5 수준까지 갈 수 있다고 보는 것에 합리적 근거가 있다고 보며, 이에 저자도 동의한다. 왜냐하면 지난 60여년 만에 남한의 경제력이 세계 120위권에서 11위까지 상승한 전력을 생각한다면, 현재의 11위에서 통일 후에 3~5위까지 상승하는 것은 충분히 예견할 수 있다고 보기 때문이다.

아래 표에서 보는 바와 같이 한국은 2019년 기준, 지정학적 역량 평가(Audit of Geopolitical Capability)에서 세계 선진 20개국 중

---

4) 2009년에 세계적 투자은행인 골드만 삭스는 한국이 통일된다면 2050년에는 1인당 국민소득이 8만 달러를 넘어서 일본, 독일, 프랑스 등을 제치고 미국 다음의 세계2위의 경제대국이 될 것으로 전망하기도 했다.

에서 11위를 기록했다. 이 통계는 영국 소재 권위 있는 싱크탱크인 헨리 젝슨 소사이어티(Henry Jackson Society) 연구소가 경제력, 기술력, 문화력, 외교력, 군사력 등 항목들을 기준으로 객관적으로 평가한 것인데 사실상 그 나라의 종합국력평가로 볼 수 있다. 이 평가에서 미국을 100%로 보았을 때, 한국은 11위로서 37.4%를 기록했고, 50%대에는 2위 영국(57.1%), 3위 중국(56.9%)와 4위 프랑스(52.6%)가 포진했다. 그 이하 40%대에는 5위~8위까지 독일, 캐나다, 일본, 호주 순위였고, 30%대에는 인도(9위)와 러시아(10위)가 있는 정도다. 이 통계수치로만 본다면 남과 북이 합쳐지는 통일한국시대에 들어가서는 세계11위(2019년)에서 훨씬 더 뛰어올라 5위권의 진입이 가능해 보이고, 충분한 통일시너지를 발휘한다면 기적과 같은 G3까지도 불가능한 일은 아닐 것으로 전망한다.

〈표 2-3〉 주요국의 지정학적 역량 평가 순위(2019년)

순위	국가 명	비율(%)
1	미국	100
2	영국	57.1
3	중국	56.9
4	프랑스	52.6
5	독일	49.4
6	캐나다	46.5
7	일본	48.2
8	호주	42.3
9	인도	38.7
10	러시아	37.9
11	한국	37.4
12	이탈리아	36.9

순위	국가 명	비율(%)
13	브라질	33.2
14	남아프리카공화국	30.1

출처: Henry Jackson Society, An Audit of Geopolitical Capability 2019.(재구성)

1) G2의 불행한 역사

그러나 앞으로 한반도가 순리적으로 통일이 완성되고 승승장구하여 앞에서 전망한대로 정말로 미국 다음의 G2의 경제대국이 되고, 군사력마저 그에 필적하는 수준이 된다면 이것은 오히려 경계대상이 될 수 있다. 세계사적으로 보아서도 G1과 G2사이에는 언제나 패권을 두고 치열하게 다투어 왔기 때문에 그 싸움터에 처음부터 아예 들어가지 말자는 것이다. 패권은 나누어 갖는 것이 아닌 것이다. 따라서 통일한국은 가능하다 하더라도 위험한 G2보다는 상대적으로 안전한 G3지위가 바람직해 보인다.

세계사적으로 많은 그런 예들을 찾아볼 수 있다. 우선 The Great Game을 들 수 있다. 이 게임은 19세기에서 20세기 초(1813~1907년)에 걸쳐 영국과 러시아제국 간에 중앙아시아 내륙지역(아프가니스탄 등 주변지역)에 대한 주도권을 놓고 벌린 두 강대국 간의 패권경쟁이었는데 결국 양자 간의 협정(1907년)으로 마무리는 되었으나 사실상 영국의 승리로 귀결된 셈이다.

그 다음의 예로는 20세기 미국과 소련 간의 패권경쟁이다. 지난 냉전시대 당시 미국과 소련은 세계 패권을 두고 대결하였으나 결국 G2격인 소련은 미국에 대패하여 붕괴의 길(1991년)을 걸었고, 그 뒤를 이은 일본이 경제적 번영을 구가하면서 1990년대에는 사실상 G2의 경제대국이 되어 미국을 위협하는 수준이 되자, 다시 철퇴를 맞게 되어 잃어버린 30년이라는 말까지 나오지 않았던가?

21세기에 들어와서는 일본의 뒤를 이어 중국이 다시 미국을 위협하는 G2자리를 꿰차게 되고, 2030년경에는 아예 미국을 따라잡는다는 보고서들이 나오는 가운데, 중국이 실제적으로도 미국을 위협하는 행위들을 함에 따라 다시 팩스 아메리카 미국은 G2 중국을 옥죄고 격퇴시키려는 갖가지 시도들을 목격하고 있다.

따라서 훗날 통일한국은 이런 패권다툼에 말려들지 않기 위해서라도 G2보다는 오히려 G3~G5 수준이 더욱 안전지대가 아닐까 생각한다.

제3장

북한개발과 대륙진출

제1절 북한지역 개발

1. 통일한국의 수도로 '평양'추천

통일을 이룬 후에 통일한국의 수도(capital city)로는 어디가 가장 적합할 것인가? 한 나라의 수도는 그 나라의 상징이자 미래의 국운까지도 결정짓는 중요 사안인 만큼 그 위치를 정함에 있어서는 지정학적인 여건, 국가안보, 국가발전 방향, 국민들의 편의성, 경제성, 미래성에 이르기까지 여러 가지 변수들을 종합적으로 검토해서 결정해야 할 것이다.

국가에 따라서는 수도를 한 곳이 아닌 여러 곳을 지정하는 경우도 있다. 예컨대, 남아프리카공화국 같은 나라는 입법, 사법, 행정기능에 따라 각기 3곳(Pretoria=행정, Cape Town=입법, Bloem-fontein=사법)에 수도를 두기도 하고, 미국과 같은 나라는 연방제국가여서 건국초기에 주들 간의 경쟁을 피해서 제3지대인 워싱턴D.C.에 새로운 연방국 수도를 정했으며, 호주의 경우에도 가장 대도시인 시드니 대신에 내륙에 있는 캔버라를 수도로 정했고, 브라질의 경우에도 최대도시인 상파울루 대신에 브라질리아를 수도로 정했으며, 독일은 통일 후에 역사성을 감안해서 서독의 본에서 동독지역에 있는 베를린으로 되돌아갔다. 이 같이 수도라고 해서 그 나라에서 반드시 인구가 가장 많은 대도시가 아닌 경우가 많고, 각기 자기 나라 사정에 따라 결정되는 것을 알 수가 있다.

그럼, 통일한국의 수도는 어디가 적합하겠는가? 혹자는 옛 고려시대에 3경(개경=개성, 서경=평양, 동경=경주)을 두었듯이 통일한국의 수도를 '서울'로 하고, 지역수도로서 북쪽에는 '평양', 남쪽에는 '세종시'를 추천하기도 한다. 그러나 지역수도라는 개념은 타당해 보이지 않으며, 서울과 평양은 충분히 고려대상이 될 수 있겠으나 '세종시'는 전혀 아니라고 본다. 더욱이 이들 세 곳이 아닌 어떤 다른 곳도 통일한국의 수도로서 고려대상이 되지 않는다고 본다.

잘 아는 바와 같이, '세종특별자치시'는 과밀한 서울특별시에 대한 해소방안으로서, 그리고 지역균형발전 차원에서 건설되어 2012년에 출범한 도시인데, 통일 이전에는 나름대로 존재의 의미가 있겠지만, 통일 이후에는 지리적으로도 서울에 가깝고, 광활한 북쪽지역을 염두에 둔다면 위치나 기능면에서 세종시는 수도로서 적합하지 않다고 생각한다.

그럼 서울은 어떤가? 사실 대다수의 사람들은 서울이 국토의 중심에 위치하고 있고, 최대도시이며, 통일을 주도적으로 이루어낸 남한의 현 수도라는 점에서 그 프리미엄(premium)을 생각해서라도 당연히 서울을 통일한국의 새 수도로 삼아야 한다고 강변할 수가 있다. 저자도 이 강변에 일리가 없다고는 보지 않으며, 완전히 반대하는 입장은 아니다. 다시 말해서 '서울'을 통일한국의 수도로 정하더라도 큰 문제는 없고 무난한 선택이 될 수도 있다. 그러나 몇 가지 전략적인 생각을 해 본다면 다른 답이 나올 수가 있다. 즉, 눈을 크게 뜨고 우리의 바로 위에는 거대 중국과 러시아가 존재한다는 사실을 인식하고, 또한 완전 낙후된 북한지역의 개발 필요성과 주민들을 생각해 본다면, 이미 과밀할 대로 과밀한 '서울'보다는 오히려 대륙에 보다 전진 위치하고 있는 '평양'이 전략적인 필요성과 지정학적 관점에서 훨씬 더 사려 깊은 선택이 될 수 있다고 믿는다.

평양은 지리적으로 서울보다는 대륙에 인접(평양-신의주 거리, 약 225km)하여 중국이나 러시아로부터의 군사위협이나 공격 등에 대해서 보다 전진 방어할 수 있고, 평시에는 대륙으로의 진출과 접근이 훨씬 용이한 장점을 가진다. 무엇보다도 낙후된 북한지역의 개발을 위해서도 서울보다는 평양이 거리적으로나 북한주민들의 호응도 면에서도 바람직하다는 생각이다.

저자는 1991년에 국제회의 참여 차 대표단의 일원으로 판문점과 개성을 거쳐 기차로 평양을 방문했던 경험이 있다. 그 때 저자는 평양에 체류하면서 여러 공공기관과 시설들을 방문하면서 느낀 바가 많았다. 서울에는 한강이 흐르듯이 평양에는 대동강이 흐르고, 평양은 인구도 3백만 정도의 쾌적한 도시인데다가 도시가 잘 정비되어 있었고, 특히 정부청사와 공공시설물들이 잘 건축되어 있는 것을 보고 통일이 된 후에 이 곳을 수도로 정한다 해도 별 문제가 없겠다고 생각이 들었다. 사실 수도를 이전하게 되면 막대한 건설비용이 들게 되어 국가경제에 큰 부담이 된다. 그러나 평양을 수도로 선택한다면 기존의 공공건물과 시설들을 그대로 사용하면 되기 때문에 경제적 부담 문제는 상당히 해소 될 수 있을 것이다. 그 밖에도 평양을 수도로 정하게 되면 남쪽 사람들이 대거 이곳으로 이주하게 될 것이고, 그 결과 평양인구가 현재의 3백만에서 훨씬 더 늘게 되면서 도시가 활력을 띠게 되고, 민족의 동질화에도 기여할 수 있으리라고 본다.

만약에 '평양'을 통일한국의 수도로 선택하게 된다면, '서울'은 어떻게 할 것인가의 문제가 남는다. 이미 서울은 인구 1천만이 넘는 세계적 거대도시로 성장하였으나 지나친 인구과밀로 인해 주택부족과 교통문제, 매연 등 수많은 문제점을 안고 있다. 따라서 서울은 인구를 좀 더 줄여서 쾌적한 환경을 마련할 필요가 있고, 기능면에서는 동북아의 교통 요충지로서, 그리고 금융과 비즈니스의 허브(hub)로서, 그리고 찬란한 문화도시로 발전시켜 나가면 되리라고 본다.

대신에 평양은 새로운 통일한국의 수도로서 역내는 물론이고 국제적으로도 정치외교의 중심도시로 발전시켜 나갈 필요가 있다. 통일한국의 주요 정부기관들이 수도인 평양으로 이동하게 되면 각국 대사관(관저)들과 외교관들도 자연히 평양으로 이전하게 될 것이고, 각종 국제기관들을 적극적으로 평양에 유치시킬 필요가 있을 것이다.

그리하여 서울은 상업과 문화 중심도시로, 그리고 평양은 정치외교의 허브 도시로 발전시켜 나간다면 국토의 균형발전측면에서도 바람직하지 않을까 생각한다. 다음 장에서 자세히 다룰 예정이지만, 만일에 통일한국이 영세중립국의 외교노선을 선택하게 된다면, 지금 스위스의 제네바와 같이 수많은 국제기관과 NGO단체들을 통일 수도인 평양에 유치함으로서 평양은 '세계외교의 허브도시'로서, 그리고 대륙과 유라시아 진출의 교두보로서 발전시켜 나갈 수 있게 될 것이다.

2. 북한지역 개발 순위

통일이 완성되고 나면 그 다음 순서는 남북 주민들을 하나로 통합하는 동질화 과정이 있어야 할 것이고, 다른 하나는 낙후된 북쪽 지역을 개발하는 일이 될 것이다. 전자인 민족통합과 동질화 방안에 관해서는 뒤의 제5장에서 별도로 다루게 될 것이고, 여기서는 통일 이후 북한지역의 개발문제만을 개괄적으로 언급한다.

저자는 앞서도 말했지만 1991년에 평양을 비롯하여 몇 군데 북한지역(원산, 개성, 금강산 등)을 방문한 경험이 있는 데, 그 후에 많이 변하긴 했겠지만 그 당시 목격한 것과 그동안 개인적으로 취득한 지식을 바탕으로 하여 북한 개발문제를 언급해 보고자 한다. 우선 저자가 본 북한 지역은 아주 불균형적으로 개발되어 있었는데, 수도인 평양은 외형적으로는 세계 여느 수도 못지않게 잘 개발되어 있었고 아름답기까지 하였다. 인구 3백만의 대도시 평양은 도시를 동서로 관통하는 대동강과 보통강을 중심으로 4개 권역(본평양, 동평양, 서평양, 남평양)으로 나누어 각기 특성에 맞게 개발되었고 나름대로 도시기반시설을 잘 갖춘 계획도시라 할 수 있다. 그 정도 수준의 평양이라면 통일 후에도 추가 투자를 하지 않아도 되리라고 본다.

그런데 문제는 평양 이외의 여타 도시와 지역들은 너무도 낙후되어 있다는 사실이다. 북한의 지방들은 도로, 철도, 항만, 교통 등 사회간접자본(SOC)에 있어서 많은 투자가 필요하고, 주민들이 살고 있는 지역사회와 주거지 또한 마찬가지다.

1) 먼저 산림복구사업부터 시작

무엇보다 저자가 가장 심각한 문제로 보았던 것은 북한지역의 대부분의 임야가 벌거벗은 민둥산이라는 점이다. 어떤 곳은 나무 한 그루 찾아볼 수 없는 곳도 많았다. 한마디로 북한의 일반 산들은 거의 황폐화된 상태다. 아마도 6.25전쟁으로 폐허가 된 데에다가 병충해를 예방하고 땔감과 부족한 농지(일명 다락 밭) 확보를 위해서 산의 중턱까지 나무를 베고 개간했다는 설명을 들었는데 도저히 납득이 가질 않는다. 북한은 전체면적의 80%이상이 임야인데, 그 중에서 3분의 1이상이 불모지로 남아 있는 것은 큰 문제가 아닐 수 없다. 북한지도층도 이점을 잘 알고 있지만 복구사업에는 너무도 많은 비용과 시간이 소요되기 때문에 아예 엄두도 내지 못하는 것이 아닌가 여겨진다. 그러나 저자가 방문한 금강산이나 백두산을 비롯하여 몇 군데의 명산들(묘향산, 칠보산, 구월산 등)은 국립공원으로 지정되어 잘 보존된 것을 보고 안심이 되었다. 그러나 나머지 황폐화 된 산림들에 대해서는 어떻게 할 것인가는 통일 후에 큰 국가적 과제가 될 것으로 생각한다.

한국국립산림과학원의 위성사진분석에 의하면 북한지역 산림의 황폐화 비율은 1999년의 18%에서, 2008년에는 31.6%, 2014년에는 32.1%로 점점 더 악화되고 있다고 한다. 산에 나무가 없기 때문에 비가 많이 오면 산사태와 하천범람 등 자연재해를 면할 길이 없고, 평시에도 먼지와 가뭄 등 열악한 환경에 노출될 수밖에 없다. 그래서 황폐화된 북한의 민둥산들에는 산불도 안 난다는 말까지 있다. 이 문제를 해결하기 위해서는 통일 후에 1차적으로 온 국민이 달려들어 북한의 민둥산에 나무심기 운동부터 벌여야 할 것으로 보인다. 마치 1960대~1970대에 남한 국민들이 대대적인 산림녹화사업을 벌였던 것과 같다. 이 사업에는 오랜 시간과 노력, 그리고 많은 자금 투입이 요구될 것이다.

〈그림 3-1〉 황폐화 되어 있는 북한의 민둥산과 다락 밭

출처: daum blog 자료.

2) 도로, 철도, 항만 등 인프라 개발사업

다음 개발사업으로는 북한지역의 낙후된 도로, 철도, 항만, 공항 등 기본적 인프라를 재건하는 일이 될 것이다. 이 분야 역시 많은 시간과 자금이 소요되는 지난한 사업들이다. 물론 한국이 가지고 있는 기술면에서는 별로 문제가 안 되겠지만, 가장 문제가 되는 것은 자금공급이다. 이것이 바로 통일비용인데, 이것을 충당하기 위해서는 통일한국정부의 재정지출 외에도 각국의 공적개발원조

(ODA)와 국제금융기관들(IMF, IBRD, ADB 등)의 자금지원뿐만 아니라, 민간자본까지도 동원하여 장기적 관점에서, 그리고 국토전략차원에서 우선순위를 두고 계획적으로 추진해야 할 것이다.

철도와 도로사업 등 인프라(infrastructure) 건설사업에 있어서는 전략적인 관점에서 통일한국의 북방대륙 진출과 연계해서 추진할 필요가 있어 보인다. 통일한국이 만주와 몽골, 러시아 등으로 대륙진출 하는 것을 염두에 두고 하는 말이다. 향후 통일한국이 한반도를 넘어서 만주와 몽골과의 관계를 돈독히 하고, 유아시아 전역에까지 진출할 것에 대비하고, 연해주와 시베리아 등 러시아와의 각종 협력사업 등을 염두에 두고 북한지역의 개발사업을 추진해야 할 것이다.

3) 나진-선봉 경제무역특구의 재 활성화

다음으로는 전략적 관점에서 북한이 1991년 말에 시작한 이래 여러 가지 사정으로 인하여 실패[1]를 거듭해 온 함경북도의 나진-선봉 경제특별구역(나선특구)을 제대로 가동시켜 더욱 발전시킬 필요가 있어 보인다. 나선특구는 한반도와 중국, 러시아의 3개국 국경이

---

1) 북한이 1991년 말에 추진한 나선경제특구는 사실상 실패하였는데 그 원인을 살펴보면 다음과 같다. 대내적 요인으로는 ① 해외투자에 필요한 인프라 미비, ② 중앙의 실질적 재정지원 부재와 과도한 행정적 관여 및 정책의 비효율성, ③ 투자유치 관련 제도와 행정서비스 부진 및 투자기업 우대 등의 관련 특구정책 부실, ④ 백화점식 특구개발과 지정학적 이점을 살리지 못한 것 등이다. 대외적 요인으로는 ① 중국의 투자유치부진 및 중국의 관련 정책 부재, ② 체제전환 후 극동지역에 대한 러시아의 투자여력 부족, ③ 북한의 경제난과 안보불안 등을 원인으로 한국, 일본의 소극적 참여, ④ 유엔제재에 따른 주변국의 참여 어려움 등이다.(출처: 통일부 북한정보포털)

모인 곳이어서 위치적으로 자유무역과 합작사업에 아주 적합한 바, 여기에 자본과 기술을 가진 통일한국 정부가 합세하여 전략적으로 이끈다면 지금보다 훨씬 더 활성화시킬 수 있고, 동북아의 물류중심기지로 키워 나갈 수 있을 것이다. 이곳은 중국의 입장에게는 통일 대한민국의 땅을 거쳐서라도 자신들이 곧바로 동해와 태평양으로 진출할 수 있는 거점을 확보하게 되는 것이고, 통일한국의 입장에서는 중국 동북3성의 내수시장을 겨냥할 수 있고, 러시아와는 시베리아 횡단철도를 활용할 수 있는 등 세 나라 간에 윈윈게임(win-win game)을 할 수 있는 전략적인 장소다. 마치 중국 상하이 앞바다의 푸동(浦東)경제특구와 같이 극동 최대의 비즈니스 허브로 개

〈그림 3-2〉 나진-선봉 경제무역특별구역

출처: 매일경제(2013.8.27.).

발할 필요가 있어 보인다.

4) 금강산-원산-설악산 일대를 세계적 관광벨트로 개발

북한지역에는 세계적 수준의 명산과 풍물들이 많아 이들을 관광산업으로 연계한다면 승산이 있다고 본다. 예컨대 민족 명산 백두산과 묘향산, 칠보산과 같은 산들은 말할 것도 없고, 강원도와 동해안 일대를 하나로 묶어 세계적인 관광특구로 개발하는 것을 검토할 필요가 있다. 이 관광특구에는 민족의 명산인 금강산과 원산만 일대(갈마지구, 명사십리 등)와 남쪽의 설악산까지 함께 묶어 마치 베트남 북부의 하롱베이와 같은 세계적 명소로 조성하는 것이다. 북한지역에는 특별한 산업이 없고, 대신 명산과 천연자원이 풍부하기 때문에 이것을 특화하여 관광산업으로 발전시킨다면 많은 외국투자도 기대해 볼 수 있을 것이다.

5) 비무장지대를 생태·평화공원으로 조성

한반도에는 오랜 세월 인간의 접근이 없어서 자연생태계가 그대로 보존된 지역이 있다. 바로 휴전선의 비무장지대(DMZ)가 그 곳이다. 비무장지대는 군사분계선 248km를 따라 북과 남으로 각기 2km씩의 거리(합4km)를 두고 설정되었는데, 그 실제면적이 2013년 기준 570km²나 된다.[2]

환경부 자료(2016년)에 따르면 비무장지대(DMZ)에는 물(1,854종),

---

2) 2013년에 한국의 녹색연합이 정전 60주년을 맞이하여 조사한 DMZ 조사보고서에 의하면 1953년 정전협정 당시 비무장지대의 면적이 992km² 이었으나, 그 후에 43%나 줄어들어 2013년에는 570km²이었다고 함.

포유류(43종), 조류(266종), 양서·파충류(34종), 육상곤충(2,189종), 담수어류(136종), 저서무척추동물(351종) 등 7개 분야에 총 4,873종의 야생 동·식물이 서식하는 것으로 조사되었다.[3] 특히 두루미, 사향노루 등의 멸종위기 야생생물은 한반도에서 DMZ일원에서만 살고 있는 것으로 확인됐다.

이 비무장지대가 자연생태계의 보고임에는 틀림없는데, 통일 후에는 모든 철책선과 지뢰, 군사시설들을 모두 말끔히 걷어내고 이곳을 생태공원으로 조성하여 생물다양성을 보존하고 학습과 관광명소로 활용하면 좋을 것 같다. 또한 이곳은 전쟁의 상흔을 걷어낸 상징으로서 평화공원도 함께 조성한다면 금상첨화가 되리라고 본다.

〈그림 3-3〉 한반도 허리에 있는 비무장지대(DMZ)

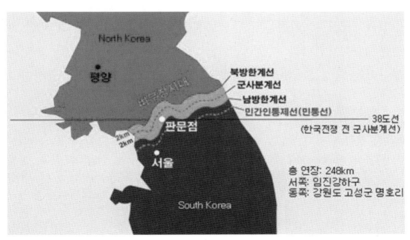

출처: 판문점트레블센터.

3) 환경부와 국립생태원은 40여 년 동안 비무장지대(DMZ) 생태조사 결과를 종합하여, 멸종위기 야생 생물 서식분포를 지도화 하고, 생물 종 목록 등을 포함한 'DMZ 일원의 생물다양성 종합보고서'를 2016년 12월 9일 발간했다.

제2절 대륙진출과 영향력 확장

1. 간도 등 북방영토 문제

　남과 북이 하나 되어 한반도가 민족의 염원대로 완전한 통일을 이룬 후에는 그동안 방치되어 왔던 잃어버린 북방영토에 대한 입장을 정리해 둘 필요가 있다고 본다. 즉, 잃어버린 간도(間島) 땅과 반쪽 백두산과 천지 문제를 말한다. 먼저 간도문제를 말하자면, 일제(日帝)는 1909년에 청나라와 불법으로 간도협약[4])을 체결하고, 남의 나라(조선) 땅인 간도지역을 청나라에 넘긴 사건이다. 당시 일제는 1905년의 을사늑약에 의해 대한제국으로부터 외교권을 박탈한 후 1909년 9월 4일 청나라로부터 남만주 철도부설권과 탄광개발권 등을 얻는 조건으로 간도지역을 주인도 모르는 가운데 청나라에 넘겨주었다. 사실 그 이전부터 간도문제는 조선과 청나라 간의 오랜 국경문제였다. 역사를 거슬러 올라가면 1712년(숙종 38년)에 조선과 청나라는 국경문제해결을 위해서 양국 대표들이 백두산을 답사하고

---

4) 간도협약의 정식 명칭은 '圖們江中韓界務條款'(도문강중한계무조관) 인데, 그 주요 요지는 다음과 같다. 첫째, 두만강을 양국의 국경으로 하고, 상류는 정계비를 지점으로 하여 석을수(石乙水)로 국경을 삼는다. 둘째, 용정촌·국자가(局子街)·두도구(頭道溝)·면초구(面草溝) 등 네 곳에 영사관이나 영사관 분관을 설치한다. 셋째, 청나라는 간도 지방에 한민족의 거주를 승준(承准)한다. 넷째, 간도 지방에 거주하는 한민족은 청나라의 법권(法權) 관할 하에 두며, 납세와 행정상 처분도 청국인과 같이 취급한다. 다섯째, 간도 거주 한국인의 재산은 청국인과 같이 보호되며, 선정된 장소를 통해 두만강을 출입할 수 있다. 여섯째, 일본은 길회선(吉會線)주 01)의 부설권을 가진다. 일곱째, 가급적 속히 통감부 간도 파출소와 관계 관원을 철수하고 영사관을 설치한다. (출처: 한국민족문화대백과사전)

그 곳에 백두산정계비[5]를 건립했다. 그 비문에는 서로는 압록강, 동으로는 토문강(土門江)의 분수령에 경계비[6]를 세운다고 명기하였다. 이 비문 상의 토문강의 위치가 문제가 되었다. 두 나라 간에는 각기 다른 해석을 하는 데, 청나라는 토문강을 두만강(豆滿江)의 상류라는 주장이고, 조선 측은 만주내륙의 송화강(松花江) 상류를 말한다고 본 것이었다. 그 후 간도의 귀속문제가 다시 1881년부터 조선과 청나라 간의 외교문제로 부각되어 오던 중에 외교권을 강탈한 일본이 대한제국을 제치고 1909년 9월 4일에 청나라와 간도협약(間島協約)을 체결하고 이 지역을 청나라에 할양하였다.

그로부터 110여년이 지난 지금까지도 간도지역은 중국의 영토가 되어 중국이 실효적으로 지배를 해 오고 있다. 그러나 지난 2009년 9월 4일은 간도가 중국영토로 편입된 지 100주년이 되는 날이었는데, 그 지역의 반환청구를 위해서 국내의 '민족회의통일준비정부'라는 민간단체가 국제사법재판소(ICJ)에 소(訴)를 제기하기도 하였다. 왜냐하면 지난 100년간 중국이 실효적으로 점유하는 동안 한국 측으로부터 아무런 이의제기가 없게 되면 간도 땅이 영구히 중국에 귀속될 수도 있다는 국제법상의 관행을 염려해서였다. 사실 이 같은 국토분쟁에 대한 국제법적 쟁송에 대해서는 민간단체가 아닌 국

---

5) 백두산정계비가 세워진 위치는 백두산 장군봉(將軍峰, 2,750m)과 대연지봉(大臙脂峰, 2,360m) 사이 대략 중간지점인 해발 2,150m 고지(高地)로, 백두산 천지(天池)에서 남동쪽으로 약 4km 떨어져 있다. 이 비는 만주사변이 발발하기 두어 달 전인 1931년 7월에 사라졌는데, 일본군이 철거한 것으로 추정된다. 현재는 비의 원래 위치에 북한이 세운 표지석과 비의 설치 당시 경계를 표시하기 위해 쌓았던 돌무더기흔적만 남아 있다.(출처: 위키백과)

6) 비문 내용: "...西爲鴨綠 東爲土門 故於分水嶺上 勒石爲記...."(출처: 한국민족문화대백과사전).

가가 직접 나서서 해야 할 일이었다. 그러나 당시 한국이나 북한 정부는 중국과의 관계를 고려하여 정식으로 문제를 제기하지 못한 것으로 보인다.

그러나 이제 한반도의 통일이 완성된 이후라면 문제가 달라진다. 1905년의 을사늑약이 국제법상 불법이었고, 이것을 바탕으로 대한제국의 외교권이 강탈당한 가운데 1909년에 청-일 간에 간도협약이 체결된 점을 감안할 때, 적어도 국제법적으로는 간도협약이 무효가 되는 것이며, 따라서 간도문제는 다시 원점으로 되돌아가서 통일한국과 중국 정부 간의 외교문제로 남겨 둬야 할 것이다.

그러나 현실적으로는 중국이 간도지역을 실효적으로 지배하고 있

〈그림 3-4〉 간도의 위치

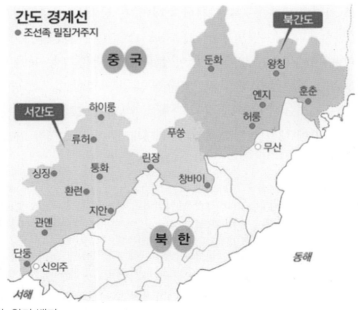

출처: 위키 백과.

는 이상, 당장 통일한국 정부가 나서서 외교문제로 다툴 일은 아니라고 해도, 마치 일본이 독도를 자신들의 영토라고 억지주장을 펴면서 기록을 축적해 나가듯이, 통일한국정부도 기회가 있을 때마다 간도의 영유권 문제를 거론하면서 주의를 환기하고 기록을 축적해 나가는 것이 훗날을 기약하는 지혜가 아닌가 생각한다.

그런데 지금 문제가 되는 있는 간도지역이 구체적으로 어디까지인가에 대해서는 사실 그 경계가 명확하지 않고 이견이 있다. 그러나 통상적으로는 넓게 보아서 간도는 압록강 북쪽 지역인 '서간도'와, 두만강 북쪽 지역인 '북간도'를 포함하는 개념이고, 좁게 보아서는 현재 중국 지린성 연변조선족자치주가 속하는 '북간도'만을 가리키는 것으로 해석할 수 있다. 1909년에 청–일 간에 체결한 간도협약 내용을 살펴보면, 당시 거래대상이 되었던 간도지역은 조선족이 많이 살고 있던 '북간도'지역을 말하고 있다. 통일 이후에 통일한국 정부는 최소한 이 북간도 지역에 대해서 만이라도 영유권 문제를 다시 제기해 둘 필요가 있다. 그 이유인 즉, 훗날 중국대륙에서 대변혁이 있을 수 있고, 만주지역에도 큰 변화의 바람이 불게 될 때 북간도, 즉 연변조선족자치주가 통일한국의 대륙진출과 연계하여 중요한 역할을 할 수가 있기 때문이다.

다음으로 백두산의 경계문제로 눈을 돌려본다. 민족의 영산(靈山)인 백두산은 중국에게도 중요한 명산으로 인식되어 장백산(長白山)이라고 부르면서 마치 자신들의 산인 양 자랑하고 있다. 그러나 백두산과 그 정상에 있는 거대 호수 천지(天池)에 대해서는 경계문제가 양측(중국과 북한) 간에 지속적으로 제기돼 왔다. 그래서 1962년 10월 12일에는 중국과 북한 당국 간에 은밀하게 '조중변계조약'[7](朝中邊界條約)을 체결하여 압록강과 두만강 상의 섬과 사주(砂洲, 모래톱)들에 대한 귀속문제와 서해상 영해의 경계 문제를 협상하였고, 이어서 1964년 3월 20일에는 '조중변계조약에 관한 의정서'[8]에 양측이 서명함으로써 천지 등에 대한 국경문제를 은밀하게 확정시킨 바 있다. 결국 이 조약과 의정서에 의해서 백두산 천지는 전체 수면 면적의 54.5%를 북한에게, 나머지 45.5%를 중국에 할양하는 것으로 결정하고 말았다.[9]

그러나 이 조중변계조약을 두고 남한 쪽에서는 불만의 목소리가 높다. 왜냐하면 1909년 청일 간에 체결되었던 간도협약에 의해서 간도 땅이 중국으로 불법 할양 되었는데도 불구하고, 1962년의 조중변계조약에서는 한마디도 언급하지 않음으로써 일제에 의한 간도 땅 할양을 북한이 기정사실화 했다는 점과, 특히 백두산과 천지(天池)의 절반을 중국에 할양한 것을 두고는 중국의 한국전 참전에 대한 대가가 아니냐는 등 남한 내에서는 반발의 목소리가 큰 것이 사실이다. 무엇보다도 이 조중변계조약이 체결된 것이 1962년인데도 불구하고 오랫동안 비밀로 해 오다가 1999년이 되어서야 세상에 알려지게 되자 더욱 공분을 사기도 했다.

그러나 냉정히 생각해 보면, 1909년 청-일간의 간도협약은 원천적으로 무효라 하더라도, 1962년과 1964년에 북한이 중국과 각각 체결한 조중변계조약과 그 의정서에 대해서는 통일이후 통일한국

---

7) 이 조중변계조약(朝中邊界條約)은 평양에서 중국의 저우언라이(周恩來)와 김일성(金日成) 간에 체결되었고, 각기 국내 절차를 밟아서 비준되었다.

8) 이 조중변계조약에 관한 의정서는 평양에서 중국 측의 천이(陳毅)와 북한 측의 박성철(朴成哲) 간에 서명되었다.

9) 출처: 한국민족문화대백과사전 참조.

〈그림 3-5〉 1962년 조중변계조약에 의한 백두산 천지 분할도

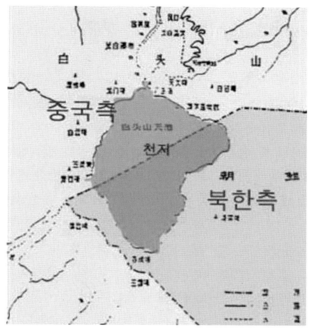

출처: 1993년 국회에 제출된 '백두산 영유권 확인에 관한 결의안' 첨부자료.

정부가 북한이 과거에 체결한 조약들에 대해서 승계할 이유가 없다
는 점에서 그 무효를 주장할 수는 있으나, 중국이 건재 하는 한 현
실적으로는 재협상에 의해서 현재의 국경선을 폐기 또는 수정하기
는 어려울 것으로 보이고, 결국에는 현 상태대로 받아들인 가능성
이 높아 보인다. 통일 독일의 경우에도 동독이 통일 전에 체결한 조
약들에 대해서 울며 겨자 먹기 식으로 받아들인 경우가 상당 수 있
다. 그러나 미래에 만주 땅에 민주화의 바람이 불고, 새로운 민주공
화국이 탄생할 수도 있음을 염두에 둔다면 완전 포기보다는 지속적
인 관심과 주장을 펼칠 필요가 있고, 특히 학계에서는 지속적으로

이것을 문제 삼을 필요가 있다고 본다.

2. 대륙진출: 만주 벌판에 부는 통일한국 바람

북방영토에 대한 영유권 문제는 이 정도로 하고, 지금부터는 더욱 중요한 미래 통일한국의 대륙진출과 영향력 확장문제를 언급하고자 한다. 우선 통일한국이 완성되면 한반도의 허리를 가로지르던 휴전선은 완전히 철거됨이 마땅하고, 통일한국의 최전선은 휴전선으로부터 위의 대륙 쪽으로 이동하여 압록강과 두만강 지역이 새로운 조명을 받게 될 것이다. 즉, 통일한국의 군대는 휴전선에서 완전 철수하고, 이제는 압록강과 두만강이 최전선이 되어 그 쪽에 전진 배치될 것이다. 물론 현재도 북한과 중국 간에는 이 곳이 국경이 되어 있지만, 통일 후에는 또 다른 차원에서 더욱 보강된 군대가 주둔하게 될 것이다. 이리하여 새롭게 출발하는 통일한국은 육상으로는 중국과 약 1,340km의 국경을 마주하게 되고, 러시아와는 약 17km 마주하게 된다. 물론 이 국경선은 통일 전 북한과의 국경선과 다를 것이 없지만, 이제는 한반도의 반쪽인 북한과의 국경이 아니라, 세계 10위권의 국력과 세계 6위의 군사강국인 통일 대한민국의 국경이 된다는 점에서 그 의미와 분위기는 사뭇 다른 것이다.

1) 통일한국의 앞마당이 될 만주 땅

통일 이후에 가장 영향을 많이 받을 곳은 바로 만주지역이 되리라고 본다. 옛 간도 땅을 비롯한 만주 땅이 통일한국의 앞마당과 같은 곳이 될 수도 있을지 모른다. 통일 이전에는 국경 너머의 중국 땅이 세계 최빈국 북한 주민들에게는 굶주림을 해결하고 돈벌이를 할 수 있는 동경의 대상이었다면, 이제 통일 한반도의 시대가 오면 정반대의 상황이 연출되리라고 본다. 중국이 국가경제면에서는 G2에 해당할는지 모르지만, 2020년 기준으로 개별 중국인의 생활수준은 국민소득(GDP) 1만 달러(USD)에 불과한 반면, 한국인은 3배가 넘는 3만 달러 이상이 된다. 무엇보다도 통일한국은 체제적으로도 자유민주주의국가로서 자유로운 국민생활과 인권이 보장될 뿐만 아니라, 한류와 비즈니스(business)의 급물살을 타고 만주지역과는 많은 인적 물적 교류가 있게 될 것이 분명해 보인다. 통일 전 한국은 북한에 가로막혀 대륙진출이 차단되었고 고립된 섬과 같았으나 이제 통일을 맞게 되면 민족의 북방대륙진출이 본격화 될 것이다.

우선적으로 동포들이 많이 살고 있는 만주지역에 통일한국의 자유의 바람, 경제의 바람, 한류문화의 바람이 거세게 불어 닥치게 되리라고 본다. 그렇게 때문에 경직된 사회주의 중국당국은 체제유지 차원에서 이 같은 자본주의 문화와 외풍을 막고자 국경관리를 더욱 엄격히 할지도 모른다. 무엇보다도 중국당국은 미군이 휴전선을 넘어 압록강과 두만강 변까지 전진 배치되는 것을 필사적으로 반대한다. 그러나 통일을 이룬 이상 자본주의의 순풍과 물결은 중국당국이 좋아하든 아니든 간에 자연스럽게 만주대륙으로 흘러들어 갈 수밖에 없게 될 것이다.

만주지역은 잘 알려진 바대로 역사적으로 오랜 세월 우리 한(韓)민족과는 깊은 애증관계를 가져왔다. 한때는 만주 땅이 옛 고구려, 발해의 고토가 된 적도 있었고, 또 한 때(조선시대)는 한반도를 괴롭힌 침략세력(병자호란, 구한말 등)이 되기도 하였으며, 또 일제강점기에는 조선인들의 피난처이자 독립운동의 산실이 되기도 했고,

현재도 미해결의 간도 영유권 등의 문제를 안고 있다. 그러나 통일한국이 출범한 이후에는 과거의 굴레에서 완전히 벗어나 한 차원 높은 단계에서 한-중 관계를 모색할 필요가 있고, 특히 접경인 만주지역에 대해서 통일한국은 지정학적으로나 미래학적으로도 특별한 관심을 가지고 전략적 접근을 할 필요가 있어 보인다.

한편, 만주지역은 중국대륙의 동쪽 변방으로서 지금은 하나의 나라를 구성하고 있지만, 역사적으로 볼 때 중국 본토와는 긴장관계 내지 대립 관계에 있은 적이 많았다. 대표적으로 청(淸)나라만 볼 때도 만주 땅에서 일어난 여진족의 후금(後金)이 중국 본토(한족)의 명(明)나라를 멸망시키고 청나라(1636~1912)를 세우지 않았던가? 그만큼 만주인들은 한족과는 다른 그들 자신만의 문화와 정체성을 지니고 있다.

지금 우리가 일반적으로 부르는 만주지역은 좁게 보아서는 중국의 3개 성(省)(랴오닝성, 지린성, 헤이룽장성)으로 구성되어 있다. 사실 만주(滿洲)라는 용어는 중국의 지도층 사이에서는 별로 좋아하지 않는다고 한다. 왜냐하면 일본이 1931년에 만주사변을 일으킨 후 세운 괴뢰국명이 만주국(1932~1945)이었기 때문이다. 그런 이유에서 중국은 이 곳을 만주라고 칭하기 보다는 지리적으로 대륙 동쪽의 성(省)이란 뜻으로 '동북3성'(東北三省)이라고 부르고 있다.

어떻든 이 동북3성은 광활한 땅을 가진 지역으로서 그 면적이 한반도 전체의 3.6배(남한의 7.8배)에 이르고, 인구 또한 2020년 기준으로 1억 명이 넘으며, 그 중에서 한족(漢族)이 대다수(90%)를 차지하고 있고, 여타 소수민족으로서 만주족, 몽골족, 조선족, 다우르족 등이 있다. 조선족 동포는 한때는 2백만 명 가량이 동북3성에 모여 살았는데, 근년에 들어서는 출산율 하락과 일자리를 찾아 북경, 상하이 등 내륙도시와 한국 등지로 떠나게 되어 인구가 대폭 줄어들고 있다. 그러나 이들 조선족 동포는 한반도가 하나로 통일되어 만주지역과 교류가 활성화되기 시작하면 언제든지 자신들의 고향(연변 등 동북3성)으로 되돌아 와서 그 주역이 될 사람들로 생각된다.

사실 중국 땅에 살고 있는 조선족 동포는 통일한국의 대륙진출을 도울 수 있는 중개자 역할을 할 수가 있다. 이들은 중국어와 한국어에 능숙하고 한국문화도 공유하기 때문에 상호간에 경제적 교류나 문화의 전파자로서 큰 역할을 할 수 있고, 그들로서도 마치

〈그림 3-6〉 중국 동북 3성(만주지역)

'부유한 친정'을 둔 여인의 마음으로 모국인 통일 한국과 연대하여 공동사업을 하거나 교량적 역할을 할 수 있다고 본다.

2) 만주의 분리 독립 가능성

만약에 동북3성이 중국본토와 분리되어 독립국가로 탄생한다면 한반도에는 지정학적으로 많은 변화가 초래될 것이다. 물론 현재로서 이 같은 가설은 가정일 뿐이다. 그러나 1991년 구소련의 붕괴에서 본 것과 같은 분리 독립의 가능성을 완전히 배제할 수는 없다고 본다. 역사적으로 보면 만주 땅을 두고 많은 열강들(소련, 일본 등)

이 각축전을 벌렸고, 앞으로도 기회가 주어진다면 즉각 관여할 자세다. 그러나 현재로서는 만주지역이 만약에 독립하게 된다면 미국의 영향력이 크게 작용하리라고 본다. 왜냐하면 만약에 있을지 모르는 중국의 와해과정에 미국의 영향력이 크게 작용할 것이기 때문이다. 그 결과 중국본토에서 분리되는 독립 국가들이 있다면 미국의 영향을 받아 자유민주주의체제로 전환될 가능성이 높다고 본다.

이렇게 하여 동북3성 지역에 만약에 만주민주공화국이라도 탄생한다면 한반도는 물론이고 동북아시아와 유라시아지역에까지 커다란 변화를 맞게 될 것이다. 그동안은 중국은 정치체제 면에서 북한과 더불어 1당 지배의 사회주의체제를 실시하였기 때문에 이웃국가들과 경제적 소통은 있었지만 정치적 소통에는 한계가 있었던 게 사실이다. 그런데 중국의 분열로 인해서 그 같은 벽이 무너진다면 그동안 중단되었던 많은 일들이 재개 될 수 있을 것이다.

중국 대륙의 대변혁은, 비록 가상적이긴 하지만, 미래의 통일한국에는 긍정적인 영향을 미칠 수 있다. 중국이 사회주의체제로 있을 때는 자신들의 체제유지를 위해서 통일한국에 대해서 몹시 경계하고, 그만큼 국경왕래도 제한되게 될 것이다. 그러나 만약에 만주 땅에 자유민주공화국이 탄생한다면 통일한국의 입장에서는 절친(絶親)을 얻는 것이며 공동번영의 길을 모색하게 될 것이다. 이 때 만주지역의 우리 조선족 동포들이 주요한 역할을 맡게 될 것으로 예상한다. 만주지역에는 여러 민족들이 살고 있지만 그 중에서도 조선족 동포들이 비록 숫자적으로는 소수이지만 새로운 국가형성에 주된 역할을 담당하리라고 본다. 왜냐하면 이들은 부유한 통일한국을 자랑스러운 자신들의 모국으로 여기고 있기 때문이다. 이런 점을 고려한다면, 만주 내의 간도지역을 한반도로 편입시키지 말고,

현재와 같이 만주국의 일부로 남겨두는 것이 오히려 통일한국에 유리한 국면이 될 수도 있을 것이다. 조선족 동포들은 만주국에서는 주역의 역할을 하고, 통일한국과는 가교역할을 할 수 있기 때문에 이들과의 돈독한 관계유지가 필요하다는 생각이다.

3. 통일한국-만주-몽골을 잇는 정치경제연대 가능성

중국의 동북3성, 즉 만주 땅이 자유로운 민주국가로 분리 독립한다면 한반도에도 큰 변화가 찾아올 것이다. 우선 만주 땅은 한민족과는 떼려야 뗄 수가 없는 역사적 관계를 가지고 있고, 현재도 2백만에 가까운 조선족 동포들이 그 땅에 살고 있다. 이런 만주 땅이 민주공화국으로 탄생한다면 이 만주국은 아래 쪽 강 너머 한반도의 통일정부와는 단순한 교역대상국 수준을 넘어서 정치, 외교적으로까지 연대하는 전략적 동반자 관계로 발전해 나갈 가능성이 높다고 생각한다.

예컨대, 가상적이지만, 신생 만주국 입장에서 볼 때, 중국내륙의 한족정부는 한때는 자신들을 끌어들여 하나의 통합국가(중화인민공화국)를 결성하였으나 분리 독립과정에서 많은 상처를 입게 되는 등 중국대륙과는 역사적으로 많은 애증관계를 겪게 되는 것이다. 반면, 만주는 통일 한반도와의 관계에 있어서는 역사적으로나 정서적으로도 유대감이 깊고, 특히 만주국으로 분리 독립한다면 선진 통일한국으로부터 다방면에서 배울 점도 많기 때문에 더욱 밀착관계를 유지하게 될 것이 분명해 보인다.

만약에 만주국이 탄생한다면, 1억의 인구를 가진 이 새 국가는 과거 중국대륙의 중화인민공화국과는 전혀 다른 체제인 서구식의 자유민주정부로 출범하리라고 예상하였다. 사실 만주인들에게는 지난 세기가 혹독한 시련의 시기였다. 1931~1945년에는 일본군의 잔인한 구두 발에 짓밟히는 수고를 겪었고, 일본군이 물러간 1945년에는 소련군이 들여 닥쳐 고난을 겪었으며, 그 후에는 중국공산당정부에 의해 강제로 흡수되어 자신들의 정체성을 완전히 잃은 채 살아왔기 때문에, 이제 독립을 쟁취하는 경우에는 가장 자유롭고 개방적인 민주정부를 만들고자 할 것이다. 그리하여 그동안 소외되었던 미국, 일본, 유럽 등 서방의 자유민주진영과 결속을 강화하고, 특히 지리적 이웃인 통일한국과 몽골에 대해서는 형제 수준의 강한 유대관계를 맺을 것으로 전망한다.

잠시 몽골의 상황을 살펴보면, 현재의 몽골국은 지난 1924년부터 구소련의 영향으로 공산주의 노선을 걸으면서 서방과는 불편한 관계를 가졌으나, 소련 붕괴 이후 1992년부터는 독자적으로 자유민주주의체제로 전환하면서 지금은 완전히 다른 국가가 되었다. 그러나 만주가 중국본토로부터의 분리 독립가능성이 있는 것과 마찬가지로, 인구 2,300만의 내몽고 역시 중국으로부터 분리 독립하여 모국인 북쪽의 독립 몽골국과 합쳐진다면, 동아시아 지역에는 완전히 새로운 지정학이 전개될 것이다.

가상적이긴 하지만, 미래학 측면에서 우선 전망할 수 있는 것은 새로 태어날 가능성이 있는 미래의 동아시아 3국(통일 대한민국, 만주공화국, 몽골) 간에 경제적 연대로서 (가칭) '동아시아 자유무역협정'(EA-FTA: East Asia Free Trade Association)을 체결할 수 있을 것이다. 이 신생 3개국은 이념적으로는 모두 자유민주주의체제인데다가 다소 시차는 있지만 새로이 태어난 신생국가라는 공통점을 가지게 된다. 즉, 통일한국은 남한과 북한이 합쳐졌고, 만주국은 중화인민공화국으로부터 분리 독립하였으며, 몽골공화국은 내몽고와 합쳐져서 거대국가로 탄생한 것이 된다. 이들 3개국은 지리적으로도 완전히 연결된다. 한반도에서 만주 땅을 지나 몽골 초원에 이르기까지 끊어짐이 없이 마치 하나의 땅과 같이 자연스럽게 연결된다(아래 그림 참조). 물론 이때가 되면 부산-서울-평양-신의주-선양-창춘-하얼빈-울란바토르로 연결되는 광역철도와 고속도로가 건설되리라고 본다. 이 철도와 고속도로는 울란바토르를 지나서 카자흐스탄 등 유라시아를 연결하는 교통로로 발전되는 것은 시간문제가 될 것이다. 여기에다가 시속 1천km 이상의 하이퍼루프(hyperloop) 초고속열차까지 운행된다면 이들 3개국은 1일 생활권에서 살게 될 것이다.

따라서 이 세 나라(통일한국, 만주국, 몽골)는 지리적으로나 지정학적으로 자유무역협정(FTA)을 체결하여 경제공동체를 이루기에 최적의 여건을 가지게 된다. 이 경제공동체는 마치 미국과 캐나다, 멕시코 간에 체결되었던 북미자유무역협정(NAFTA: 1994~2018)이나 그 후신인 USMCA (United States-Mexico-Canada Agreement: 2018~)과도 같다. 이것이 체결되면 세 나라 인구 간의 자유이동을 물론이고, 상품과 서비스 등에 있어서 관세장벽 없이 마치 하나의 국가 같이 교역과 교류가 가능해 진다. 물론 이 경제공동체에서는 선진 통일한국이 기술과 자본 등 다방면에서 주역을 담당하고, 만주국과 몽골국은 자원과 인력 등을 지원하는 상호 보완적 거래가 이루어 질 수 있을 것이다. 이 같은 통일한국의 경제적 연대(FTA)는 만주가 독립하지 않더라도 중국이 자유민주주의체제로 전환만 된다면 3국간에 가능한 일이라고 본다.

이 같은 경제공동체가 성공을 거두게 된다면, 그 다음 수순은 이

<그림 3-7> 통일한국–만주–몽골 간의 3국 연대 가능성

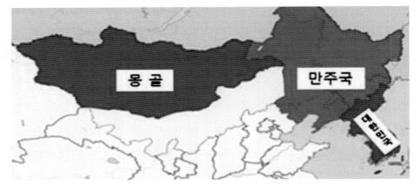

저자 주: 위 지도에서는 내몽고 동쪽 지방의 일부만이 만주국에 편입되었는데, 나머지 내몽고 지역 전체가 북쪽의 몽골로 편입된다면 몽골은 거대국가가 될 것임.

들 3개국 간에 특별한 외교관계로서 국가연합(confederation) 수준의 연대를 생각해 볼 수가 있다. 물론 처음부터 곧바로 이 같은 관계로 가지는 않겠지만 시간이 지나면서 더욱 강력한 지역연대가 필요하게 된다면 국가 간의 연합체, 즉 국가연합(confederacy)이 형성될 수도 있다고 본다. 만일에 경제적으로 통일한국이 현재 (2021년)의 G10권을 훨씬 넘어서 G3에 근접하는 수준까지 상승한다면 이 같은 국가연합가능성은 더욱 커질 것으로 전망한다.

저자가 생각하는 3국간의 국가연합체는 외교, 국방에 있어서는 각국의 주권을 그대로 유지하면서 다소 느슨한 형태의 국가 간의 연합을 그린다. 이 연대는 현재의 유럽연합(EU)과 같이 회원국 간에 강력한 기속력을 가지는 정치경제적 연합체로까지는 가지 못하더라도 느슨한 형태의 노르딕 협의체(Nordic Council)[10]나 러시아

10) 노르딕 협의체는 1952년에 덴마크가 중심이 되어 북유럽의 노르웨이, 스

중심의 독립국가연합(CIS) 정도의 국가연합체를 염두에 두고 하는 말이다. 따라서 (가칭)'K-국가연합'(K-Confederacy)은 선진 대한민국이 중심이 되고, 신생 만주국과 몽골이 외교, 경제 등 분야에서 상호 협력과 연대를 도모하는 느슨한 형태의 국가연합체를 의미한다.

이렇게 하여 만약에 신생 3개국 간에 강력한 지역연대가 성립하게 된다면 동아시아에는 지각변동수준의 변화가 오게 될 것이다. 즉, 이 연합체에는 인구 7,700만의 통일 대한민국과, 인구 1억의 만주공화국, 그리고 인구 2,600만의 몽골(내몽고 통합 시)이 합쳐져서 총인구 2억 1천만 명 대(세계7위)에 이르게 되고, 면적으로도 인도보다 훨씬 더 큰 세계7위의 거대한 지역기구가 탄생하는 것이다. 이 연합체는 자유무역지대(FTA)가 되든지, 국가연합이 되든지 간에 거대한 조직체로서 지정학적으로 주변의 러시아나 중국, 또는 일본과의 관계에 있어서도 결코 약체가 아닌 대등한 지위 이상을 갖게 될 것이다.

〈표 3-1〉 동아시아 신생 3개국의 인구 및 면적 예측

국가	인구(명) (세계 순위)	국토면적(km2) (세계 순위)
(통일) 대한민국	7,700만(20위)	220천(83위)
- 남한	5,200만(28위)	100천(107위)
- 북한	2,500만(54위)	120천(97위)
만주국 (동북3성)	1억 800만(14위)	788천(36위)

웨덴, 핀란드, 아이슬란드 등이 가입한 상호 협력 기구로서, 처음에는 회원국 국회의원들의 회의체인 노르딕 이사회(Nordic Council)로 출발하였으나 후에 회원국의 각료들이 참여하는 노르딕 각료회의(Nordic Council of Ministers)로 발전하였고 회원국도 늘었다.

국가	인구(명) (세계 순위)	국토면적(km2) (세계 순위)
(통합) 몽골국	2,610만(51위)	3,527천(7위)
– 외몽고(현, 몽골)	330만(134위)	2,344천(11위)
– 내몽고	2,280만(57위)	1,183천(26위)
총계	2억1,110만(7위)	4,535천(7위)

4. 연해주 등 러시아와의 협력 사업

1) 러시아 극동지방(연해주) 관련

러시아 극동지역인 연해주(沿海州)(프리모르스키, Primorskii)는 역사적으로 한민족과는 많은 애한(哀恨) 관계를 갖고 있는 지역이 기도 하다. 이 곳은 한때 옛 고구려 멸망 후 설립한 발해의 고토이 기도 하였으며, 그 후 중국(명, 청)의 영토로 있다가 1860년 베이징 조약에 의해서 러시아 땅으로 넘어간 후 오늘에 이르고 있다. 이 곳 이 비록 대한민국의 영토는 아닐지라도 지리적으로 인접한 관계로 오래 전부터 많은 동포들이 자의(自意) 또는 강제로 이곳으로 이주 해 살아온 애한이 서린 곳이기도 하다. 특히 일제강점기에는 독립 운동의 일부 거점지역이 되기도 했고, 또 한때(1937년)는 소련의 스탈린 독재자에 의해서 수많은 우리 동포들(약 175,000명)이 극동 연해주에서 강제로 기차에 실려 불모지인 중앙아시아(카자흐스탄, 우즈베키스탄 등)의 한 벌판으로 강제이주를 당하는 처참한 수난을 겪기도 했다. 그러나 아직도 이곳에는 한민족의 후예들이 남아있고, 북한의 노동자들도 이곳에서 국가의 외화벌이에 동원되고 있다.

한반도가 통일이 된다고 해서 러시아의 연해주에 대해서 간도 땅과 같은 영토분쟁을 벌이자는 것은 아니다. 그러나 지리적으로 러시아는 통일 대한민국과 짧지만 17km의 국경을 마주하고 있고, 연해주에는 우리 동포들이 많이 남아있으며, 지정학적으로 아주 민감하고 중요한 곳이기 때문에 전략적 접근이 필요한 지역이다. 연해주의 주도인 블라디보스토크(Vladivostok)는 러시아의 태평양함대 본부가 있는 군사적 요충지인 동시에 무역항으로서 경제적으로도 아주 중요한 곳이다.

한편, 중국의 입장에서 보면 러시아와 한반도가 두만강 하구 유역에서 국경을 맞대고 있기 때문에 자신들(중국)의 동해 및 태평양으로의 진출이 완전히 차단되는 결과가 된다. 이것이 러시아의 입장에서는 중국의 태평양 진출을 막는 절묘한 한 수가 되기도 한다. 그렇기 때문에 중국은 동해진출을 위한 항구를 얻기 위해서 지금(2021년)도 북한 땅을 빌리지 않으면 안 되게 되어 있고, 통일 후에도 이 같은 사정은 마찬가지가 된다. 그만큼 한반도와 러시아, 중국이 만나는 두만강 하구의 3각 지대는 세 나라 모두에게 지정학적으로나 전략적으로 아주 민감하고 관심이 집중되는 곳이다. 이 곳을 의식하여 앞서 언급한 바와 같이 통일 대한민국은 주도적으로 함경북도의 나진-선봉지역에 경제무역특구를 활성화하여 러시아 및 중국경제권을 끌어들일 필요가 있고, 동북아의 물류센터(hub)로 키워나갈 필요가 있다.

2) 시베리아 개발 참여

러시아 시베리아 일대는 천연자원의 보고로 잘 알려져 있다. 천연가스, 석유, 석탄, 목재 등 거의 무한정한 에너지 자원을 보유하고 있는데 이들을 개발, 제조, 유통하는 사업에 통일한국이 적극적으로 참여할 수 있을 것이다. 통일 이전에만 하더라도 북한이라는 장애물로 인하여 시베리아 개발사업이나 천연가스 등 에너지 수입 영역에 있어서 별로 진전이 없었다. 그러나 이제 통일을 이룬 후에는 그런 장애물이 완전히 걷히게 됨으로써 그동안 양측(한국-러시아)에서 계획하고 구상했던 갖가지 사업들을 과감히 추진할 수 있는 환경이 마련된다.

러시아의 입장에서도 시베리아를 비롯한 극동지역의 경제 활성화를 모색하고 있고, 천연가스와 원유 등 자원을 대한민국과 일본 등지에 수송관을 통해 수출하는 등 협력사업을 할 수 있고, 통일한국 또한 시베리아 횡단열차를 통한 인적 물적 교류확대를 추진할 수 있다. 한마디로 모두에게 이득이 되는 상생게임을 벌일 수 있게 되는 것이다. 여기에는 누가 더 많은 자본과 기술을 가지고 있느냐가 관건이 될 것이다.

3) 한반도-시베리아-베링해협-북미대륙 연결 초고속 교통로

러시아는 지리적으로 가장 광역대의 교통망을 가지고 있는 국가이기에 지금까지는 극동의 블라디보스토크에서 모스크바에 이르는 장장 9,288km의 시베리아 횡단열차(TSR: Trans-Siberian Railway)가 극동지방과 유라시아를 연결하는 주요 교통수단이었다. 그런데 얼마 안가서는 한국에서 비행기가 아닌 초고속열차를 타고 동(東) 시베리아와 베링해협을 건너서 캐나다와 미국에 갈 수 있는 날이 오고 있다. 지금까지는 생각해 보지도 않았던 러시아 대륙과 북미대륙을 연결하는 새로운 열차노선이 되는 것이다. 이 계획은 베링해협(Bering Strait)을 교각 또는 해저터널로 연결하는 대단위 사업으로서 이미 어느 정도 계획이 진척되고 있다.

베링해협은 좌우 가까운 폭이 88km이고, 수심은 30~50m 정도라고 한다. 이곳은 역사적으로 양 대륙 간에 이념의 장벽을 극명하게 보여주는 지역이었는데, 앞으로 단절된 두 대륙을 연결한다면 관련국들에게는 커다란 경제적, 지정학적 변화를 초래할 것이다. 러시아는 이미 2000년 말에 일명 '베링해협 프로젝트'에 대한 정부의 타당성 조사가 마무리 되었고, 2030년경까지는 이 사업을 포함하여 관련 철도 연결사업까지도 마친다는 계획이 서 있고, 미국 또한 이 사업에 깊은 관심을 가지고 있는 것으로 알고 있다. 아무튼 시간은 다소 걸릴지 몰라도 머지않은 장래에 이 계획은 현실로 나타날 전망이다.

이렇게 되면 통일 한반도에도 큰 변화가 예상된다. 기존의 시베리아 횡단철도(TSR)에 이어 블라디보스토크에서 동쪽 방향으로 베링해협을 통과하는 또 하나의 대 교통로가 신설된다면 동아시아와 유럽, 그리고 북미대륙까지도 육로로 연결하는 4통 8발의 교통망을 가지게 되는 것이다. 이렇게 되면 부산에서 출발하여 블라디보스토크를 거쳐 서쪽으로는 모스크바를 거쳐 유럽 전역과, 그리고 동쪽으로는 베링해협을 거쳐 캐나다와 미국에 이르기까지 육로로 완전히 연결되는 대역사가 이루어지는 셈이다. 여기에다가 최근에 급발전하고 있는 시속 1천km 이상의 하이퍼루프(hyperloop) 초고속 진공열차까지 등장한다면 과거 1주일 이상 걸리던 거리가 1일 생활권으로 바뀌게 됨으로써 인적 물적 교류에 일대 혁신이 이루어지게 될 것이다. 그리고 앞으로 북극항로가 활성화 될 때는 베링해협이 각광 받게 될 것이다. 미래의 이러저러한 지정학적 현실들을 염두에 두고 통일한국은 국가전략을 잘 짜 나가야 할 것이다.

〈그림 3-7〉 시베리아-베링해협-북미대륙을 연결하는 미래 교통로

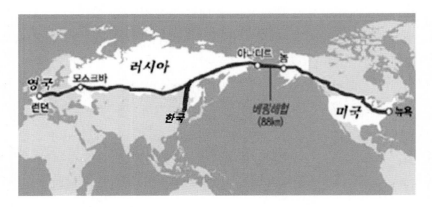

통일한국의 정치제도

제2편에서는 통일한국의 내치문제를 다룬다. 먼저 새 나라의 건국이념과 철학에 관해서 논의하고, 기본 정치체제와 국호, 국기 사용문제에 대해서도 언급한다. 이어서 국가 기본조직의 구성과 운영문제에 관해서 상론한다.

새 국가의 건국이념으로는 3가지(민주, 인본, 평화)를 제안하고, 그 이유와 타당성에 관해서 논의한다.

새 국가의 정부형태로는 1인 권력 독점화를 철저히 예방하기 위해서 정부권력을 대통령과 책임총리가 양분하는 프랑스와도 다른 한국 방식의 이원정부제를 제안하고, 과대해진 국회의 입법권력 또한 분할하는 양원제를 제시한다. 무엇보다도 국민을 행복하게 하기 위한 조치로서 중앙집권을 지양하고 연방국가 수준의 과감한 지방분권과 시민자치 방안을 제안한다.

특히 21세기 현대 신인류의 등장에 따라서 대의제 민주정치에서 탈피하여 4차 산업혁명시대에 걸맞도록 전자민주주의에 입각한 직접민주주의 방식 도입을 제안한다.

제4장

건국이념과 정치체제

제1절 통일한국의 건국이념과 철학

통일한국이라는 새로운 국가가 탄생하게 되면 8천만 국민이 한 지붕 안에서 함께 살아 갈 공동의 터전을 만들어야 하는 데, 그것이 국가제도이고, 그 방향을 설정하는 것이 바로 건국이념이자 철학이 될 것이다. 이 같은 기본이념과 철학을 결정함에 있어서는 국민과 국가가 지향하는 목표와 가치는 물론이고, 당시의 시대정신과 주변 환경도 큰 영향을 미치게 될 것이다. 따라서 통일에 앞서서 미리 이 같은 국가의 기본이념과 철학을 상정하고 설정한다는 것은 분명히 시간차이에서 오는 한계가 있으리라고 생각한다. 그럼에도 불구하고, 이 같은 연구 없이는 훗날에 많은 사상적, 정신적 혼란을 겪게 될 것에 대비하여, 비록 시간적, 그리고 상황적 제한은 있겠지만 미리 가보는 미래학적 관점에서 저자의 부족하나마 미래감각과 통찰력을 총동원하여, 그리고 그동안 겪어온 많은 역사적 경험과 시행착오들을 거울삼아 새 국가의 정신적 초석이 될 통일 대한민국의 건국이념과 철학 문제에 관해서 깊이 있게 논의해 보고자 한다.

모든 나라가 반드시 건국이념을 명시적으로 적시하지는 않는다고 본다. 통일 이전에 한국의 경우에도 헌법전문을 통하여 여러 가지 국가 정신과 철학(정의, 인도, 동포애, 평화통일, 자유민주, 세계평화, 인류공영 등)을 표현하였으나 구체적으로 건국이념이 무엇이라고 표명하지는 않았다. 역사를 돌이켜 보면 비록 신화에 근거한 것이지만, 이 땅의 최초의 건국 할아버지 단군 왕검이 기원전 2333년에 고조선을 세울 때 이른바 '널리 인간을 이롭게 한다'는 '홍익인간'(弘益人間)을 건국이념으로 삼았다고 전하고 있으며, 이 정신은 아직도 나름대로 계승되고 있다.

조선 건국의 경우를 보면, 국가의 기본정책으로서 세 가지를 내세웠는데, 첫째로는 외교정책으로서, 바람직해 보이지는 않지만, 시대상황을 반영한 '사대교린주의'(事大交鄰主義)와, 둘째로는 문화정책으로서 '숭유배불주의'(崇儒排佛主義), 셋째로는 경제정책으로서 '농본민생주의'(農本民生主義)가 그것인데, 엄격히 말하면 건국이념이라기보다는 국가의 기본정책이라고 할 수 있다.

그러나 국가이념을 명시적으로 적시한 경우도 있다. 우리가 잘 알고 있는 프랑스 대혁명(1789년~1794년) 당시 '인간과 시민의 권리와 의무선언'(1795년)에서는 세 가지 사상(자유, 평등, 우애)을 혁명정신 내지 이념으로 선언문에 상세하게 명기하기도 하였다. 미국의 경우에는 무엇이 국가이념이라고 명시하지는 않았지만, 일반적으로는 세 가지 사상, 즉 청교도정신(puritanism), 개척정신(frontiership)과 실용주의(pragmatism)를 그네들의 건국 정신이라고 말하고 있다. 한 가지 예를 더 든다면, 1912년에는 중국 땅에서 청나라가 망하고 신행(辛亥)혁명을 거쳐 중화민국이 탄생하는 데, 당시 혁명 지도자였던 쑨원(孫文)은 새 국가의 이념으로서 이른바 삼민주의(三民主義)를 제창했는데, 민족(民族)주의, 민권(民權)주의,

민생(民生)주의가 그것이었다. 이 이념들은 중화민국의 건국정신으로 계승되고 있다.

통일한국의 경우로 돌아가 보자. 저자는 이 새 나라의 경우에도 프랑스 대혁명과 같이 특정이념을 공식적으로 내세우자는 것은 아니지만 그래도 하나의 새로운 국가를 창설함에 있어서는 가장 근본이자 초석이 되는 건국의 정신 내지 철학, 가치, 이상 등을 함의하는 그 어떤 무엇이 있으면 좋겠다는 생각이다. 물론 이들 사상이나 철학들은 통일헌법의 전문 등에 적절한 형태로 녹여서 반영될 수도 있겠지만, 그 방법론은 차치하고, 내용적인 면에서 건국이념은 새 국가가 지향해야 할 목표이자 방향이 된다는 점에서 중차대한 주제라고 생각한다.

저자는 이 문제를 생각함에 있어서 미래 통일한국의 시대적 상황과 국제정세, 국민들의 염원 등 제반 사정들을 감안해서 새 나라의 건국정신 내지 이념으로서 제시해 볼 만한 여러 사상들을 우선 나열해 보고자 한다. 예컨대 자유, 평등, 통합, 인권, 민주주의, 생명, 인본주의, 우호선린, 평화, 비동맹, 비핵화, 비폭력, 불가침, 중립주의, 복지, 인간행복 등등인데, 이 밖에도 더 많은 것들이 있을 것이다. 이들은 제각기 아주 소중한 가치이고 사상임에는 틀림없지만 이들 모두를 국가이념으로 내 세울 수는 없다는 점에서, 여기에서는 위의 사상들 중에서 미리 가 보는 통일한국의 시대정신과 국가목표, 국민행복 등을 감안해서 세 가지만 선택해 보고자 한다.

이 선택은 누구냐에 따라 그 내용이 달라지겠지만, 결코 논쟁만으로 해결될 문제는 아니라고 본다. 만일에 저자에게 그 선택의 기회가 주어진다면 무엇보다도 다음 세 가지를 제안하고자 한다.

1) 통일한국의 3대 건국이념 제안: 민주, 인본, 평화

- 첫째, 가장 절실한 가치지만 오용되기 쉬운 '자유·민주주의' 사상;
- 둘째, 가장 소중한 가치지만 무시하기 쉬운 '생명·인본주의' 사상;
- 셋째, 가장 필요한 가치지만 소홀하기 쉬운 '비폭력·평화주의' 사상

〈그림 4–1〉 통일한국의 3대 건국이념(안)

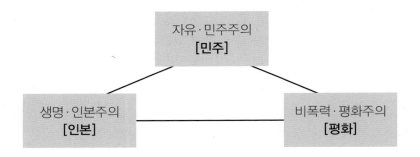

보다 구체적으로는,
- 개인(국민)은 최대한의 '자유와 민주주의적 삶'을 향유할 수 있고,
- 사회는 인간존중의 '생명·인본·인류애에 기반 한 공동체 사회'를 지향하고,
- 국가는 '비핵·비폭력·평화주의'에 입각한 국가안전과 국민행복을 구현해 내는 나라를 지향한다.

저자는 이 세 가지를 통일한국의 건국이념이자 철학으로 삼았으면 한다. 그 각각에 관해서 이유와 배경 등을 설명한다.

2) 자유·민주주의 사상(약칭 '민주')

먼저 제1의 건국이념으로 제안한 '자유·민주주의'사상(줄여서 '민주')에 관해서 말하자면, 이 사상은 근대 시민혁명과 계몽사상기 이후 대부분의 민주국가에서 금과옥조로 여기며 사랑받아 온 개념이지만 현실에서는 잘 이행되지 못하고 있는 것이기도 하다. 역사적으로는 주로 17세기 이래 서구에서 시민혁명들을 거치고 사상가들의 논쟁을 통해서 이 개념이 형성되고 전파되어 지금에 와서는 지극히 당연한 정치사회적 사상으로 자리매김하고 있다. 이 자유와 민주사상은 시대와 지역, 사회에 따라 그 개념이 조금씩 다르게 해석되고 적용되기도 하지만, 주로 국가권력의 억압, 통제로부터 해방되고자 하는 개인(국민)의 권리를 말한다. 이 사상을 보장받기 위해서 많은 자유민주 국가들에서는 권력분립, 법치주의 등 여러 가지 제도적 장치를 두고 그 보호에 노력하고 있다.

'자유주의' 사상은 단지 개인의 국가권력으로부터의 해방뿐만 아니라 사회단체, 조직, 다른 개인 등과 같은 외부로부터의 억압과 통제에서 해방되는 것까지 포함하는 포괄적 개념인데, 이 자유사상은 그 자체로서 끝나는 것이 아니라 여타 다른 기본권에까지 깊은 영향을 미친다. 따라서 개인의 자유권이 바로서야 여타 기본권, 예컨대 개인의 자율권과 자기의사결정권, 자기행동권, 인권과 민주주의까지도 성립이 가능하게 된다. 그래서 '개인의 자유권'이야말로 기본권 중의 기본권이 된다. 그렇기 때문에 '민주주의'와 합쳐진 이 개념을 건국이념 중에서도 제1의 정치사상으로 삼고자 하는 것이다. 물론 무제한의 자유는 현실 세상에는 있을 수 없겠지만, 이것의 최대한 보장이 필요하고, 꼭 제한해야 할 때는 국민의 동의(법률)에 의해서만 가능할 것이다.

이 자유권이 바탕이 된 것이 바로 '민주주의' 사상이다. 세계사적으로 보면 시민혁명을 겪은 후 서구에서는 자유민주적 정치체제가 자리를 잡는 가운데, 다른 한편에서는 프롤레타리아(무산계급)의 전체주의적 사회주의 사상이 자유민주주의 사상과 경쟁적 관계를 이루면서 상호 대립해 왔다. 이런 가운데 '민주주의'(democracy)라는 용어는 편리에 따라 여러 가지 형태로 불려 졌는데, 예컨대 사회민주주의, 인민민주주의, 프롤레타리아 민주주의 등등의 이름으로 자신들의 정치체제를 정당화하기 위해서 일종의 '가짜'민주주의가 판을 치기도 했다.

통일한국이 지향하는 민주주의는 그런 민주주의가 아니라 진정한 '자유'와 '평등'이 주축이 되는 국민중심의 정치체제, 즉 에이브라함 링컨이 말한 "국민의, 국민에 의한, 국민을 위한"(of the people, by the people, for the people) 정체를 말한다. 따라서 통일한국의 정체(polity)는 단순한 '민주주의'가 아니라, 자유주의 사상이 뒤를 받치고 함께하는 '자유민주주의'(free democracy) 정체라야 함을 강조하고 싶다. 이 개념 속에는 당연히 '평등'이라는 개념이 내포된다. 민주주의(democracy)는 말 그대로 구성원인 국민 개개인이 주권자인 사상인데, 이 개념 속에는 두 개의 기본사상이 포함된다. 그 중 하나는 '자유'사상이고, 다른 하나는 '평등'사상이다. 그러나 단순히 '민주주의'라고만 할 때에는 이것이 앞서 말한 대로 프롤레타리아 민주주의와 같은 편의성을 띤 거짓 민주주의로 오용될 위험이 높아서 저자는 평등개념을 내포한 '자유민주주의'사상을 강조하는 것이다.

어떻게 보면 다소 진부해 보이기도 하는 이 자유사상을 강조하는 또 하나의 배경을 설명하자면, 저자는 이 자유사상이 통일한국의 구성원 모두에게는 아직도 보편적이지 못한 개념으로 본다. 통일 이전에 한반도의 남쪽(한국) 사람들은 1948년도 이래 이른바 자유 민주주의체제를 채택하고 국가권력으로부터 개인의 자유권을 확보 하기 위해 오랜 기간 동안 투쟁한 결과 상당한 성과를 이룩하였고, 그 덕택에 자유의 '참맛'을 향유한 이후에 통일을 맞이하겠지만, 한 반도의 북쪽(북한) 사람들은 같은 기간 중에 혹독한 전체주의적 사 회주의 정치체제 하에서 개인의 자유권이 상실된 채 급작스럽게 통 일을 맞이할 가능성이 높다. 그렇기 때문에 통일한국의 반쪽 구성 원들에게는 자유 내지 자유사상은 제대로 향유해 보지도, 체험해 보지도 못한 미지의 개념으로 생각되기 때문에 새 국가, 새 시대에 서는 이 사상을 더욱 유의미한 것으로 만들고, 이 사상으로 하여금 여타 기본권 신장의 견인차 역할을 하도록 함에 그 의미가 있다고 본다.

3) 생명·인본주의 사상(약칭 '인본')

건국이념으로서 두 번째로 제안하고자 한 것은 '생명·인본주의' 사상(줄여서 '인본')인데, 이것은 인간존중의 "생명·인본주의·인류 애"에 입각한 공동체사회를 건설함에 그 목적이 있다. 인간존중의 인본사회에 있어서 가장 중요한 가치 중 하나는 '생명 중시 사상'이 될 것이다. 생명의 중요성을 강조할 필요가 있겠는가? 그러나 이것 은 너무나도 당연한 명제인데도 불구하고 생명이 경시되고 무시당 하고 있는 것 또한 우리의 현실이다. 물질만능과 기술만능 시대에 있어서, 그리고 전쟁 등 폭력을 당연시 하는 현실사회에서, 한없이

고귀한 생명이 경시되고 무시되는 풍조는 그만 멈추어야 할 것이다. 인간낙태가 합법화 되고, 유전자 가위에 의해 태아의 DNA가 손질되고, 인간생명마저 기술에 의해 변질되는 세상에서 생명의 존귀함을 모두가 각인하고 생활에서 실천하는 사회를 구현해 내고 싶은 것이다. 이 생명은 인간의 생명뿐만 아니라 동물과 식물을 포함하는 모든 지구 생명체를 포괄하는 개념이다.

다음으로 '인본'(人本) 사상에 관해서 생각해 보자. 이 사상은 내치(內治)와 외치(外治) 모두에 적용되는, 인간이 살아가는 기본 목적과 관련되는 사상이다. 세상은 갈수록 각박해져 가고, 인류는 제2차, 제3차 산업시대를 지나 제4차 산업혁명시대에까지 접어들었다. 그 다음에는 제5차, 제6차 … 산업시대가 올 테지만, 과학기술의 질주가 어디까지 갈지 두려운 생각마저 든다.

질주하는 기술문명에서 파생되는 것이 인간성 상실의 문제다. 기술의 편리함 앞에서 인간은 그 존재가 별로 보이지 않는다. 인간과 기술이 도치된 느낌마저 든다. 인간이 행복한 세상을 구현하는 것이 국가와 사회, 개인의 목표가 되어야 할 터인데, 반대로 기술이 행복(?)한 시대에 살고 있는 듯하다. 이런 현상은 이 나라뿐만 아니라 지구촌 모든 곳에서 진행되고 있다. 산업화와 기술발달이 남긴 후유증이다.

통일한국은 따스한 인간의 정(情)이 흐르는 곳이 되었으면 한다. 인간이 중심이고, 인간이 존중받고, 인간의 사회이고, 인간의 가치와 존엄성이 가장 중요시 되는 그런 사회를 꿈꾼다. 그렇다고 과학기술을 등한시 하자는 것은 결코 아니다. 과학기술을 발전시켜 '스마트'사회로 나아가는 것을 반대하는 것은 아니며, 다만 그것이 올바른 방향성을 가지도록 잘 인도(guide) 해야 함을 말한다. 저자는 이것을 인본주의(人本主義, humanism)라고 칭하고, 이것을 새 나라의 또 하나의 중심축이 되는 이념으로 삼길 바란다.

그래서 정치, 경제, 사회, 문화 등 국민생활의 모든 영역에 있어서 생명존중과 인본사상이 깊이 스며들어 인간의 정신과 가치, 존엄성이 최우선적으로 고려되도록 교육과 생활, 제도까지도 재정비할 필요가 있다고 본다. 그리하여 새 국가에서는 인간의 윤리, 도덕성을 회복하고, 인간 존재의 의미를 더욱 살려 내어 진정 꽃보다 아름다운, 사람이 행복한 세상을 건설해 보자는 것이다.

이 사상은 단지 국내관계뿐만 아니라 국제관계에도 적용되어 주변 국민들과도 선린우호관계와 평화를 창출하는 견인차적인 역할을 한다면 더욱 바람직할 것이다. 저자는 이 사상을 인류애(人類愛)로 통칭하고자 한다. 미래사회에서 물리적 국경선은 별 의미를 갖지 못할 것이다. 통일한국의 국민은 협소한 민족주의를 벗어나서 지구공동체 내지 인류애적인 차원에서 지역은 물론이고 세계인 모두와 공존, 공생, 공영하는 새로운 길을 찾기를 기대한다.

4) 비폭력·평화주의 사상(약칭 '평화')

저자는 새 나라의 세 번째 건국이념으로서 '비폭력 평화주의'사상(줄여서 '평화')을 제안하고 싶다. 이 사상은 비핵화, 비폭력, 비동맹과 평화주의를 지향하는 개념이다. 지난 100년간 한반도는 전쟁과 폭력, 강압이 판을 친 현장이었다면 이제는 더 이상 야만을 멈추고 완전히 새로운 평화의 땅으로 일구어 나가길 바란다. 이런 필요성에서 나온 특별한 방책이 바로 제3장에서 다룬 영세중립론이다. 아마도 이런 정책은 다른 나라 같으면 필요가 없는 것이 될지도 모른다. 더 이상 한반도가 열강의 전쟁터나 각축장이 될 수 없다는 결연한 의지가 이 중립주의에 담겨있다.

세계의 어느 곳에서도 마찬가지지만 특히 한반도는 역사적으로 대륙과 해양세력이 몰려들어 세력다툼을 벌이는 반도국가라는 점에서 전쟁과 침략과 무력대결이 끊이지 않았다. 지금까지도 세계에서 유일한 분단국가로서 고통을 안고 살아 온 민족에게 평화와 안전, 생존의 문제는 너무도 절실한 현실적인 주제가 되지 아닐 수 없다.

통일한국에서의 전쟁과 평화의 문제는 주변 4대 강국(미국, 중국, 일본, 러시아), 즉 '빅 브라더'[1] 간에도 중요한 의제가 된다. 세계 모든 국가들이 평화를 지향하고 평화유지를 주요 정책 목표로 삼고 있다. 그러나 평화를 지향한다는 유엔 회원국 간에도 전쟁과 파괴는 지금도 계속되고 있다. 미래의 한반도에서도 언제든지 전쟁과 폭력이 재발할 수 있다. 평화는 이것을 지키려는 의지와 능력이 있을 때에만 가능하다고 믿는다. 그래서 통일한국은 주변국과의 관계설정에 있어서 평화를 실행하기 위한 제반 안전장치를 반드시 마련하고 확고히 해야 할 것이다.

그 안전장치가 무엇이겠는가? 많은 논의와 검증이 요구되는 주제라고 생각한다. 한반도는 지정학적으로 불리한 조건들을 두루 갖추고 있어 생존 자체가 결코 쉬운 곳이 아니다. 과거에 우리와 유사한 반도국가인 이탈리아는 자신들이 강국으로 존재할 때는 대제국을 건설 하는 등 자신들의 지정학적 위치를 유리한 환경으로 활용했었다. 그러나 한반도와 같이 언제나 주변보다 약소국으로 존재해 온 경우에는 그 지정학적 위치는 지배의 대상이 되기에 안성맞춤이었다. 이

---

1) 필자는 한반도를 둘러싼 미국, 중국, 일본, 러시아 등 주변 4개국을 'Four Big Brothers'라고 부르고자 한다.

런 상황을 벗어나기 위해서는 생각의 대전환이 필요하다고 본다.

위기와 함께 살아가는 한반도와 같은 곳에서는 생존을 지키기 위해서 어떤 정책을 선택해야 하는가? "비상한 때에는 비상한 선택"이 필요하다는 생각이다. 그 중의 하나가 '비동맹 영세중립주의'정책이고, 다른 하나는 이 정책을 뒷받침해 주는 '비핵화, 비폭력, 평화주의'사상이라고 생각한다. 이들의 선택은 한반도에서 전쟁과 폭력을 몰아내는 중심적 사상이자 정책이 되리라고 본다.

지금까지 저자는 통일한국의 건국이념으로서, 개인에게는 최대한의 '자유민주주의'사상을, 사회공동체를 위해서는 '생명과 인본주의'사상을, 그리고 국가에게는 생존전략으로서 '비폭력 평화주의'사상을 제시하였다. 이들 각각의 이념은 다시 그것이 기반이 되어 다른 파생효과들을 낳게 되는데 이것을 저자는 '파생이념'내지 '하부이념'(sub- ideology) 이라고 칭하고자 하며, 그 자세한 관계는 아래 그림과 같다.

〈그림 4-2〉 통일한국의 건국이념과 파생이념

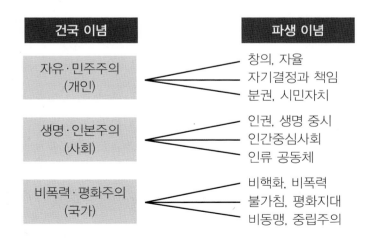

위의 개념도를 설명하자면, 먼저 제1의 건국이념인 '자유·민주주의' 사상은 주로 개인, 즉 개별 국민을 대상으로 삼는 것인데, 개인의 인간다운 삶을 보장하고, 국가권력으로부터 억압되지 않는 자유를 향유하는 기본권 중의 기본권이다. 이 사상이 잘 지켜진다면 그 파생효과로서 개인의 창의와 자율성이 증대되고, 자기결정권과 책임성이 부여되며, 아울러 국가제도에도 영향을 미쳐 중앙집권적 권력집중보다는 보다는 시민과 주민의 자율성을 존중하는 권력분권 내지 주민자치주의 등의 정부형태를 띠게 될 것이다.

다음, 제2의 건국이념으로 내 세운 '생명·인본주의(人本主義)'는 생명존중 사상과 주로 사회공동체를 겨냥한 개념으로서, 미래사회가 기술 중심과 물질중심에서 벗어나 인간사회 본연의 모습으로 되돌아가서 생명과 도덕, 인권이 존중되는 인간중심(human-oriented) 내지 인간존중(human-respected)의 공동체 사회를 지향하는 개념이다. 물론 이 개념에는 인간의 생명뿐만 아니라 동식물의 생명까지도 포함한다. 이 사상이 발전하면 자연히 인권과 생명, 그리고 인간애와 인류애에 바탕을 둔 지역공동체 내지는 지구공동체 사회까지 염두에 두고 설정된 개념이다.

제3의 건국이념으로 제안한 '비폭력·평화주의'사상은 개인과 사회보다는 주로 국가에 대해서 부여하는 과제라고 생각한다. 세상은 갈수록 폭력화 되는 경향이고, 그 폭력화는 기술(무기)의 발달 등으로 인해 끝을 모르고 있다. 폭력은 문제를 해결하는 것이 아니라 문제의 시작일 뿐이다. 이 평범한 진실을 왜 모르는지 안타까울 뿐이다. 새로운 국가로 출범하는 통일한국에서는 더 이상 이 같은 어리석음에 빠져서는 안 되리라고 본다. 새롭고 더욱 안전한 길이 있다면 그것은 바로 비폭력과 평화의 길이라고 믿는다. 통일한국이라는 새 나라는 이 길을 개척해서 세상의 모범이 되고, 모델이 될 것을 기대한다. 이 길은 비록 남들이 잘 가지 않는 외로운 길이 될지 모르나 긴 세월을 두고 보면 위대한 선택이 될 것이다.

이 큰 길에서 파생되는 개념들이 바로 한반도에서의 비핵화이고 비동맹이며, 이들을 실천하기 동력으로서 저자는 영세중립국을 제안했던 것이다. 통일한국이 전쟁과 같은 폭력의 역사를 되풀이하지 않기 위해서 특단의 조치로서 내 놓은 것이 바로 영세중립정책이다. 이 정책이 건국정신으로 선택된다면, 이것을 실천하기 위해서라도 통일한국은 주변국들과 불가침을 위한 평화조약의 체결이 필요하고, 한반도 내에는 어떤 핵무기나 대량살상무기도 금지하며, 어떤 특정 블록과도 군사동맹체결을 거부하고, 영원히 중립적이고 자립적인 비폭력 평화지대로 남는 길을 선택할 것을 권한다.

이 길이야말로 진정으로 '강한 자'만이 선택할 수 있는 길인 것이다. 이 같은 길을 스위스는 이미 200년 전부터 힘차게 걸어가고 있으며, 중미의 코스타리카는 70년 전에 기존의 자국 군대까지 폐지하고도 지금까지 주권국가로 잘 살아가고 있다. 미래의 우리 한반도도 이 같은 평화의 길을 열고 그 길을 굳건히 걸어가야 한다고 믿는다. 이 길이야말로 나와 이웃과 후대들을 안전하게 지켜주는 길이 될 것이다.

이렇게 하여 통일 대한민국은 세 가지의 건국이념이자 철학인 민주(民主), 인본(人本)과 평화(平和)에 기반 한 "가장 민주적이고, 인본적인 평화의 대한민국"(The most Democratic, Human-oriented, Peaceful Republic of Korea: the D·H·P ROK)을 건설하기를 기대한다.

통일한국의 국호와 국기

1. 통일한국의 국호: '대한민국'

통일 후 건국되는 새 나라의 국호로는 무엇이 적합할 것인가? 이 질문에 대한 답변은 그다지 어렵지 않다고 생각한다. 왜냐하면 이미 통일 전에 남한이 사용해 온 '대한민국'(大韓民國)이라는 국호를 통일 이후에 그대로 사용해도 별 문제가 없을 것으로 보기 때문이다. 국호로서 '대한민국'은 이미 1920년에 상하이 '대한민국 임시정부'가 설립될 때 국호로 사용했었다. 해방이 된 후 1948년에는 남한의 제헌국회 헌법기초위원회에서 투표를 거쳐 '대한민국'(大韓民國)을 국호로 정식 채택한 바 있다.[2] 당시 거론되었던 국호의 후보로는 '대한민국', '고려공화국', '조선공화국', '한국'등 4가지였다. 이 중에서 '대한민국'이 절대다수의 표결로 최종 선택되었다. 그 후 대한민국은 통일 전까지 남한의 국호로 사용되었다.

한편, 1948년에 한반도 북쪽에 설립된 북한은 자신들의 국호를 '조선민주주의인민공화국'(DPRK: Democratic People's Republic of Korea)이라고 칭하였다. 이 국호는 '인민'이라는 용어에서 보는 바와 같이 프롤레타리아 정치이념이 들어간 국호라고 생각되며, 당시 소련의 공산주의 이념이 작용한 결과라고 생각된다. 그러나 북한은 공산주의체제의 패망으로 더 이상 실존하지 않을 체제로 가정하기 때문에 이들의 과거 국호를 다시 꺼내서 사용할 이유가 없다

---

2) 1948년 제헌국회 당시 30명의 제헌의원으로 구성된 '헌법기초위원회'에서 국호 결정을 놓고 표결한 결과, 대한민국 17표, 고려공화국 7표, 조선공화국 2표, 한국 1표로 '대한민국'이 최종 선택되었다.

고 본다.

따라서 통일한국의 국호는 그동안 민족의 역사를 가장 정통적으로 승계해 온 '대한민국'(大韓民國, The Republic of Korea)이라는 국호를 그대로 사용하되, 줄여서는 '한국'(韓國, Korea) 또는 '대한'(大韓)으로 사용하는 것이 좋다고 생각한다. 특히 이 국호의 네 글자 '대한민국'(大韓民國)은 남북이 합쳐져서 더 '큰'국가(大韓)가 될 통일한국에서 사용하게 되면 더욱 잘 어울리는 국호가 되리라고 본다.

2. 통일 대한민국의 국기: '태극기'

다음으로 통일 대한민국의 국기는 어떤 것으로 정할 것인가? 이 질문에 대한 답 역시 별로 어려움이 없다고 본다. 앞선 논의에서 통일한국의 국호를 '대한민국'으로 정한 이상, 새 나라의 국기(國旗)도 통일 전에 남한이 사용했던 '태극기'(太極旗)를 그대로 사용하면 될 것이다. 왜냐하면 이 태극기가 가장 오랜 역사를 가진데다가 정통성이 있고, 민족의 얼과 정신을 가장 잘 표현하고 있다고 보기 때문이다.

태극기의 역사에 대해서는 여러 의견이 있지만 대체적으로는 1882년에 조미수호통상조약의 조인식 때 최초로 사용되었다고 하며, 1883년에는 조선의 정식 국기로 선포되었다. 일제 강점기에는 대한민국 임시정부에서 뿐만 아니라 독립운동의 상징으로서 사용되었고, 해방 후 남한에서는 1949년에 법률에 의해서 정식 국기로 제작방법 등을 정해 사용하여 왔다.[3]

---

3) 태극기의 제정 역사를 살펴보면, 태극기는 1882년에 조미수호통상조약 조인식 때 최초로 사용 된 후, 그 다음해(1883년 3월 6일)에 조선의 정식 국

태극기는 흰색바탕에 가운데에는 태극문양으로, 네 모서리에는 건곤감리(乾坤坎離)의 4괘(四卦)로 구성되어 있다. 흰색바탕은 밝음과 순수, 그리고 전통적으로 평화를 사랑하는 민족성을 나타내고 있다. 태극문양은 음(파랑)과 양(빨강)의 조화를 상징하는 것으로 우주만물이 음양의 조화로 생명을 얻고 발전한다는 대자연의 진리를 표현한 것이라 한다.[4]

한편, 북한은 태극기 사용을 반대하고 자신들의 국기를 따로 제정하여 사용하였는데, 람홍색공화국기 또는 홍람오각별기라고 칭하였으며, 남한 사람들은 이것을 인공기(人共旗)라고 불렀다. 이 인공기는 자신들의 정치이념을 국기에 표현한 것이었으며, 북한이 더 이상 존재하지 않을 것을 전제로 한다면 통일 대한민국에서 이 기(旗)를 사용할 이유가 없을 것이다.

따라서 통일 대한민국에서는 국기를 새로 제작할 필요 없이 민족의 얼과 정신을 가장 잘 구현하고 있고, 정통성까지 갖춘 지금의 '태극기'(太極旗)를 그대로 사용해도 충분할 것이다. 참고로 저자는 과거에 공무로 여러 국제회의에 참석하면서 그때마다 느꼈던 것은 게양된 많은 나라의 국기들 가운데서도 유독 대한민국의 태극기가 눈에 잘 띄었고, 그 독특한 문양과 균형미와 아름다움, 그리고 그 안에 내포된 의미심장함에 민족적인 자부심을 느끼곤 했다. 이 모두가 조상들의 지혜와 혜안이 만들어 낸 결과물이 아닌가 생각한다.

기로 선포되었으며, 대한제국에서도 같은 조치를 취했고(1897년 10월 12일), 대한민국 임시정부(1942년 6월 29일)에 이어, 해방 후 대한민국정부(1948년 7월 12일)에서도 법률(대한민국 국기법)에 의해서 태극기를 국기로 채택하였다.

4) 대한민국 행정안전부 국가기록원 자료 참조.

<그림 4-3> 통일 대한민국의 국기: 태극기

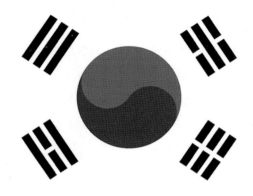

제3절 통일한국의 정치체제

1. 정치체제로는 '자유민주주의'체제

국가가 어떤 정치적 이념을 가지느냐는 그 국가와 구성원에게는 매우 중요하다. 그것은 마치 그 구성원(국민)이 어떤 스타일의 집에 사는가와 같은 것이다. 앞에서 저자는 통일한국의 기본적 국가 이념으로서 세 가지(자유민주주의, 생명인본주의, 비폭력평화주의)를 제언한 바 있다. 한 국가의 존립정신과 철학을 건국이념이라고 한다면, 이것을 구현해 내는 기구는 정치체제가 될 것이다. 사실 저자는 '통치'또는 '통치체제'라는 용어사용을 상당히 꺼리는데 이유인즉, '통치'라 하면 마치 국가가 국민을 다스리는(ruling, governing) 대상으로 삼는 듯한 뉘앙스를 주기 때문이다. 아무튼 통일한국이 건국이념과 철학과 정신으로서 자유와 민주, 생명과 인본, 그리고 비폭력과 평화주의(줄여서 민주, 인본, 평화)를 설정했다면 이 이념들을 구현해 낼 정치적 장치로는 무엇이 가장 적합할 것인가의 문제로 귀착된다.

돌이켜 보건데, 통일 이전의 남한은 1948년 8월 15일 정부수립 이후에 헌법의 기본정신으로서 자유민주적 기본질서를 바탕으로 하는 자유민주주의(free democracy)체제를 도입, 운용해 왔는데 반하여, 북한은 같은 기간 동안 일당(조선노동당) 지배 중심의 사회주의(socialism) 정치체제를 운용해 왔다. 이와 같이 통일 이전의 남과 북은 서로 다른 정치체제를 채택했는데, 그 결과는 무엇인가를 직시해야 할 것이다. 정치체제 자체만을 두고 볼 때는 좋고 나쁨을 따질 수 없을 것이다. 그러나 그 체제가 국가사회에 어떤 결과를 가져왔는가에 대해서는 냉정한 평가가 이루어져야 한다. 이런 점에서 볼 때, 남한이 채택했던 자유민주주의체제는 많은 시행착오와 진화를 겪으면서 나름대로 국민의 자유와 평등, 인권 등 기본권의 신장과 자유시장 경제발전에도 크게 기여했다고 평가할 수 있다. 하지만 북한이 채택한 전체주의적 사회주의체제는 노동자, 농민 등 무산계급 중심의 평등사회를 구현한다고 출발하였으나, 현실적으로는 일당지배, 권력세습 및 독재화와, 경쟁력을 상실한 계획경제 등 수많은 부작용과 비능률을 초래하여 결국에는 파산의 길을 걸을 수밖에 없을 것으로 예견된다.

인류의 정치체제문제와 관련해서는 역사적으로 여러 가지 형태가 존재하였고 실험도 해 보았다. 근대 시민혁명 이전만 해도 주로 봉건 영주나 교황 또는 국왕이 통치하는 '전제국가'의 정치형태를 취했지만, 특히 서구에서는 시민혁명을 겪으면서 국왕의 절대 권력을 시민사회로 이전하는 공화정(共和政) 체제로 전환되었고, 이것이 자유와 평등을 기반으로 하는 민주주의의 기반이 되었다. 그러나 이 민주주의 정치체제도 한 쪽에서는 자유주의적 민주정과 자본주의적 시장경제체제로 발전되어 나갔고, 다른 쪽에서는 이것에 반발하여 평등가치 중심의 공산주의 정치체제와 배분적 정의를 중시하는 사회주의적 계획경제체제로 진행되어 갔다.

이 두 체제는 세계의 곳곳에서 오랜 세월 동안 대립과 갈등을 거쳐 1991년(소련붕괴)이 되어서야 150여 년에 걸친 논쟁과 대결의 성적표를 내 놓게 되었는데, 그 결과로는 자유민주주의 정치체제와 시장경제체제의 '판정승'이었다. 구소련이 1917년에 볼셰비키 혁명에 의해 공산주의를 제도적으로 채택한 이래 중국과 동유럽, 북한 등 수많은 국가들이 그 뒤를 따랐고, 반면 미국과 서유럽을 중심으로 한 서방사회에서는 자유민주주의 정치체제에 자본주의적 시장경제체제를 채택했다. 그러나 1917년부터 1991년까지 74년간 구소련이 실험했던 공산주의체제와 계획경제는 비능률과 각종 부조리로 인해서 자본주의 시장경제체제와의 경쟁에서 살아남지 못한 채 1991년 구소련의 붕괴로 인하여 사실상 파멸을 맞게 되었다. 1991년 도야말로 두 정치체제에 대한 150여 년간의 이론경쟁과, 74년간의 제도경쟁의 종지부를 함께 긋는 의미 깊은 해였다.

그 이후에도 공산주의체제를 연명시켜 온 중국과 베트남, 쿠바 또한 더 이상 계획경제에 매달리지 않고 이른바 개혁개방이라는 이름으로 자본주의적 시장경제를 도입할 수밖에 없었고, 그로 인해 반쪽의 공산주의 내지 사회주의 체제를 운영하면서 오늘에 이르고 있다. 아무튼 공산주의라는 정치체제는 역사와 더불어 그 의미가 변질되어 국가주의적 전체주의로 진행되어 사실상 멸망을 맞은 반면에, 자유민주주의 정치체제와 시장경제체제는 인간의 본성에 맞도록 많은 수정과 진화를 거듭하면서 오늘에 이르고 있다.

　그러면 새로이 건설되는 희망의 통일 대한민국에서는 어떤 정치체제와 경제제도를 선택해야 할 것인가? 우선 그것은 새 국가의 건국이념과 철학을 성공적으로 구현해 낼 수 있고, 시대정신에도 합당한 체제여야 할 것이다. 이론상 아무리 좋은 제도라 하더라도 구성원들 간에 가치공유를 할 수 없고, 국가목표의 실현가능성이 없는 것이라면 받아들이기가 어렵다. 그러면 이 같은 국가목표와 국민요구에 합당한 제도는 무엇이겠는가? 그 제도는 인류가 오랜 기간 경험해 왔고, 역사적으로도 검증을 거친 '자유민주주의'(free democracy) 체제가 현재로서는 최적의 방안으로 생각되며, 이것과 함께 개인의 소유권 보장과 수요공급의 시장원칙에 충실한 자본주의 기반의 '시장경제'체제를 선택할 수밖에 없다고 본다. 물론 이 두 축의 제도적 장치는 통일한국의 시대정신과 건국이념에 부합하도록, 그리고 새 국가의 목표실현과 국민요구에 합당하도록 부단히 개혁되고 쇄신되어야 할 것이다.

　그런데 여기서 한 가지 짚고 넘어가고자 하는 것은, 통일한국이 선택해야 할 정치체제로는 단순히 '민주주의'체제가 아닌 '자유민주주의'체제여야 한다는 점이다. 학문적으로 말하면 원래 전제정(專制政)의 대칭점에 있는 공화정(共和政)은 주권이 국민에게 있는 민주정(民主政) 내지는 민주주의(民主主義)를 의미하는데, 이 용어 속에는 본질적으로 '자유'와 '평등'의 두 개념이 함께 내재되어 있다는 것이 학계의 정설이다.

　그러나 이 논의에서 '자유'민주주의라고 특별히 칭하는 이유는 자유의 개념이 평등 개념 이상으로 중요시 될 뿐만 아니라, 다른 모든 기본권의 선행적 요건이 되기 때문이다. 자유개념 이야말로 모든 기본권 중의 기본권이며, 인간에게는 마치 공기나 산소와 같은 것이다. 이 자유권은 신체의 자유뿐만 아니라, 사상과 표현의 자유, 종교의 자유, 언론집회결사의 자유 등 인간의 모든 활동영역에서 필수적인 기본요소인 것이다. 따라서 최대한의 자유권 향유를 통해서 개인과 사회의 창의와 자율이 증진되고 이것을 바탕으로 국가도, 사회도 바람직한 방향으로 진행될 수 있는 것이다.

이 만큼 자유개념은 중요하기에 통일한국의 체제선택에 있어서도 단순한 '민주주의'체제가 아닌 '자유민주주의'체제라고 표현해야 온당하다고 생각한다. 그렇지 않고 두루뭉술하게 단순히 '민주주의체제'라고 표현한다면 그것은 인류가 역사적으로 실패를 맛보았던 전체주의적 민주주의 또는 국가민주주의 등의 독재적 개념으로 오해될 수 있다는 우려에서 그러하다. 앞에서 논했던 통일한국의 건국이념 편에서도 제일 먼저 등장시킨 이념이 다름 아닌 '자유'사상이 아니었던가? 건국이념과 연계하는 의미에서라도 통일한국의 정체(polity)로는 '자유민주주의'체제가 지극히 자연스럽고 타당할 것으로 여겨진다.

2. 국가형태로는 1국, 1정부, 1체제

어려운 과정을 거쳐서 남과 북이 하나의 통일국가를 성립시킨 이후 새 나라에 합당한 정부형태는 무엇이겠는가? 통일의 방식에 따라 그 결과로서 통일정부의 형태도 달라질 수 있겠지만 여기서는 남한(한국)에 의한 사실상의 일방적 통일을 전제로 논의를 전개하고자 한다.

체제문제와 관련해서 통일이전에는 남과 북의 정부가 아주 다른 접근방법을 취했다. 김일성의 북한정권은 1980년 10월에 있은 제6차 조선노동당대회 이후 줄기차게 고려연방제 통일방안을 주창해 왔고, 이에 응수하여 1993년에 출범한 남한의 김영삼정부는 '남북연합제'통일방안을 제시했었다. 이후 김대중정부 시절에는 이 둘을 절충한 '낮은 단계의 연방제'라고 하는 기이한 방안까지도 거론되었다. 이와 같은 방안들은 어느 것이 되었던 통일이전에 남과 북이 각자의 통일방안으로서 주장했던 일방적인 것이었고, 현실적으로는 전혀 성공을 거두지 못했다.

　이제 남과 북이 어려운 과정을 거쳐 하나의 통일된 국가를 이루게 된다면 과거에 한쪽에서 일방적으로 주장했던 연방제니 연합제니 하는 것들은 통일의 의미를 퇴색시키고, 민족사적으로도 바람직하지 않으며, 분단을 고착시키는 것들로 치부하고자 한다. 원래 우리 민족은 신라 통일(667년) 이래 단일민족국가, 단일정부로서 계속 이어져 왔다. 그러나 일제강점기를 지나 해방이후부터는 한반도가 분단되어 사실상 2국 2체제 하에 놓이지 않았던가? 이제 하나의 통일국가를 이루게 된다면 과거 사용했던 2체제를 그대로 유지하는 것은 어불성설이며, 역사적으로나 민족적으로도 대과오가 될 것이다. 온 국민이 한마음이 되어 당연히 하나의 국가, 하나의 정부, 하나의 정치체제로 이끌어 나가야 마땅할 것이다.

　물론 오랫동안 공산사회주의체제 하에서 살아왔던 2,200여만 명의 북한주민들 입장에서는 당장 자본주의 사회에 적응하기가 어렵고 불편한 면이 있겠지만 시간이 지나면서 충분히 적응 가능하리라고 본다. 무엇보다도 자신들의 인권과 삶 자체를 망가뜨리고 체제붕괴(가정)까지 가져온 과거 사회주의체제를 옹호한다는 것은 타당하지도 않고, 가능하지도 않을 것이다. 그들은 많이 생소하지만 자유민주체제에 신속히 적응하는 것이 현명하리라고 생각한다.

하나의 민족은 하나의 국가, 하나의 정부, 하나의 체제로 가는 것이 답이라고 본다. 그렇기 때문에 연방제니, 연합제니, 낮은 단계의 연방제니 하는 것들은 전혀 통일한국시대에 합당하지도 바람직하지도 않다. '연방제'(federation)는 미국이나 러시아 등과 같은 다민족 광역국가에서나 불가피하게 채택하는 제도이고, 중국 같은 나라에서도 56개 민족이 살고 있으나 연방제가 아닌 단일정부체제로 운영하고 있지 않은가? 연방제는 단일제에 비해서 그만큼 불편하고 관리상에 어려움이 따르는 제도이기 때문이다. 특히 우리의 경우에는 단일 민족인데다가 일시적으로 분단을 겪었을 뿐, 통일 후에까지 남과 북에 별도의 지역정부를 두는 연방제는 통일국가로서 합당한 제도가 결코 아니며 오히려 분란만을 촉발하고 분단을 고착시키게 될 뿐이다.

'국가연합제'(confederacy) 역시 마찬가지다. 이 제도는 남과 북의 양측에 개별적 주권정부를 그대로 인정하고, 중앙정부는 단지 관리자로서 기능하는 제도인데, 이것 또한 진정한 의미의 통일국가로 볼 수 없다. 마치 유럽연합(EU)이나 영연방과 같은 것이 국가연합인데, 이것을 어떻게 통일국가로 말 할 수 있겠는가? 과거 1990년대 김영삼정부 시절에 국가연합제를 제안했었는데, 당시로서는 남과 북의 체제를 그대로 유지한 채 통일정부를 만들자는 것이었는데, 이것은 '통일을 위한 통일' 방안이지 결코 하나로의 통일이 아닌, 무늬만 통일인 고육지책에 불과한 것이었다.

이런 관점에서 대내적으로 정치세력 간에 어떤 대립이나 어려움에 직면하더라고 통일한국은 "단일국가에 단일정부와 단일정치체제"(1국, 1정부, 1체제)로 가는 것이 국가와 민족의 백년대계를 위해서 마땅히 해야 할 선택으로 본다. 이런 관점에서 통일 후에 북측 지역은 남쪽과 동일하게 단일 중앙정부 하에서의 지방정부 내지는 지방행정조직으로서 관리됨이 마땅할 것이다.

3. 최우선 과제로는 민족내부의 대통합

남과 북 간에 통일을 이룬 후에 당면하게 될 가장 시급한 일이자 어려운 과제는 양측 지역 국민을 다시 하나로 묶어내는 대통합이 될 것이다. 오랜 기간의 분단으로 서로 다른 이질적인 환경에서 살다보니 피로서는 한 민족이지만 생각과 사상, 사고방식은 말할 것도 없고 언어와 생활습관까지도 아주 달라진 것이 사실이다. 이 많은 차이들을 하루아침에 동질화 할 수는 없겠지만 그 회복을 위해서는 많은 시간과 노력과 인내가 필요할 것이다.

1) 정치 통합

앞서 언급한 바와 같이, 정치적으로 통일한국이 자유민주주의체제를 채택하는 한, 특히 과거 북한 지역의 국민들은 이 제도에 신속히 적응할 필요가 있다. 이들이 과거에 사용하였던 이른바 사회주의 내지 공산체제는 구소련의 붕괴에서도 입증되었듯이 이미 역사적으로도 폐기된 낡은 제도로서 더 이상 통일한국에서는 의미가 없는 것이다. 그동안 북한이 채택했던 사회주의체제는 크게 변질되어 1인 주권의 세습적 수직정치체제로 전락하였고, 많은 문제점으로 인해 결국 체제의 종말을 보게 될 것으로 예상된다.

이것과 대칭점에 서 있는 자유민주주의체제는 개인의 자유와 기본권을 중시하고 인간다운 삶을 보장하는 체제로서 이미 역사적인 검증을 거친 것이기에 통일한국은 당연히 이 체제를 채택하는 것이다. 이미 남한 국민은 이 체제하에서 오랫동안 살아왔기 때문에 별 문제가 없지만, 북쪽 국민들이 문제시 된다. 통일정부는 이들이 새로운 정치체제에 신속히 적응하도록 적극적인 정책을 펼쳐야 할 것이다.

대내적 통합과 관련하여 우선 생각할 수 있는 것은 북쪽 주민에 대한 관용과 포용정책이다. 통일과정에서는 많은 불상사들이 발생하겠지만, 일단 통일 이후에는 북한 주민 모두를 체제 안으로 받아들여 포용하는 대통합 정책이 추진되어야 할 것이다. 과거 북한의 정치지도층 인사들에 대해서도 더 이상 책임을 추궁하지 않고 포용하는 정책을 쓴다면 보다 빠른 사회적 안정을 가져올 수 있을 것이다.

이제 하나의 나라로 통일 된 이상 북측 주민들에게도 당연히 참정권(선거권과 공무담임권)이 부여되어야 할 것이며, 그들도 자유롭게 참여할 수 있는 정당제도 등이 보완되어야 할 것이다. 자유민주주의체제 하에서는 국민이면 누구나 필요한 요건만 갖추면 정치적 결사체(정당)를 결성할 수 있기 때문에 북측 주민들도 당연히 정치행위를 할 수 있는 정당설립과 참여가 이루어져야 할 것이다. 다만, 이 같은 정당설립은 특정 지역만을 대상으로 하는 지역정당이 아니라 전국 차원의 정당이라야 할 것이다. 통일 후 초기에는 수많은 정당들이 난립할 것으로 예상되지만, 어느 정도 시간이 지나게 되면 정당들 간에 이합집산과 합종연횡의 과정을 거쳐 몇 개의 유력한 정당들로 수렴되어 나갈 것이다.

2) 경제 통합

남북 간의 통합과 관련하여 정치문제 못지않게 중요한 것이 경제적 통합문제다. 경제체제로서는 당연히 자본주의 방식의 시장경제체제가 바람직하다. 이 제도는 재산에 대한 개인의 소유권을 보장하고, 시장의 수요공급에 의한 가격결정 등 자유시장 경제원칙에 바탕을 둔 제도다. 따라서 그 대칭점에 서 있던 사회주의국가의 계획경제는 더 이상 존재가치가 없다. 비능률과 비효율로 인해서 이미 경쟁력을 잃은 지 오래되었기 때문이다. 그렇기 때문에 사회주의국가인 중국과 베트남 등은 이미 그 문제점을 알고 개혁개방의 시장경제체제를 도입했던 것이다. 사회주의와 함께 계획경제(planned economy) 역시 실패작으로 역사적인 검증이 끝난 것들이다.

경제통합과 관련하여 북측지역의 안정을 도모하기 위해서는 북측 주민들에 대한 경제적 지원과 정책이 절실히 필요할 것이다. 과거 북한 당국은 해방직후인 1946년에 신속히 토지개혁조치를 단행, 지주로부터 모든 소작지를 무상으로 몰수한 후 농민들에게 무상 분배[5]하되, 그 매매와 소작, 저당을 금지하고, 경작을 전제로 한 토지소유권제를 실시했다. 이것은 순수한 토지소유라기 보다는 실질적으로는 경작권만을 준 것이었다. 건물 등 여타 부동산에 대해서도 모두 국유화 조치를 단행, 개인에게는 재산소유권을 인정하지 않고 사실상 관리권만을 인정했다.

---

5) 북한의 전체 경지면적(과수원, 대지 포함) 약 182만 정보 가운데 55.4%에 해당하는 약 100만 8천 정보가 몰수 되었고, 그 중에서 약 95만 6천 정보가 약 78만 8천호에 무상 분배되었다.(네이버 지식백과 참조)

통일 이후에는 이 제도가 폐지되는 만큼 북한 주민들에게도 적정 수준의 토지와 건물 등에 대해서는 사유재산권을 인정하는 것이 타당할 것이다. 그래야만이 자신들이 속해 있는 생활터전을 떠나지 않게 되고, 사회적 안정도 가져오게 된다. 다만 그 재산권의 인정 범위와 크기 등에 대해서는 그 때의 사정을 감안해서 특별법으로 정해야 할 것이다. 한 가지 참고할 만한 것은 1990년 독일 통일시 동독주민들에게 통일이전의 원래 토지, 건물 등 부동산에 대한 사유재산권을 모두 합법화 해 줌으로써 수백만 건의 재산반환소송이 제기되는 등 대혼란을 초래한 바가 있다.

통일한국의 경우에는 이런 방식보다는 특별법에 의해서 과거 특정 일자 이전의 북한지역의 토지, 건물 등 부동산에 대해서는 사유재산권을 인정하지 않고 일단 모두 국유화 조치하되, 이것들을 현 시점의 해당 점유자를 중심으로 일정 부분을 무상으로 분배한 후 사유재산권을 부여하는 방식이 적절하지 않을까 생각한다. 물론 재산권의 종류와 대상, 범위, 면적, 크기 등 세부사항에 대해서는 그 때 가서 정하면 되리라고 생각한다.

이 같은 조치에 의해서 북측 주민들의 대 탈출과 이동을 다소라도 줄이고, 가능한 한 자신들의 현 거주지에서 안착할 수 있도록 할 필요가 있다고 본다. 그리고 이들에게 배분하고 남은 여분의 부동산에 대해서는 모두 국유화 한 후에 일정부분에 대해서는 일반국민들에게 공매함으로써 그 확보된 자금을 가지고 북측지역의 사회간접자본(SOC) 등 사회경제지원사업에 활용할 수 있을 것이다.

이 밖에도 북측 주민들이 워낙 경제적 빈곤상태에 놓여 있기 때문에 그 지원과정에서 남측 주민들의 경제적 희생이 클 수밖에 없을 것이다. 그러나 통일을 이룬 이상, 한 나라의 국민으로서 어떻게 보고만 있겠는가? 다만, 북측지역에 대한 경제적 지원 절차는 시급을 가리고, 철저한 계획 하에서 국가경제의 충격을 줄이는 방향으로 시행되어야 할 것이다.

3) 사회 문화 통합

통일 직후에는 북측 주민들의 대탈출(exodus)과 피난이 예상된다. 지금까지만 해도 북한 정권의 탄압과 경제적 굶주림 등으로 인해 북-중 국경을 도강하여 탈출한 주민이 수십만 명에 달하며, 그 중에서 이미(2018년) 3만 여명이 남한에 입국하여 정착하고 있다.[6] 이와 같이, 북한 정권 하에서는 주로 북-중 국경선을 넘어 개별적이고 비밀스런 탈출이 이어지고 있지만, 막상 통일이 임박하거나 실현된 경우에는 한반도의 북쪽 국경이 아닌 남쪽의 휴전선이나 해상을 통한 북한 주민들의 대탈출 내지 피난행렬이 예상된다. 이것은 불가피한 현상으로 과거 독일 통일 시에도 동독 주민들의 서독으로의 대탈출이 이어졌었다. 이렇게 되면 남한사회에도 대동요가 일게 되는데, 이에 대한 사전 대비책이 준비되어야 할 것이다.

그러나 일정한 시간이 지나면 이 대탈출 현상도 진정될 것이며, 점차 정상을 회복하게 될 것이다. 통일 후에 남북주민 간의 이동은 불가피하겠지만 북측 지역에 공동화 현상이 발생하는 것은 바람직하지 않기 때문에, 남북지역 간의 인구교류 및 이동에 관해서는 양측 간의 협의에 의해 합리적으로 해결해 나가야 할 것이다.

북측 지역의 사회 안정화 사업의 일환으로서 주민들에 대한 민주

---

6) 2018년 말 현재 한국에 입국한 탈북자 수는 32,476명(남자 9,161명, 여자 23,315명)이다.(정부통계 참조)

교육과 직업훈련이 우선적으로 실시되어야 하리라고 본다. 오랫동안 폐쇄적 환경에서 살아왔기 때문에 그들이 개방된 사회에서 자유시민으로서 적응하기 위한 기본적 교육은 물론이고, 특히 그들의 생계와 직결되는 대대적인 직업훈련이 함께 이루어져야 할 것이다. 이 사업에는 남쪽의 교사들과 공무원, 시민단체를 비롯하여 이미 남한 생활에 익숙해져 있는 탈북민들이 중요한 역할을 수행할 수 있으리라고 생각된다.

사실 남과 북 주민들 간의 사회문화적 통합문제는 오랜 기간 서로 다른 체제와 환경에서 살아왔기 때문에 같은 민족으로서의 동질성을 회복하는 데에는 많은 시간과 인내가 필요한 문제라고 생각한다. 이런 상황에서는 우선 상대의 문화와 생활방식 등에 대한 이해와 존중이 선행되어야 할 것이고, 상호 교류와 접촉을 통해서 점진적으로 해결해야 할 문제라고 생각한다. 독일의 경우를 보더라도 서로 다른 둘이 하나가 되기 위해서는 몇 세대에 걸친 시간과 노력이 필요할지 모른다. 그러나 이 문제는 많은 인내와 노력, 관용을 통해서만 해결할 수 있는 내재적인 문제라고 생각한다. 무엇보다도 필요한 것은 남측 주민들의 따스한 동포애다. 경제사회적 폐허상태에 놓인 북쪽 동족들에게 차별 없는 따뜻한 동포애가 그들에게는 최상의 선물이 될 것이기 때문이다.

제5장

정부구성

제1절 정부형태와 구성

통일한국은 단일국가와 단일정부로 구성함을 전제로 한다. 앞서도 언급하였지만, 남북 간에 연방제니 연합제니 하는 것은 통일한국에 있어서는 합당하지 않은 것들로서 그것을 전제로 하는 논의는 여기서 생략한다. 설사 통일한국이 사정에 의해서 불가피하게 연방제나 연합제와 같은 방식으로 통일이 된다하더라도 그것은 과도기의 일시적 조치가 될 뿐 대혼란과 시행착오를 겪은 후에 결국은 단일정부, 단일체제로 수렴되어 나갈 것이다. 따라서 본 연구에서는 남북한이 하나가 되는 진정한 의미의 통일국가(1국, 1체제, 1정부)를 상정하고, 그에 따른 중앙정부의 구성에 있어서 몇 가지 원칙을 제안한다.

1. 작은 정부 원칙

통일 직후에는 정부가 할 일이 산더미만큼이나 많겠지만 점차 안정을 찾아가면서 새로운 통일정부는 보다 작은 정부를 지향함이 바람직해 보인다. 역사적으로 보아도 절대왕정시대에는 큰 정부를 가지고 있다가 자본주의의 발달과 개인의 기본권 강화 등의 이유로 정부의 역할을 축소하고자 작은 정부로 변화되어 갔으며, 다시 근년에 와서는 복지정책 등으로 인하여 정부의 역할이 다소 커지고는 있으나 결코 바람직한 현상은 아니라고 본다.

정부가 커지는 만큼 높은 비용이 초래되고, 개인과 기업 등 사부문의 기능이 축소되기 마련이다. 현재 중국이나 북한, 베트남 등 사회주의 국가들을 보면 과대정부의 과대역할로 인해서 그만큼 비능률과 고비용이 초래되고, 상대적으로 개별 국민과 기업 등 사부문은 활력을 잃게 된다.

통일한국에서는 중앙정부나 지방정부 할 것 없이 고비용 저효율의 큰 정부를 지양하고, 시대정신에도 부합하는 저비용 고효율의 스마트 정부(smart government)를 꾸릴 필요가 있다. 이것을 위해서는 정부기구를 대폭 축소 운영하고, 거기에 종사하는 공직자의 숫자도 최소로 감축하는 조치를 취할 필요가 있다고 본다. 통일 이전의 남북한 정부의 크기를 살펴보면, 북한은 128만 명(2019년 기준)의 현역 군인에다가, 사회주의국가의 특성상 사실상 공무원과 다를 바가 없는 조선노동당원 숫자가 4백만 명(2015년 추정, 북한 인구의 약 17%)이나 되며, 자본주의 사회인 남한의 경우에는 106만 명(2019년 기준)의 공무원에, 58만 명(2019년)의 현역 군인을 가지고 있었다. 그 결과 정부 크기로 볼 때 통일 전 북한은 지나치게 큰 과대 정부였고, 남한 또한 작지 않은 정부를 가졌다.

통일 후에는 이 굴레에서 완전히 벗어나 작지만 최첨단 사무장비로 무장한 고효율의 스마트 정부를 꾸려나갈 것을 권한다. 그렇게 하기 위해서는 앞서도 살펴보았지만, 전국적으로 공무원 수자를 대폭 축소하고, 특히 현역 군인수를 30만 명 이내로 축소한다면 큰 외과수술을 성공적으로 마친 것이 될 것이고, 각종 정부기구 또한 최소한으로 축소 운용할 필요가 있다. 공무원 숫자를 줄인 만큼 업무의 효율화를 위해서 사무자동화와 전자정부 등 4차 산업 상의 모든 첨단 기기와 기법을 동원할 필요가 있을 것이다. 이것은 시대정신에도 부합할 뿐만 아니라 국민의 경제적 부담도 크게 들어줄 수 있고, 인구 절벽에 대한 대책으로서도 타당할 것이다. 미래에는 공무원들의 재택근무가 대세를 이루게 될 것이고, 전자민주주의에 의한 민원처리 등 근무방식과 내용 등이 크게 달라질 것으로 예상되기 때문에, 크고 비능률적인 정부보다는 디지털로 무장한 작고 스마트한 정부 구현에 노력해야 할 것이다.

2. 정부 형태: 권력분점의 한국형 이원정부제

통일한국의 새 정부는 강한 견제와 균형을 바탕으로 하는 분권주의에 입각한 권력분점 형 정부형태를 지향할 것을 권하고 싶다. 이것은 앞서 말한 작은 정부 원칙과도 일맥상통하는 개념인데, 특히 최고 정치지도자에 대해서는 강력한 견제장치가 필요하고, 같은 권력기관 내부에서도 권력분할에 의한 견제와 균형 원리가 작동하여 권력의 집중현상을 방지함으로써 결과적으로는 국민에게 보다 큰 권익을 돌려 줄 수 있다는 점에서 그러하다.

이 같은 모델은 시민혁명의 결과로 얻어진 자유민주주의체제에서 찾을 수 있는데, 대표적인 것으로는 그래도 미국과 서구의 민주주의 제도들이 될 것이다. 물론 이들 국가에서도 체제상의 문제점들이 많이 노정되어 왔고, 개혁의 목소리가 드높은 것은 사실이지만,

우리는 그들의 좋은 점들만 선택해서 우리의 것으로 만들면 될 것이다. 앞에서도 언급한 바와 같이, 체제문제와 관련해서는 통일 후에는 2,200여만 명의 북쪽 주민들과도 함께 살아가는 세상이 되지만 그들이 지난날에 사용했던 절대 권력이 세습되던 전체주의적 사회주의체제에 대해서는 시대와 함께 폐기된 유물로서 여기서는 언급할 필요가 않으며, 대신 통일 전에 남한사회가 사용하였고 세계적으로도 보편화된 '자유민주주의체제'를 재가공하고 수정하여 사용함이 타당하리라고 본다.

통일 전 남한 정부는 많은 시행착오를 겪으면서도 나름대로 민주화와 산업화의 실적을 올린 건 사실이지만, 권력의 속성인 집중화 현상을 제대로 관리하지 못한 큰 흠결을 가지고 있다. 언론의 자유와 많은 언론기관들이 있었고, 야당과 입법부, 사법부 등과 같은 여러 가지 민주적 장치들을 두루 갖추고 있었지만, 정작 대통령 1인에 대한 권력집중 현상을 막아내지 못했다. 그래서 헌정사상 4.19혁명과 두 차례의 군사쿠데타와 민주화 혁명까지 겪었지만 최고 권력기관인 대통령 1인을 제대로 관리하지 못한 결과, 대부분의 전직 대통령들이 퇴임 후에는 법정에 서고 옥살이를 해야 하는 불명예를 치렀다.

통일한국의 새 정부가 자유민주주의체제 하에서 선택할 수 있는 정부형태로는 여러 가지가 있을 수 있다. 예컨대, 내각책임제, 대통령제, 이원집정부제 등이다. 이들 모두 이론과 실제에 있어서는 이미 역사적으로 검증이 된 제도들임에는 틀림없지만 해당 국가의 정치문화와 토양에 맞는 것을 선택해야 한다고 생각한다.

먼저, 내각책임제 정부형태는 오랜 기간 안정된 정치생활을 하고 있는 서유럽과 일본 등 주로 정치 선진국들이 채택하고 있고, 대통령제는 미국을 중심으로 하여 중남미와 아프리카 등 주로 개발도상국들이 채택하고 있으며, 이들 두 제도를 절충한 이원집정부제는 프랑스와 오스트리아 등 일부 유럽 국가들이 채택하고 있다.

먼저, 내각책임제의 경우는 통일 전에 한국에서 제2공화국 시절(1960~1961년)에 약 11개월 간 짧게 실시했었는데 정치사회적 혼란만을 겪다가 군사쿠데타를 맞아 헌정마저 중단되는 쓰라린 경험을 가지고 있다. 그 후에도 내각책임제 채택을 위한 시도들은 있었으나 실제로 실시하지는 못했다. 이 제도가 상당히 안정적인 제도이긴 하지만 한국정치에서 제대로 실시해본 경험이 없고, 또한 그 전제가 되는 정당제도의 발달문제도 많이 미흡하다는 점에서, 생소한 내각책임제 보다는 오랜 경험을 축적한 대통령제가 아무래도 한국인의 체질에는 맞는 것이 아닌가 생각한다. 그러나 이 대통령제가 대부분의 개도국에서는 독제화로 진행되기 일쑤였다. 통일 전 한국의 경우도 예외가 아니었으며, 설사 통일한국에서 대통령제를 선택하더라도 많은 제도적 수정과 조정이 따라야 할 것이다.

통일한국의 새 정부에서 대통령제나 여타 제도를 선택하더라도 최고지도자에 대한 권력집중현상은 반드시 해결하고 넘어가야 할 과제라고 생각한다. 그래서 저자가 고안해 낸 방안이 프랑스와도 다른 "이원정부제"(dual executive system) 또는 "이원집정부제"라는 정부형태다. 이 제도는 대통령의 권력을 총리와 물리적으로 양분시켜 원천적으로 권력집중을 방지하자는 구상이다. 구체적으로는 행정부의 권력을 양분하여, 국가원수로서의 지위를 가지는 대통령에게는 '외교', '국방'과 '비상조치'등 3개 분야에 대해서만 고유권한을 부여하고, 행정수반으로서의 지위를 가지는 총리를 중심으로 하는 내각(cabinet)에는 이들 3개 분야를 제외한 여타의 '내치부문'에 대해서 전권을 부여하는 방식이다. 말하자면 제도적으로 실질적인 책임총리제를 구현하자는 것이다. 이것은 엄격한 의미에서 대통령제가 아니며, 대통령제와 내각책임제를 절충한 것으로서 과도한 대통령의 권한을 강하게 견제하기 위한 의도에서 나온 특수 형태의 정부형태라고 할 수 있다.

현재 프랑스가 이와 유사한 방식을 채택하고 있는데, 프랑스에서는 직선(임기 5년)으로 선출되는 대통령에게 헌법상 외교, 국방과 비상조치에 대한 고유권한을 주고, 여타 분야는 총리를 중심으로 하는 내각에 그 권한을 부여하고 있다. 그러나 대통령은 총리와 각료에 대한 임명권을 가지고 있기 때문에 여타 국정부문에 대해서도 사실상 영향력을 행사할 수 있게 된다.

그러나 통일한국의 이원정부제 하에서는 대통령과 총리의 소관영역을 헌법상 분명하게 정해 줌으로써 상호 배타적 권한을 가지도록 할 필요가 있다고 본다. 만일 이 경계가 불투명해 지면 상호간에 불필요한 갈등 소지가 있기 때문이다. 지난날 내각책임제를 채택했던 통일 전 한국의 제2공화국 시절에 상징적 국가원수인 대통령(윤보선)과 실권을 가진 총리(장면) 간에는 많은 권한상의 충돌이 있었고, 그것이 국정불안으로 이어져 군사쿠데타까지 맞지 않았던가? 그렇기 때문에 대통령과 총리 간에는 처음부터 헌법상에 권한 상의 경계를 분명히 하고, 보다 구체적인 범위와 행사방법 등에 관해서는 법률로 정하면 될 것이다.

다시 프랑스 예기로 돌아가서, 그들의 이원집정부제는 행정부의 권력을 의회의 다수당 대표가 맡게 되는 총리와 대통령이 나누어 행사하게 함으로써 대통령을 강하게 압박하고 견제하는 장치가 된다. 그러나 프랑스에서는 여소야대 하의 동거정부(cohabitation government)가 되는 경우에는 대통령 권력과 총리 권력이 상호 대립하는 관계에 놓이게 됨으로써 상당한 긴장과 충돌이 있게 된다. 과거 1인 권력집중에 몸살을 앓았던 프랑스에서 드골대통령 이후부터 대통령의 권력을 견제하기 위해서 이 방식을 고수해 왔는데, 프랑스에서도 몇 차례나 동거정부를 겪고 난 후에는 대립되는 정치상황이 크게 부담이 되었던지 2000년에는 국민투표를 거쳐서 대통령의 임기(1차 중임가능)를 7년에서 하원의원(국민회의) 임기와 같이 5년으로 줄이고, 이 들 두 선거를 2개월 이내에 연이어 실시하게 함으로써 동거정부 탄생의 가능성을 대폭 줄인 바가 있다.

저자가 제안하는 통일한국의 이원정부제는 프랑스와는 다소 달리하자는 것인데, 앞서 언급한 대로, 처음부터 대통령에게는 국정전반이 아닌 3개 영역(외교, 국방, 비상조치)에 대한 권한만을 부여하고, 나머지 영역(내치부문)에 대해서는 총리에게 '전적'인 권한을 부여하자는 것이다. 이렇게만 되면, 대통령의 권한은 상당히 축소되며, 대신 외교, 국방과 비상조치 분야는 국가의 안위와 직결되는 중대 영역으로서 안정적 관리가 필요하다는 견지에서 대통령의 임기를 좀 더 길게(6년, 1차 중임가능) 할 필요가 있고, "대통령은 내손으로 직접 뽑기"를 바라는 한국인들의 정치열망을 충족시키기 위해서라도 대통령은, 비록 권한이 대폭 축소되긴 하였지만, 국민의 직선에 의해서 선출될 수 있을 것이다.

간략히 말해서 통일한국의 대통령은 국가원수로서 외교, 국방 등 대외적 업무에만 매진하게 하고, 내치부문은 전적으로 총리가 전담하는 책임총리제의 방식인데, 이렇게 행정부 권력을 양분하게 되면 국가권력의 1인 집중현상을 확실히 막을 수 있게 되리라고 본다. 다만, 문제시 되는 것은 여소야대 정국 하에서 예상되는 대통령과 야당 총리 간의 대립관계인데, 이 문제는 양측(대통령과 총리)의 권한과 소관 분야를 미리 특정해 놓음으로써 충돌소지는 많이 줄어들게 될 것이다. 이같이 행정부 권력을 양분해 둔 이상, 대통령이 직접 관장하는 외교, 국방과 비상조치 담당 각료들(국회의원이 아니어도 가능)에 대해서는 총리가 아닌 대통령이 직접 추천하여 국회(중의원)의 동의를 받아 임명하는 형식을 취함이 마땅해 보인다. 그러나 내각의 여타 각료(장관)들에 대해서는 총리의 실질적인 추천에 의해서 국회(중의원)의 동의를 받은 후에 대통령이 국가원수로서 이들을 형식적으로 임명하는 절차를 밟도록 함이 제도의 취지에 합당해 보인다. 이 때 대통령은 특별한 사정이 없는 한 장관 임명을 거부할 수 없도록 제한할 필요가 있다. 이 같이 하여 총리와 각료(장관)가 선출 또는 임명된 후에는 프랑스와 같이 모두 당적을 떠나 중립적 입장에서 국정에만 전념하도록 해야 할 것이다.

이렇게 정부의 각료(장관)들에 대해서 대통령과 총리가 따로 각료들을 추천하게 함으로써 사실상 독립적 지위를 가지게 될 것이다. 그리고 행정수반의 지위를 갖게 되는 총리의 선출 방법에 있어서는 대통령의 추천이나 임명방식이 아닌, 국회(중의원)의 다수당 또는 연정의 대표가 국회(중의원)에서 선출절차를 마치게 되면 그것으로 총리 선출이 확정되고 자동적으로 총리로 취임하는 형식이 되어야 책임총리의 취지에 맞게 될 것이다.

이렇게 통일한국의 행정부가 "한 지붕, 두 가구"식으로 이원화 되는 경우, 총리와 내각은 마땅히 국회(중의원)에 대해서 정치적 책임(책임정치)을 지고, 국회(중의원) 또한 내각에 대해서 불신임권으로 대응하는 것이 바람직할 것이다. 이 절차는 내각책임제의 전형에 해당한다. 그러나 이 경우 국회(중의원) 해산과 총선거의 실시절차에 대해서는 국가원수인 대통령의 형식적 내지 절차적 권한 사항으

〈그림 5-1〉 통일한국의 정부 구조(안): 이원정부제와 양원제

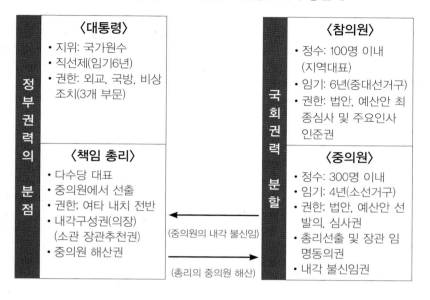

로 부여해도 별 문제가 되지 않으리라고 본다. 지금까지 논의한 통일한국의 권력분할형 정부형태를 독특한 스위스형 내각책임제와 비교해 보면 아래 대비표와 같다.

〈표 5-1〉 통일한국의 이원정부제(안) vs. 스위스형 내각책임제

대통령과 총리 간에 행정 권력을 양분하는 이원정부제(통일한국)	정부각료(7인)를 정당의 의석비율로 배분하는 내각책임제(스위스형)
− 대통령: 국가원수(국민 직선, 임기6년) 　권한: 외교, 국방, 비상조치(3개 부문) − 책임총리: 행정수반(다수당 대표) 　권한: 내치 부문 − 정부 각료(장관): 대통령과 총리가 각각 자기 소관 각료를 추천후 국회(중의원) 동의	− 내각구성: 정당별 국회(하원) 의석 비율로 배분(총7인, 4개 정당) − 내각책임제이지만 총리 명칭 대신에 대통령 명칭 사용 − 대통령과 부통령 선출: 각료 중에서 호선 (임기: 1년) − 대통령 지위: 내각회의 의장과 국가원수 외 별다른 권한 없음

1) 스위스형 내각책임제와 적용 가능성

통일한국의 정부형태와 관련하여 1인 권력집중과 독재화를 방지하기 위한 특단의 조치를 위해서는 현재의 스위스형 내각책임제를 참고해 볼 만하다. 스위스는 세계 어느 나라에서도 찾아볼 수 없는 독특한 자신들만의 정부형태를 가지고 있는데, 큰 범주에서 보면 내각책임제라고 할 수 있겠으나, 내용을 자세히 들여다 보면 아주 독특한 제도를 운영하고 있다. 일반적으로 내각책임제는 총선에서 승리한 다수당 또는 연합정당들의 대표가 총리가 되고, 자신들이 직접 내각을 구성하며 의회에 대해서 책임정치를 지는 것이 통상적이다. 그러나 스위스연방에서는 정당별 원내 의석수에 비례하여 여러 정당이 함께 각의를 구성하는 독특한 방식('마법의 공식'이라고 함)을 택하고 있다.

보다 구체적으로 설명하면, 현재(2020년) 기준으로 스위스 연방정부에 해당하는 '연방평의회'(Federal Council)에는 7명의 각료(장관)가 있는데, 이들은 원내의석을 가진 4개 정당(국민당, 사민당, 자민당, 기민당) 간에 연정형식으로 평의회를 구성하고 있고, 각 각료는 7개 정부 부처(외교부, 내무부, 법무·경찰부, 국방체육부, 재무부, 경제부, 교통·체신·환경·에너지부) 중 하나의 장관이 된다. 이들 7명의 각료는 연방 상하원 합동회의에서 비밀투표로 선출되고, 임기는 4년이며, 이들은 내각의 계속성 유지를 위해서 일시에 7명을 선출하는 것이 아니라 결원이 생길 때마다 한명씩 선출한다. 또한 이들 각료는 일단 선출된 후에는 내각불신임이나 탄핵의 대상이 되지 않고, 자의가 아닌 한 임기 중에는 해임되지 않으며, 통상 3~5회씩이나 연임한다.

스위스는 내각책임제식의 정부형태를 취하고 있으나 그 내각 격인 연방평의회 의장에 대해서는 총리라는 명칭을 사용하지 않고 대통령(President)이라는 명칭을 사용하고 있고, 총리라는 명칭이 있긴 해도 그것은 내각책임제의 총리가 아니라 연방평의회가 결정한 것을 단순히 집행하는 사무총장과 같은 역할을 하는 지위다. 어떻든 스위스 대통령과 부통령은 이들 7명의 각료가 선임순서에 따라 1년 임기로 선출되기 때문에 4년 임기 중에 모든 각료가 대통령 또는 부통령의 지위를 가지게 된다. 그러나 대통령이 된다고 해서 별도의 권한이 따르지는 않고 각의(閣議)의 의장과 형식적 의미의 국가원수 지위를 가질 뿐이며, 행정수반도 아니고, 다른 6명의 각료와 사실상 동등한 지위를 가질 뿐이다. 따라서 스위스 대통령은 대통령제 국가의 대통령과는 전혀 다른 지위이며, 실권을 검어진 대통령이 아닌 그저 선임 장관 정도로 보는 것이 올바른 해석일 것이다. 이 같은 스위스의 회의체 정부제도(연방평의회)는 오래전인 1848년부터 시행되어 왔는데 지금까지도 별문제 없이 아예 스위스 정치의 전통이 되고 말았다.

이런 전통이 자리를 잡게 된 연유로는, 스위스는 오랜 세월에 걸쳐 정당제가 안착되어 왔고, 26개 칸톤(canton)으로 구성된 연방제 국가인데다가, 세계에서 가장 지방자치가 발달된 국가로서 연방정부의 권력이 대폭적으로 칸톤(州) 정부에 이양됨으로써 여타 국가들에 비해서 중앙정부의 업무량이 대폭 감량된 상황을 들 수 있다. 말하자면 중앙정부보다는 지방정부에서 대부분의 일들이 완결 처리되고, 중앙정부는 그만큼 업무량이 감소되기 때문에 '작은 중앙정부'실현이 가능한 것이다. 무엇보다도 몇 개의 정당들이 연합(연정)으로 내각을 분할 구성하고, 7명의 장관들이 합의제 방식으로 의사

결정을 하는 참으로 독특한 제도를 운영하고 있다. 이런 상황에서는 권력의 독점이 절대로 일어날 수 없는 바, 권력의 독점화가 최대의 문제가 될 수 있는 통일한국의 새 정부에서도 이와 유사한 제도를 검토해 볼 수 있을 것이다.

그러나 이 경우에도 스위스 정치제도를 그대로 통일한국에 적용하자는 것은 아니며, 통일한국의 정치토양에 맞도록 수정과 조정이 필요하다고 생각한다. 우선 독재방지와 권력분산 차원에서는 스위스 중앙정부(연방평의회)와 같은 구성방식은 의미가 있다고 생각한다. 그래서 통일한국이 이와 유사한 제도를 선택한다면, 스위스와 같이 행정부(내각)를 국회 하원(중의원)에서 교섭단체(현재 의원 20명이상을 10명이상으로 변경)를 가진 정당 중에서 의석비율에 따라 구성하도록 하는 것이다. 그러나 각료 숫자는 스위스의 7명보다는 훨씬 많은 20명 내외는 될 것이다.

이 내각의 각의(閣議)(국무회의)는 의결기관으로서 스위스의 합의제와는 달리 철저히 다수결에 의한 의사결정방식을 취해야 할 것이며, 그 의장은 총리 명칭이 아닌, 스위스와 같이, 대통령 명칭을 부여하는 방안이다. 왜냐하면 따로 대통령 선거가 없기 때문이다. 이 각의의 대통령에게는 회의체인 각의 의장(chairman) 이외에 '형식적'인 국가원수(president) 지위를 부여하는 것뿐이며, 어떤 다른 특권도 부여하지 않는다. 이것은 스위스와 똑 같은 방식이다. 따라서 행정권을 가지는 행정수반은 각의의 의장격인 대통령 1인이 아니라 내각이 기관차원에서 총체적으로 갖게 하는 것이다.

그리고 대통령과 부통령(1~2인)의 선출방법은 각료(장관) 중에서 비밀투표로 선출하며, 임기는 스위스 보다는 다소 길게 잡아 2년 정도로 하여 보다 안정적 운영을 기대해 본다. 각료의 임기는 국회의원 임기에 맞추어 4년으로 하고, 일단 각료로 선출된 이후에는 모두 당적을 떠나서 국정에만 진력하도록 중립화 할 필요가 있을 것이다. 이런 방식의 정부형태는 일반적인 내각책임제와는 아주 다른 구성 방법이며, 사실상 권력의 상징인 대통령이나 총리를 사실상 없애버린 회의체 중심의 특수한 형태라고 할 수 있다. 이와 같은 정부를 가지기 위해서는 정당정치가 상당한 정도로 자리를 잡아야 하고, 스위스와 같이 모든 권력과 권한이 중앙에 집중되지 않도록 지방정부에 대폭 이양되고 주민자치가 활성화 될 필요가 있기 때문에 통일한국의 중앙정부가 이 제도를 선택하기에는 현실적으로 상당한 부담이 될 것으로 생각된다. 그러나 스위스의 독특한 정치제도는 한국정치에 시사하는 바가 아주 크다고 보며, 통일한국의 지방자치정부에서는 이 제도의 도입을 검토해 볼 수 있다고 생각한다.

3. 의회권력의 분할: 양원제 국회

권력분립과 분할은 행정 권력에만 해당되는 것이 아니다. 의회권력도 막중하기 때문에 통일한국의 국회도 대내적인 상호견제를 위해서는 단원제 보다는 양원제 체제가 바람직해 보인다. 통일 이전에는 단원제 국회여서 신속한 의안처리라는 장점도 있었지만, 경솔한 입법이 되기 쉬웠고 정당 간에도 치열한 대결이 다반사였기 때문에, 양원(참의원과 중의원)을 설치함으로써 의안을 보다 신중하게 심의하고, 두 원(院) 간에 견제와 균형을 찾아가는 가운데 오히려 갈등도 줄어들 수 있을 것으로 본다.

통일한국이 양원제를 선택하게 되는 경우에 양원(상원과 하원)의 명칭은 지난날 한국의 제2공화국 때 사용했던 '참의원'과 '민의원'이라는 명칭을 그대로 사용해도 좋다고 생각한다. 구성방법에 있어서는 그 때와 같이 하원(민의원)은 인구수를 중심으로 구성하고, 상원(참의원)은 지역대표 중심으로 구성함이 바람직해 보인다. 즉, 민의원은 선거구별 인구수를 감안하여 대표를 선출하지만, 참의원은 광역지방자치단체와 같은 지역단위를 기초로 대표를 구성하는 방식을 검토해 볼 수 있을 것이다.

이때 상원(참의원)의 구성방법과 관련해서는 남북한 지역 간에 동수(50:50)로 구성하자는 제안이 나올 수 있는데, 저자는 이것을 반대한다. 왜냐하면 하나의 국가로 통일을 이룬 이상 남과 북이라는 존재는 더 이상 새 나라에서는 의미가 없는 것이며, 상원(참의원)을 남북 지역 간에 동수로 구성한다는 것은 통일의 취지에도 맞지 않고, 오히려 과거 남북 간의 분단을 고착시키는 결과가 되기 때문이다. 동일독일의 경우에도 이러한 발상은 처음부터 통하지 않았다.

국회의원의 임기와 관련해서는 지난 1960~1961년 한국의 제2공화국 때의 취지와 같이 민의원은 4년으로, 그리고 참의원은 6년으로 하되, 3년마다 2분의 1씩 개선하는 방식이 합리적이지 않을 까 생각한다. 왜냐하면, 민의원은 대부분의 국가들이 채택하는 4년의 임기가 적절해 보이고, 참의원은 국회의 계속성과 안정화를 위해서 다소 임기가 긴 6년으로 함이 바람직해 보인다. 이것은 이원정부제를 채택하는 경우 직선으로 선출되는 대통령의 임기 6년과, 대법원장 등 대법관의 임기 6년과도 일치함으로써 삼부(三府)의 균형에도 부합한다고 생각한다.

다음, 양원의 의원 정수와 관련해서는 '작은 정부'취지에 따라서 의원 정수를 가급적 최소화 할 것을 권하고 싶다. 과거 통일 전에 한국 국회는 2021년 기준으로 그 정원이 300명이었고, 북한의 최고인민회의는 687명의 정원을 가졌다. 그러나 통일한국의 경우에는 여러 가지 사정을 감안해 볼 때, 비록 전체 인구가 대폭 늘어나지만 하원인 민의원은 통일 전 남한의 국회의원 수 수준인 '300명 이내'를 고수하고, 상원인 참의원은 '100명 이내'로 하되,[1] 지방자치의 강화 차원에서 오히려 지방의회의원 수를 지금보다 현실화하여 중앙정치에서 주민밀착정치로 전환하는 것을 검토해 볼 필요가 있다고 본다.

이렇게 하는 경우에도 국회(양원) 전체의 의원정수는 4백 명에 이르게 되는데, 앞으로 국회의 역할도 변할 것이고, 4차 산업시대에 있어서 회의와 업무처리 방식도 크게 변모할 것이 예상되기 때문에 이 숫자도 결코 적은 것은 아니라고 본다. 미국 같이 인구 3억여 명에 50개의 주가 있지만 연방 상원은 100명, 하원은 538명으로 구성되는 것을 보아도 국회의 기능은 숫자의 문제가 아니라 의원의 질적 수준의 문제라고 보고 싶다.

통일한국의 국회 중의원과 참의원의 역할과 권한 관계에 대해서는 여러 가지 선택지가 있을 수 있겠으나, 저자가 연구한 바에 의하면, 통일 전에 잠시 존재했던 제2공화국(1960~1961) 당시의 양원 관계가 상당히 합리적이어서 이것을 많이 참고하면 좋을 듯하다. 우선 양원 간의 관계로 볼 때, 인구중심으로 선출되는 중의원이 지역중심의 참의원보다는 다소 우월한 기관으로 설정하는 것이 좋지 않을까 생각한다. 미국과 같은 나라에서는 연방의 상원과 하원이

---

1) 통일 전 제2공화국 때에는 국회 참의원 정수는 민의원 정수의 4분의 1이내로 구성하도록 헌법에 명시하였다. 그 결과 1960년 6월에 실시된 첫 총선에서 민의원은 233명, 참의원은 58명의 의원이 선출되었다.

동등한 권한을 갖도록 하고 있으나, 우리 통일한국의 경우에는 이원정부제 내지 내각책임제 채택 가능성이 높고, 비록 대통령제를 채택한다 하더라고, 인구중심으로 구성되는 하원(중의원)에 다소 우월적인 지위를 부여하고, 상원(참의원)에 대해서는 중의원을 감독, 견제하는 다소 수동적인 권한을 부여하는 것이 합당하지 않을까 생각한다.

〈표 5-2〉 통일한국의 국회: 양원의 구성과 권한 배분

상원(참의원): 감독과 견제	하원(중의원): 우월적 지위
- 지역대표: 광역지방자치단체 대표 - 선거구: 중,대 선거구 - 정수: 100명 이내 - 임기: 6년(3년마다 2분의1씩 개선) - 권한: 예산 및 법안 등에 대한 후(後) 승인, 대법원장, 대사 등 주요 인사에 대한 인준 등	- 인구중심 대표 - 선거구: 소선거구 - 정수: 300명 이내 - 임기: 4년 - 권한: 예산, 법안 등 선(先) 심의·발의권, 총리선출, 각료임명 동의, 내각불신임 등

이렇게 하자면, 제2공화국에서 때의 예와 같이, 국회의 중요 기능인 예산과 법률안에 대해서는 중의원에 선(先) 발의 및 심의권을 부여하고, 총리 선출과 각료(장관)임명 동의 및 내각불신임 등의 주요 권한은 중의원에 부여하고, 참의원에 대해서는 중의원이 심사를 마친 예산안과 법안에 대한 최종 승인과 대법원장, 대사 등 여타 주요 인사에 대한 인준권 등을 부여함으로써, 권한 면에서는 참의원이 중의원과 어느 정도 균형을 맞추면서 동시에 국회를 안정적으로 운영하는데 기능하도록 함이 바람직해 보인다. 보다 구체적인 내용에 대해서는 그 때가서 보다 많은 연구와 논의를 통해서 결정될 문

제라고 본다.

제2절 지방분권과 주민자치

1. 연방국가 수준의 지방분권과 주민자치

통일한국의 내치(內治)와 관련하여 어떤 정치행정조직을 가지는 것이 국가목표를 효율적으로 달성하고, 동시에 국민과 주민이 주권자로서 행복할 수 있을 것인가? 이 세상에는 국가마다 다른 정치행정형태와 조직을 가지고 있고, 역사적으로도 시대에 따라 많이 진화하고 있다. 서구의 경우에도 중세 봉건시대에는 느슨한 형태의 통치조직을 가진 반면, 절대왕정시대에는 강력한 중앙집권체제를 유지하기도 했다. 현재 미국, 캐나다, 스위스 등 연방제를 채택하고 있는 국가들에 있어서는 중앙과 지역이 각기 자국의 사정에 맞게 권력을 분할하고 있다.

한국의 경우를 생각해 보면, 원래 이 나라는 역사적으로 전제왕권주의에 입각한 강력한 중앙집권형태를 취해 왔다. 고려, 조선시대가 그러했고, 일제(日帝) 강점기에도 식민지 주민에 대한 일제의 강력한 중앙철권통치가 행해졌다. 해방이 되고 1948년에 정부가 수립된 이 후에도 이 전통은 그대로 계승되어 통일 이전의 남한이나 북한이나 강력한 중앙집권적 통치체제를 갖추고 실행하였다. 이 같은 상명하복(top-down) 식의 중앙집권화는 전쟁을 수행하고 위기상태에서는 국가목표를 달성하는 데 필요한 조직형태였다. 더욱이 북한에서는 신격화된 1인 지배체제를 유지하기 위해서 이 같은 중앙집권화 조직을 가질 수밖에 없었고, 남한 역시 신속한 경제발전 등을 위해서 중앙집권화를 당연시 했다.

그러나 통일 이전에도 남한 정부에서 지방분권정책을 시도하지 않은 것은 아니다. 이미 1950년대 초기에 낮은 수준이었지만 지방자치를 한답시고 지방의 면(面)단위에까지 지방의회를 구성하기도 하였으나, 1961년에 군사정권이 들어오면서부터 30년가량 지방자치가 중단되어 오다가, 1987년에 제9차 민주 헌법이 채택되면서부터 1992년에는 지방의회가 재차 구성되었고, 자치단체장까지 주민의 직선으로 선출되는 이른바 '지방자치시대'가 부활하게 되었다.

전국적으로는 2021년 현재 17개 광역시도와 226개 시군자치구에 4년 단위로 지방의회가 구성되었고, 단체장 역시 정당이 참여하는 주민직선에 의해 선출되었다. 이것은 지방자치와 지방화 시대에 크게 기여한 것이 사실이다. 그러나 국가권력과 재원배분의 관점에서 보면 아직도 아주 미흡한 수준이며, 여전히 강력한 중앙정부가 모든 기본적 국가권력을 독점하는 가운데 일부 권한만을 지방에 위임하는 제한적 지방분권형 통치조직이라고 할 수 있다. 대체적으로 말해서 국가 재정 권력의 80% 이상을 중앙정부가 통제하고 있고, 지방정부는 20% 안팎의 권한만을 행사하는 수준이다. 이렇게 되면 사실상 지방은 중앙의 결정에 종속될 수밖에 없는 것이다.

통일 이전의 북한의 지방자치에 대해서는 여기서 논의할 것이 못된다. 그것은 1인 영도체제 하에서 지방자치, 지방분권 같은 개념은 전체주의체제 하에서는 아예 처음부터 존재하지 않기 때문이다. 지방조직은 당과, 그 위탁을 받은 중앙정부의 명령을 집행하기 위한 하부조직 내지 단순 행정조직에 불과한 것이다.

다시 지방자치문제로 돌아와서, 국민과 주민 개개인이 주인의식을 가지고 보다 행복한 사회를 구현하려면 그들의 자치권을 대폭 확장해야 한다. 사람은 어떤 일이든 자신이 직접 참여하고 결정할 때 보다 큰 성취감과 행복감을 가지게 된다. 이와 반대로 남의 지시나 결정을 따르기만 할 때는 무관심과 방관으로 일관하기 십상이다. 그렇기 때문에 중앙집권체제는 일을 획일적으로 신속하게 처리하는 민첩성은 가질 수 있으나, 구성원들의 자발적인 참여나 적극적인 관심을 기대할 수는 없다. 그저 일을 계획하고 결정하는 권력자(중앙정부와 관료)만이 행복할 뿐이다. 그러나 지방이 행복해야 나라가 행복하고, 주민이 행복해야 국민도 행복한 것이 아닌가?

한국사회는 오랜 세월동안 중앙집권화에 길들여져 왔고, 그래야만이 나라가 제대로 작동한다는 잘못된 오류에 빠져 있기도 하다. 물론 중앙집권체제는 전시(戰時)라든지, 긴급을 요하거나 일사불란한 행위가 요구될 때에는 그 필요성이 인정되지만, 현대와 같이 사회가 다양화, 전문화 되고 개인의 소득과 욕구 수준이 높은 사회에서는 하향식의 중앙집권적 조직보다는 '나의 일은 내가 결정'하는 자기관리(self-governing) 방식이 시대정신에도 맞고 훨씬 효율적이라고 생각한다. 그런데도 불구하고, 누구나 분권과 자치주의를 인정하고는 있지만 그것이 현실적으로 실행되지 않는 이유는 무엇일까? 그것은 권력의 맛은 도취적인 것이어서 권력을 누리고 있는 기득권자들이 자신의 권력을 내놓지 않기 때문이라고 생각한다.

통일 이전에 남한의 대통령(문재인) 발의한 2018년의 제10차 헌법개정안에는 지방분권을 대폭 강화하기 위해서 헌법 제1조에 제3항을 신설하고, "대한민국은 지방분권국가를 지향한다."라는 내용을 삽입한 바가 있다. 이 개정안은 당시 국회에서 부결되어 빛을 보지는 못했으나 주민참여, 국민행복, 그리고 시대정신의 관점에서 볼 때 높이 평가되며, 통일한국에서는 반드시 이 같은 내용의 도입을 권하고 싶다. 지방분권과 지방자치를 강조하기 하면 일부 인사는 이것을 좌파적 시도라고 매도하는 경향까지 있는데, 이것은 본질을 이해하지 못하는 오류라고 생각한다. 지방분권과 지방자치 개념에는 정치적 색깔이 전무한 것이다. 지방자치가 가장 발달된 스위스라는 나라를 보면 바로 알 수 있다.

이런 관점에서 통일한국의 정치구조에서는 중앙집권에서 과감히 벗어나 스위스의 예와 같이 국가권력의 절반가량을 지방정부에 완전히 이양(현재의 20%에서 40~50%로 확대)할 필요가 있어 보인다. 그래서 중앙정부는 국방, 외교, 거시경제, 비상조치 등 범국가적 업무만을 관장하고, 국민생활과 직결되는 대부분의 일상 업무는 전적으로 지방정부에 이관하여 주민 스스로가 자치를 통해서 내 손으로 결정하고 책임지는 지방자치, 주민자치의 전성시대를 열기를 권한다. 이런 자치시대야말로 국민과 주민이 행복하고, 행정도 훨씬 더 간소화 되는, 우리 모두가 바라는 이상 사회가 아닌가?

1) 스위스 지방자치 모델

지방자치의 성공적 사례는 서유럽 등 몇몇 국가들(독일, 프랑스, 영국 등)에서 찾아 볼 수 있으나, 그 중에서도 가장 대표적인 국가로 손꼽히는 스위스의 지방분권과 지방자치제를 소개하고 이를 참고해 본다.

스위스는 당초부터 개별 주권과 독립성을 가졌던 여러 주(州)(칸톤, canton)들이 점차 모여 1848년부터 현재 모습의 연방제 국가가 되었다. 2021년 현재 스위스는 26개 주(칸톤)와 시, 군 기초자치단체에 해당하는 2,842개의 게마인데(gemeinde)로 구성되어 있다. 이 나라의 총인구가 약 850만 명밖에 되지 않는 점을 감안하면 광역(칸톤)과 기초단위(게마인데) 지방자치단체의 수는 아주 많다고 볼 수 있다(한국은 17개 광역시도에, 226개 시, 군, 자치구). 이것으로 스위스는 지방자치가 왕성하다는 것을 말해준다. 스위스의 지방자치구조는 우리나라와 같이 연방(중앙)-주(칸톤, 광역)-게마인데(기초)의 3단계로 되어 있다.

스위스의 지방자치 단위인 주정부(칸톤, 광역)와 게마인데(기초)정부는 상당한 수준의 독립성과 자율성을 헌법상 보장받고 있다. 스위스 연방헌법 제3조를 보면, "각 주는 연방헌법에 따라 제한되지 아니하는 한 주권을 가지며, 연방에 맡기지 아니한 모든 권리를 가진다."라고 규정하고 있다. 이 말은 각 주(州)는 헌법에 위배되지 않은 한 거의 주권 수준의 권한과 자치권을 가진다는 것을 의미한다.

스위스의 자치제도와 관련하여 꼭 언급하고 싶은 것은 이른바 '보충성의 원칙'(subsidiarity principle)이다. 이 개념은 국가사무를 아래에서 위로(상향식) 위탁하는 방식인데, 구체적으로 설명하자면, 국가사무를 일단 가장 낮은 단계인 기초자치기관(게마인데)에서 처리하는 것을 원칙으로 하고, 여기서 처리가 불가능할 때는 그 위의 단계인 주(칸톤)정부에서 처리하고, 여기서도 처리가 불가할 때는 마지막으로 연방정부가 처리하는 3단계 상향식(bottom-up)의 사무위탁제도를 말한다. 보통 중앙집권국가에서는 국가의 주요 사무를 중앙정부가 우선 처리하는 것을 원칙으로 하고, 필요할 경우에만 그 일부를 하부기관 또는 지방정부에 이양 또는 위임하는 하향식이 대부분인데, 스위스는 이와는 정반대의 방식을 취하고 있는 데, 이것이 바로 '보충성의 원칙'이다. 스위스 헌법 제5a조는 "국가임무는 보충성의 원칙에 따라 분배되고 수행되어야 한다."고 규정하고 있고, 제43a조는 "연방은 주에 의한 임무 수행이 불가능하거나 획일적인 규제가 요구되는 임무만을 수행한다."고 규정함으로써 지방자치에 필수적인 '보충성의 원칙'을 헌법에 명시하고 있는 것이다.

〈그림 5-2〉 보충성의 원칙 개념도

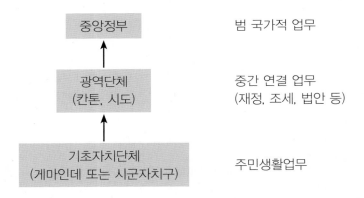

이 원칙에 따라서 일상생활과 관련되는 대부분의 일들은 가장 기초단위인 게마인데(gemeinde) 차원에서 처리되는데, 예컨대 지역계획, 학교, 교통체계 및 도로관리, 사회복지, 상하수도, 쓰레기 처리 등의 업무가 이에 해당한다. 그리고 광역단위인 칸톤(canton) 수준에서는 재정, 조세, 보건, 도시계획 등과, 소관업무에 관한 예비법률안 제출권과 연방헌법 수정동의권까지 가지고 있으며, 최종단계인 연방정부는 전국 차원의 업무나 국가안위와 관계되는 외교, 국방, 관세, 국민경제, 재정, 우편 등의 업무를 처리하도록 분업화

되어 있다. 이렇게 많은 국가사무들을 대폭 지방에 이관함에 따라 연방정부는 그만큼 체중(업무량)이 가벼워지고, 작은 정부 실현이 가능하여 현재 7개의 중앙부처로도 연방정부를 꾸려나갈 수가 있는 것이다.

그렇기 때문에 중앙정치도 극심한 대립이나 과열현상이 없게 되고, 지방은 지방대로 주민참여가 확대되어 직접민주주의가 발달하게 된 것이다. 그래서 스위스는 지방자치와 더불어 직접민주주의가 가장 발달된 나라로 정평이 나 있다. 특히 기초단체인 게마인데 단위에서는 주민들이 지정된 장소에 직접 모여 많은 토론과 논쟁을 거쳐 현장투표를 통해서 결정하는 모습을 저자는 현장에서 직접 목격한 적이 있다[2]. 아주 사소한 일들까지도 주민이 직접 참여하여 결

〈그림 5-3〉 스위스 게마인데 주민 총회 광경(2015년)

출처: 스위스 관광청.

2) 저자는 2012년에 대통령자문위원(지방행정체제개편추진위원회: 2011~
   2013년)으로 재직 당시 지방자치의 현장을 답사하기 위해서 자문위원들과
   함께 영국, 독일, 스위스의 지방자치 현장을 직접 방문한 적이 있음.

정하는 모습은 감동적이었다. 그렇기 때문에 마을회의가 너무 잦다 든지, 일의 처리가 너무 늦어진다는 자체 불평이 나오기도 한다. 아래 사진은 스위스 동네의 주민총회 모습인데, 당연히 온라인으로 중계도 한다.

한편, 스위스는 국가재정의 분배 면에서도 긍정적 모델이 되고 있다. 왜냐하면 스위스의 주(칸톤)정부는 연방정부 못지않게 조세 등 재정에 있어서 상당한 권한을 부여받고 있기 때문이다. 한국을 비롯한 대부분의 중앙집권국가들에서는 중앙정부가 재정수입(세입) 의 대부분을 국세방식으로 일단 확보한 후에 그 일부를 지방에 교 부하거나 적은 지방세 수입을 허용하고 있는데 반해, 스위스의 경 우에는 광역단체인 칸톤 정부에 광범위한 자율적 재정권(과세 등) 을 허용함으로써 지방재정의 건전성에 크게 이바지 하고 있다. 사 실 지방자치에 있어서는 각 단체가 어느 정도의 재정권을 가지느냐 가 아주 중요한 문제라고 생각한다. 왜냐하면 '재정 없이는 자치가 불가능'하기 때문이다. 좋은 지방자치를 원한다면 법규정비도 중요 하지만, 지방재정의 확충이 더욱 더 중요하다고 본다.

통일한국의 새 정부가 진정으로 국민과 주민의 행복을 원한다면 지방분권과 지방자치에 사활을 걸어야 한다고 생각한다. 통일정부 초기에 기득권이 자리를 잡지 않았을 때 이것을 시도해야 하리라고 본다. 왜냐하면 중앙정부의 기득권이 한번 자리를 잡게 되면, 통일 이전의 정부와 같이 그 기득권을 놓지 않으려 하기 때문이다. 물론 지방정부에 대한 과감한 권력분산(분권)과 자치권의 허용은 헌법에 명문화 하여, 스위스의 경우와 같이, '보충성의 원칙'에 따라서 기초 자치단체(시군자치구) 다음에 광역자치단체(광역시도) 순으로 권한 을 대폭 이양하고, 국가는 외교, 국방, 긴급조치 등 대외적 업무와 주요 입법 등 국가의 기본정책만을 관장하는 작은 중앙정부가 바람직해 보인다. 특히 재정자립 없이는 지방자치가 불가능하다는 측면에서, 통일 이전 때와 같이 중앙정부가 지방정부에 내려주는 쌈짓돈과 같은 교부세제는 완전 폐지하고, 대신에 국세부문을 최소화하는 한편, 가능하면 지방세의 종류와 범위를 대폭 확대하고, 지방정부에 상당한 수준의 재정적 자율성을 보장함이 바람직해 보인다. 그리하여 사실상 국가재정의 절반 가까이(40~50%)를 지방정부에 이관하는 혁신적인 조치를 취해야 할 것이다. 참고로 통일 전 남한 (한국)에서는 중앙정부 대 지방정부의 재정비율이 약 8:2 수준에 머물러 있어서 지방정부들이 중앙정부에 예속될 수밖에 없는 구조적 한계에 놓여 있었다.

그리고 사무(업무)의 범위에 있어서도 과거 통일 전 한국정부에서는 지방정부의 입법권(조례, 규칙)을 상당히 제한시켰는데, 향후에는 헌법과 법률에 직접 위반되지 않는 한, 각 자치단체가 상당한 정도의 자율적 입법권을 행사할 수 있도록 대폭 보완해야 할 것이다. 이렇게 충분한 재정확충과 자율적인 입법권이 보장되고, 주민들의 왕성한 참여가 이루어 질 때, 주민과 동네와 지역이 행복해 지고, 궁극적으로는 국가와 국민이 행복해 지는 건강한 사회가 될 것이다.

2. 신인류의 전자민주주의 시대

한 손에는 언제나 스마트 폰(smart phone)을 들고 다니는 '포노사피언스'(phono-sapience)라는 21세기 신인류가 등장했다. 이 신인류는 지금까지의 인류와는 사고방식 자체가 다르다. 이들은 함께 밥을 먹고 생활하여도 이 전 인류와는 많이 다르다. 이들은 엄지손가락 하나만으로도 세상과 소통하는데 익숙하다. 그렇기 때문에 미래 정치와 행정은 이 '포노사피언스'(phono-sapience)의 등장으로 대변화를 겪을 것으로 예상된다. 스마트폰으로 무장한 이 신인류는 정치과정에도 깊숙이 들어와서 커다란 영향력을 행사하게 되리라고 본다. 다시 말해서 자기통치(self-governing)의 시대가 도래 한 것이다.

지금까지의 민주주의는 여건상 자신들의 대표에 의한 대의제 민주주의를 할 수밖에 없었다. 그러다 보니 많은 결함들이 노출되었다. 국민의 의사가 정확히 전달되지 못하고 심지어 왜곡 전달되며, 대표 또한 자신들의 개인 이익에만 매달려 정의와 신뢰를 잃게 되는 민주주의의 위기까지 가져왔다.

그러나 가까운 미래에는 정치과정에 상당한 변화가 예상된다. 정보통신기술(IT)의 급속한 발달로 인터넷(inter-net)이 필수품이 되었고, 각종 소셜 네트워크 서비스(SNS, Social Network Service)가 활성화 되어 이것이 단순한 생활의 편리를 넘어 정치과정뿐만 아니라 정치제도 자체에도 큰 변화를 가져올 것이 예상된다.

〈그림 5-4〉 21세기 신인류 포노-사피언스(phono-sapience)

'포노 사피엔스(Phono sapiens)'

전자민주주의(electronic democracy)라는 용어는 인터넷 등 디지털 매체를 이용하는 것으로서, 사이버크라시(cybercracy) 또는 텔레크라시(telecracy) 등으로 불리기도 한다. 이 새로운 디지털 기능은 대의제 민주주의에도 큰 변화를 주게 되어 자기통치(self-governing)를 강화하는 직접민주주적 요소들을 많이 가미하게 될 것으로 보인다. 그래서 이미 시민들은 누구나 자신들의 손 안에 있는 스마트 폰(smart phone) 하나만 있으면 거의 모든 거래를 할 수 있으며, 각종 여론형성이나 공론화, 토론, 공청회, 온라인 투표 등을 통해서 광범위한 정치활동을 유도하거나 직접 참여가 가능해졌다.

이런 현상은 이미 우리 일상생활에 깊숙이 자리 잡고 있는데, 정부의 각종 민원업무는 대부분이 관공서에 갈 필요가 없이 바로 인터넷 처리로 가능해졌고, 각종 청원이나 회의, 업무처리 등도 현장방문이 아닌 비대면의 온라인으로 가능해 졌다. 이 같은 기술혁신은 앞으로 행정부와 국회, 법원 등 정부기관들에도 큰 변화를 초래할 것으로 보인다.

그 변화의 첫째로는 공무원 숫자가 대폭 줄어들 것으로 전망한다. 과거와 같은 대규모의 '큰 정부'가 불필요하게 되었다. 경제적이고 효율적인 '작은 정부'를 지향함이 미래의 방향이라고 생각한다. 둘째로는 민주주의의 실행방식에도 많은 변화가 예상된다. 예컨대, 과거 국회나 지방의회에서는 수백 또는 수십 명의 의원들이 한자리에 모여서 토론하고 투쟁하는 모습이었다면, 앞으로의 의회는 '장소개념이 아닌 온라인개념'으로 변모되어 대부분의 정치과정(회의, 청문회, 토론, 표결 등)이 온라인으로 진행되리라고 본다.

이렇게 되면 의원의 역할도 과거의 유창한 언변술의 정치가에서 앞으로는 단순한 여론관리자로서의 역할로 변화될 수 있으며, 의원 정수 또한 대폭 줄여도 기능상에는 별문제가 없게 될 것이다. 뿐만 아니라 지금의 국회의사당과 같이 거대한 건물 안에서 수백 명의 국회의원과 수천 명의 보좌진들이 업무를 볼 필요가 없이 휴대폰 하나만 있으면 비대면 재택 또는 세상 어디 곳에서나 대부분의 업무처리가 가능하게 될 것이다. 이 같은 현상은 이미 시작되었고, 다른 모든 정부기관에도 같은 현상이 벌어지게 될 일이다. 따라서 통일한국의 공직사회는 신인류격인 포노-사피언스들의 입맛에 얼마나 맞는 정치행정과정을 수립하고 실행해 내느냐가 관건이 될 것이다.

제3편

통일한국의 외교 · 안보 · 군사제도
−생존과 안보를 위한 비대칭 전략−

주변 강대국에 둘러싸여 지정학적으로 어려운 환경의 한반도가 통일 후에 해야 할 가장 시급한 과제로는 전쟁과 침략을 차단하고 주권과 생존권을 보장하는 안정된 국가안보체제를 구축하는 일이다. 그 대안으로는 한반도의 지정학을 감안한 역발상적인 비대칭전략으로서 주변과 상생할 수 있는 비동맹 영세중립노선을 제안한다. 다만, 이 영세중립정책의 실시시기와 관련해서는 통일이전이 아닌, 통일 이후에 검토할 것을 제안한다.

통일한국의 국방과 무기체계 관련해서는 통일 후 한반도의 영세중립국체제에 걸맞도록 비핵화와 비폭력, 평화지대구축을 제안한다. 군사운용 면에서는 '작고 강한 군대'원칙을 제시하며, 군 병력수를 대폭 감축한 '30만명 이내 수준'으로 설정하고, 신속대응 군 체제로 운영할 것 등을 제안한다.

제6장

외교와 안보체제

제1절 통일한국의 안전보장과 국력 평가

1. 통일한국의 최우선 과제: 생존과 안전보장

한반도가 통일되고 제2의 건국을 하기 위해서는 선택해야 할 많은 과제들이 있다. 이를테면 새로운 국가이념의 정립과, 정치경제제도, 정부구성, 외교노선, 군사안보장치, 민생경제, 기본권 문제 등에 대한 구체적인 선택이 있어야 할 것이다. 그러나 이들 중에서 신생 통일한국에 가장 중요한 우선 과제는 무엇이겠는가? 그것은 국가의 안전보장과 그 구성원인 국민의 생명을 보존하는 대내외적인 확고한 장치를 마련하는 일이 될 것이다. 이 일이야말로 가장 기본적이고도 1차적인 과제가 아닐 수 없다. 그러나 한반도의 역사를 되돌아 볼 때, 이 당연한 과제가 잘 실행되지 못해서 주변 열강들에게 휘둘려 불행한 역사를 맞이한 경우가 많았다.

이런 불행한 역사를 되풀이 하지 않기 위해서라도, 통일한국은 새 나라의 지정학적 위치를 감안한 최적의 안보체제를 찾아내어 그 것을 새 국가의 기본정책으로 설정해야 할 것이다. 여기서 중요한 것은 한반도의 지정학적인 위치가 된다. 한반도를 지구상의 어느 다른 지역으로 옮기지 못하는 이상 이 땅의 안보문제는 언제나 최대의 관심대상이 된다. 문제는 지정학적으로 한반도가 주변에 비하여 상대적으로 약소국이라는 점이다. 만약에 한반도가 동남아시아나 중남미지역 등과 같은 곳에 위치하고 있다면 안보문제는 그리 큰 문제가 아니 될지도 모른다. 하지만 불행인지 아니면 다행인지 현재 한반도는 세계 1, 2, 3, 4위를 자랑하는 최강대국들로 둘러싸여 있고, 이 같은 판세는 앞으로도 상당기간 지속될 전망이다.

그런데 이들 주변국이 국력만 막강한 것이 아니라, 상호관계에 있어서도 그리 녹녹한 이웃들만은 아니다. 각자가 강한 개성과 패권의식들을 가지고 있다. 통일한국의 한반도와 가장 가까이, 그리고 가장 길게 접경(약 1,340km)하고 있는 중국대륙과의 관계는 어떠했는가? 역사적으로 두 나라 관계는 그렇게 우호적이지 못했고, 중국은 언제나 상전으로 굴림 하고자 했으며, 많은 침략을 일삼았다. 그렇다고 한반도와 얼마 안 되는 국경(약 17km)을 맞대고 있는 북방 러시아가 우리 민족에게 우호적이었는가? 이 나라 역시 기회 있을 때에는 한반도문제에 관여했고, 전리품이라도 얻기 위해 노력했다. 일본은 어땠는가? 근세사에서 한민족에게 가장 아픈 상처와 시련을 안겨 준 존재가 아니었던가? 그래도 상대적으로 미국만은 영토를 탐하지 아니했고, 자유민주주의라는 이념과 가치를 공유하면서 한반도에서 함께 전쟁까지 치른 우방국이었다. 물론 미국 역시 자신들의 영향력 확대를 위해서 한반도 문제에 깊이 관여해 온 것은 사실이다. 이러한 과거와 현재의 지정학적 상황들을 깊이 헤아려서 통일한국 시대에 들어가서는 주변국들과의 과거사를 말끔히 정리하고, 새로운 차원에서 국제관계가 수립되는 계기로 삼아야 할 것이다.

새로운 통일한국은 외세로부터 간섭받지 않고, 스스로 자기운명을 결정하며, 그 구성원인 개별국민이 행복한 진정한 의미의 자주독립국가(a sovereign independent state)를 목표로 삼아야 할 것이다. 통일 이전 남한의 경우에는 비록 주권을 가지고 있었으나 외교군사문제에 관한 한 한미동맹으로부터 자유로울 수가 없었고, 북한 또한 대내적인 취약성으로 인해서 중국에 의존할 수밖에 없는 처지였다. 한마디로 통일 전의 남과 북은 모두 주변열강의 강한 영향력 하에서 진정한 의미의 주권행사에 한계를 가질 수밖에 없었으며, 이러한 제약이 통일한국시대에는 더 이상 계승되어서는 아니 될 것이다.

혹자는 이 세상에서 진정한 주권국가가 미국 이외에 어디에 있느냐고 반문할 수도 있다. 사실 미국은 현재까지도 팩스 아메리카(Pax Americana) 임이 틀림없고, 그런 미국에 대하여 맞대놓고 반기를 들거나 노우(no)를 외칠 수 국가가 많지 않을 것이다. 아마도 G2로까지 격상된 중국이나, 과거의 경쟁 상대였던 러시아마저도 쉽게 미국에 대하여 맞장을 뜰 수는 없는 것이 국제정치의 현실이기도 하다. 그러나 주권문제에 있어서는 나라마다 정도의 차이는 있을지라도, 적어도 외세의 직접적인 간섭은 배제할 수준은 되어야 할 것이다.

그러면 통일한국의 경우에는 어느 정도의 자주권을 행사함이 바람직 할 것인가? 적어도 통일 이전의 수준을 훨씬 넘어서 명실상부한 자주국가로서 어떤 주변으로부터 간섭받지 않는 수준은 되어야 할 것이다. 이를 위해서는 반드시 국력(national power)이 뒷받침되어야 한다고 본다. 국력의 뒷받침 없이 자주적 국가를 희망한다는 것은 망상에 불과한 일일 것이다. 그렇기 때문에 통일과정에 있어서는 그때까지 비록 한미동맹과 조중동맹이 살아있다 하더라도, 어디까지나 당사자인 남북한이 중심이 되어 통일작업이 진행되어야 할 것이다.

한반도는 제2차 세계대전 이후에 주변열강의 결정에 의해 식민지가 종결됨으로써 우리의 운명이 그들에 의해서 결정되었고, 그 운명이 지금까지 지속되고 있지 않은가? 통일한국에 있어서는 이 같은 불행한 역사가 더 이상 연장되어서는 아니 되고, 우리의 운명은 우리가 스스로 결정하는 진정한 의미의 자주독립국가로 재탄생하는 것이 통일한국의 1차적 과제가 아닐 수 없다. 이 과제를 완수하기 위해서는 반드시 국력이 뒷받침 되어야 하는데, 통일한국은 어떤 수준의 국력유지가 가능할 지에 관해서 알아본다.

2. 통일한국의 국력 평가: 세계3~5위까지도 가능

통일한국이 주변 국가들과의 관계에서 진정한 의미에서 주권국가이자 독립국가로 존재하기 위해서는 군건한 국력의 뒷받침이 있어야 한다. 국력이 뒷받침되지 못한다면 지정학적으로 취약성을 면치 못하는 한반도는 또 다시 주변국들에게 휘둘릴 수밖에 없을 것이 역사적으로 보아도 자명해 보인다. 국력(national power)이야말로 주권과 독립을 지키는 열쇠가 되는 것이기에, 지피지기(知彼知己)의 관점에서 상대와 자국에 대한 객관적인 국력평가가 선행되어야 할 것이다.

국력(國力, national power)이 무엇을 말하는가에 대해서는 보는 이에 따라 견해가 다를 수 있고, 그 구성요소도 달리한다. 한 연구에 따르면 아래와 같이 국력을 양적 요소와 질적 요소로 나누고,

거기에다가 잠재적인 것과 실제적인 것을 포함하여 아래 표와 같이 설명하기도 한다.[1]

여기서 양적 요소로서 잠재적인 것은 인구, 천연자원, 지리 등을 들고, 실제적인 것으로서는 산업능력과 군사력을 들고 있다. 한편, 질적인 요소로서는 잠재적인 것으로 국민성과 정치체제를 들고 있고, 실제적인 요소로서는 국민사기와 외교력을 들고 있다. 그러나 여기서 말하는 질적인 요소로 거론되는 국민사기와 외교력 또한 양적인 요소가 뒷받침될 때 거양되는 상관관계를 가지게 될 것이다.

〈표 6-1〉 국력의 구성 요소

	잠재적 요소	실제적 요소
양적 요인	인구 천연자원 지리	산업인력 군사력
질적 요인	국민성 정치체제	국민사기 외교력

출처: 박광섭, 현대국제정치론, 2004, p. 60.

또 다른 연구에 따르면 국력을 평가함에 있어서 개별 변수에 가중치를 부여하여 수치화함으로써 보다 구체화를 꾀하기도 한다. 그 예로 2014년 한반도선진화재단의 연구에 의하면,[2] 한 나라의 국력

---

1) 박광섭, 현대국제정치론, 대전: 도서출판 대경, p. 60.
2) 한반도선진화재단, "2014 대한민국의 종합국력: 진단과 처방", pp. 11~17.

을 평가하기 위해서 '종합국력지수'라는 개념을 개발하고, 각 지수별로 가중치를 부여하여 개별국가의 국력을 계량화하여 평가하기도 하였다.

좀 더 구체적으로 말하면, 이 연구에서는 국력의 구성요소를 크게 하드파워(hard power)와 소프트파워(soft power)로 대별하고, 다음 표에서 보는 바와 같이, 하드파워로서는 기초국력, 국방력, 경제력, 교육력, 과학기술력, 정보력, 환경관리력 등 7개 분야를 구성요소로 설정하였고, 소프트파워로는 국정관리력, 정치력, 외교력, 문화력, 사회자본력, 변화대처력 등 6개 분야를 구성요소로 설정한 후, 그 각각에 대하여 델파이(delphi)법에 따라서 5~20%의 가중치를 부여하여 G-20국들의 국력을 각각 평가하였다.

그런데 여기에서 한 가지 다소 의문이 가는 것은 하드파워의 구성요소 중에서 국방력 부문이 10%를 차지하는 것으로 설정한 것이 과연 타당한 것인가에 대한 점이다. 우선 국방력 비중 10%가 평가비율로서 다소 작다고 생각되며, 그것도 핵무기 등 대량살상무기를 제외한 재래식 무기만을 중심으로 평가한 것으로 보여서 다소 비현실적인 측면을 안고 있다고 여겨진다. 하기야 핵무기의 파워까지 포함한다면 이런 연구 자체가 불가능해 질 수도 있을 것이다.

〈표 6-2〉 종합국력의 구성요소와 비중

국력 요소		비중(%)
하드파워	기초국력(인구, 자원, 국토)	5
	국방력	10
	경제력	20
	교육력	5

국력 요소		비중(%)
하드파워	과학기술력	10
	환경관리력	5
	정보력	5
	소계	60%
소프트파워	국정관리력	5
	정치력	10
	외교력	10
	문화력	5
	사회자본력	5
	변화대처력	5
	소계	40%
합계: 종합국력(13개 분야)		100%

출처: 한반도선진화재단, "2014년 대한민국의 종합국력: 진단과 처방", pp. 15~16.
(재구성)

위와 같은 계량화 방식을 적용한 결과, 2014년 현재 G−20국가들의 종합국력 점수와 순위는 아래 표와 같다.

〈표 6−3〉 G−20 국가의 종합국력 점수 및 순위

국가 명	종합국력		하드파워		소프트파워	
	총 점수	전체 순위	점수	순위	점수	순위
아르헨티나	43.39	19	26.61	18	16.78	18
호주	52.39	5	30.16	7	22.22	4
브라질	45.74	15	28.15	14	17.58	15
카나다	52.11	6	30.06	9	22.04	5
중국	55.92	2	35.25	2	20.66	7
프랑스	52.01	7	30.35	6	21.65	6
독일	53.20	4	30.94	4	22.25	3

국가 명	종합국력		하드파워		소프트파워	
	총 점수	전체 순위	점수	순위	점수	순위
인도	48.02	11	28.57	13	19.45	9
인도네시아	44.07	18	26.64	17	17.43	17
이탈리아	47.74	12	28.89	12	18.84	12
일본	51.52	8	31.74	3	19.77	8
대한민국	48.42	9	29.37	10	19.04	11
멕시코	45.84	14	27.41	15	18.43	13
러시아	46.47	13	30.06	8	16.41	19
사우디아라비아	40.40	20	25.64	20	14.76	20
남아프리카공화국	44.15	17	26.55	19	17.59	14
스페인	48.21	10	29.06	11	19.14	10
터키	44.85	16	27.30	16	17.54	16
영국	53.56	3	30.72	5	22.83	2
미국	68.33	1	43.87	1	24.45	1

출처: 한반도선진화재단, "2014년 대한민국의 종합국력: 진단과 처방", p. 18.(재구성)

위 표에서 보는 바와 같이, 종합국력평가에 있어서 통일 전 한국은 2014년 현재, G-20국가 중에서 종합 9위를 차지하는 것으로 나타났다. 그러나 통일 전 한국의 종합국력지수(48.52점)가 러시아(46.47점) 보다도 오히려 앞서고, 경제 강국인 일본(51.52점)에 근소하게 뒤지는 통계가 나왔다는 점에서 언뜻 수긍이 가지 않는 측면도 있다. 이것이 한국 연구진에 의해 조사되었다는 점에서 다소 후한 평가가 있을 수도 있지 않나 보이지만, 어떻든 통일 전 한국이 나름대로 약진을 보이고 있는 것은 사실인 듯해 보인다.

통일 전 한국의 이 같은 종합국력지수는 주변국과 비교해 볼 때, 아마도 단군 이래 가장 높은 점수가 될 지도 모른다. 더욱이 이 통계에는 북한이 빠져 있는데, 만일에 통일 후 북한마저 이 통계에 포함된다면 더욱 놀라운 결과가 나올 수도 있다. 아무튼 숫자는 숫자일 뿐, 현실은 반드시 통계대로 가는 것도 아니라는 점도 아울러 감안해야 할 것이다.

통일 전 한국의 국력을 보다 객관적으로 조명해 보기 위해서 다른 외부의 통계를 하나 더 언급해 보고자 한다. 영국 런던에 소재한 싱크탱크 외교문제연구소인 '헨리 잭슨 소사이어티'(The Henry Jackson Society)는 2019년 초에 지정학적 역량의 국가별 순위를 발표한 바 있다. 이 연구소가 도입한 지정학적 역량 측정(The audit of geopolitical capability)은 국가의 기반과 구조, 수단, 의지 등 4가지 주요 범주에서 경제력, 기술력, 문화력, 외교력, 군사력 등의 세부 항목을 기준으로 세계 주요 20개국의 역량을 평가하는 방식이었다.

이 순위에 따르면 통일 전(2019년 기준) 한국은 세계 20개 국가 중에서 11위를 차지했다. 미국과 영국, 중국이 각각 1~3위를 차지했고, 프랑스가 4위, 독일이 5위, 일본이 6위순이었다. 한국 아래로는 이탈리아가 12위, 브라질이 13위였으며, 아시아권에서는 인도네시아가 16위, 사우디아라비아가 19위, 아프리카 국가 중에서는 유일하게 나이제리아가 20위 이었다.

여기에서 한반도 주변국들만을 떼어서 보면, 1위인 미국의 국력지수를 100으로 보았을 때, 중국이 56.9(3위), 일본이 48.2(6위), 러시아가 37.9(10위)이며, 한국은 37.4(11위)로 평가 되었다. 이 통계 역시 앞서 본 국내진에 의한 조사통계와 비교해 볼 때, 한국과 러시아가 작은 차이로 순위가 바뀌었을 뿐 크게 차이가 나지 않는 것을 확인할 수가 있다.

이 같은 여러 통계들을 감안해 볼 때, 통일 전 한국은 종합국력 면에서 분명 주변 4강보다는 약소국임에 틀림없지만, 세계적으로 10위 내외를 기록함으로써 역사적으로 그 어느 때 보다도 주변강국들에게 상당히 근접하는 성과를 내고 있음을 보여주고 있다. 이 같은 통계들은 믿어지지 않을 만큼 단국 이래 가장 고무적인 평가로 보이며, 통일 이후에 북한까지 포함하여 한 번 더 크게 도약한다면 통일 한반도는 현재 남한만의 단독 세계11위를 뛰어 넘어서 G3~G5까지도 내다 볼 수 있지 않을까 희망을 가져본다. 그만큼 한반도는 과거의 약소국으로서 변방이 아닌 새로운 차원의 지정학적 지위를 형성할 수 있는 종합국력을 지니고 있다고 볼 수 있다.

〈그림 6-1〉 국가별 지정학적 역량 순위(2019년)

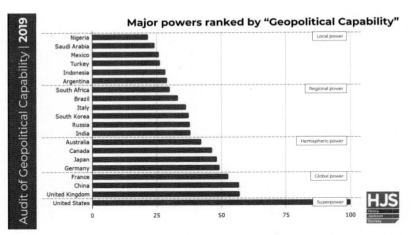

출처: The Henry Jackson Society, "The Audit of Geopolitical Capability 2019", 2019.

그럼 왜 이렇게 중립문제를 연구하는 데 국력을 따지는 것인가?

왜냐하면 "국력 없이는 중립이 불가능하기 때문이다." 한 국가가 불가피한 사정으로 영세중립노선을 걷게 되는 경우, 군사력과 경제력 등의 종합국력이 충분히 뒷받침 되지 않는다면 그 중립화는 성공하기 어렵다는 사실 때문이다. 어느 세력에도 편중하지 않는 외교적 중립노선을 걷을 때, 그 중립국은 자신의 방어는 자신이 최종적으로 책임질 수 있어야 한다. 이 때 자신의 국력이 충분하다면, 즉 잉여국력이 있다면 그 중립성은 지속가능한 것(sustainable)이 될 것이나, 이것이 결핍된다면 그 중립성은 중단되거나 파괴될 수밖에 없게 될 것이다.

따라서 한 나라의 중립화 노선의 성공여부는 '국력수준과 비례'한다고 말하고 싶다. 다시 말해서, 국력수준이 높을수록 중립화 정책은 지속가능성이 높고, 낮을수록 실패 확률이 높다고 보는 것이다. 아래 표에서 보는 바와 같이, 적어도 두 선의 교차점 이상, 즉 잉여국력이 있어야 중립국 노선을 채택하더라도 지속가능하다는 점에서, 저자는 외교적 중립노선의 선택을 결코 '약한 자의 무기'가 아

〈그림 6-2〉 중립화 노선과 국력 간의 상관관계

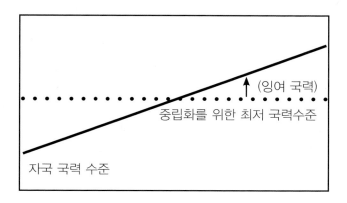

닌, 국력과 의지를 가진 '강한 자의 무기'라고 말하고 싶다.

2019년 기준 한국은 사실상 과거의 약소국이 아닌 세계 11위의 선진국 수준의 종합국력(군사력은 세계6위)을 기록했다. 그러나 통일 후에는 종합국력이 훨씬 더 상향될 것으로 보이고, 통일 후 관리를 잘만 해 낸다면 세계 3~5위까지도 내다볼 수 있다는 생각이다. 이 정도의 국력수준이라면 결코 약소국이 아닌 선진국이자 준(準)강대국 수준에 이르게 되어 대외적으로 독자적인 중립화 노선을 걷는다 하더라고 자신의 주권과 독립을 스스로 지켜내기에 결코 부족함이 없으리라고 생각한다. 참고로 스위스는 인구가 적어서 종합국력 면에서는 한국보다 순위가 뒤처지지만 국민들의 강력한 안보결의에 힘입어 영세중립노선을 2백년 이상 잘 지켜나가고 있다.

제2절 다양한 외교안보체제

한 나라가 자국의 안보를 확보하기 위해서 선택하는 외교안보노선에는 여러 가지 형태들이 있다. 통일 이후 대한민국이 하나의 독립된 주권국가로서 자신의 생존과 안전, 안보를 가장 확실하게 담보할 수 있는 최상의 외교·안보체제는 무엇이겠는가? 이 중대한 질문에 답하기 위해서는 지금까지 국제적으로 실시되고 있는 다양한 외교·안보 노선들에 대한 면밀한 검토와 아울러, 한반도가 처한 지정학적 상황에 대한 냉정한 평가가 있어야 할 것이다. 그럼, 통일 대한민국이 선택할 수 있는 몇 가지 외교안보노선에 관해서 각각의 타당성을 분석해 본다.

1. 집단안보체제

우선 첫째로는 '다자간의 집단안보체제'(the regime of collec-tive security)를 생각해 볼 수가 있다. 이 체제는 이미 역사적으로 많이 사용되어 왔고, 현재도 사용되고 있다. 간단히 말해서 다자가 공동으로 힘을 합쳐 적에 대응하는 방식이다. 현재도 작동하고 있는 북대서양조약기구(NATO)나 동남아시아조약기구(ASEAN) 등이 대표적인 다자안보기구이고, 옛 바르샤바조약기구(Warsaw Pact) 등도 이에 해당한다. 전 세계를 회원국으로 하고 있는 국제연합 (UN)은 여러 가지 기능을 하고 있지만, 우선적으로 침략전쟁에 대한 공동대응이라는 안전보장이사회(Security Council) 중심의 기구라는 점에서 광의의 집단안보체제 성격을 지니고 있다.

집단안보체제의 논리는 간단하다. 혼자 대적하기 보다는 여럿이 함께 대항하는 것이 더 효과적이라는 것이다. 다만, 이 같은 집단안보체제를 구축하기 위해서는 구성원들 간에 이해관계나 이념적 가치관, 지향목표가 일치해야 한다. 그렇지 않고서는 구성 자체가 불가능하게 된다.

한편, 이 같이 구성원들 간에 결속력이 강한 군사적 동맹형태 보다는 다소 느슨한 형태의 연합체제도 존재한다. 예컨대, 현재도 확고하게 운영되고 있는 유럽연합(EU) 이라든지, 1991년 구소련 붕괴 이후에 구성된 독립국가연합(CIS, 9개국), 또는 더욱 느슨한 형태의 영연방(British Commonwealth) 등이 있다. 이들 기구는 군사적 동맹체로 보기 보다는 구성원들 간의 이해관계를 도모하는 정치경제적 공동체라고 볼 수 있다.

그럼 군사동맹체로서 집단안보체제가 통일한국에 적합할 것인가? 이 질문에 답하기 위해서는 몇 가지의 내적, 외적 상황을 면밀히 검토해 보아야 할 것이다. 첫째 검토사항은 "통일한국시대에도 안보를 담보할 집단안보체제가 필요하며 그 결성이 가능한가?"이다. 그 답은 '필요하지만 그 결성이 현실적으로 불가능에 가깝다.'이다. 대한민국은 통일 후에 비록 현재보다는 격상된 외교안보적 지위를 가질지라도 워낙 월등한 국력을 가진 '슈퍼 4강국'에 의해 사방에 둘러싸여 있어서 안보가 여전히 불안한 상태다. 이런 상황에서는 홀로 대응 보다는 집단적 대응이 훨씬 유리할 수 있다.

물론 상황에 따라서는 북대서양조약기구(NATO)와 같이 초강대국(미국)도 다른 국가들과 함께 필요에 의해서 집단안보체제를 구축할 수가 있다. 또한 상대적 약소국이 강대국들과 집단안보체제를 구축하는 경우도 있다. 그리고 미주기구(OAS) 같이 상호견제와 협력을 목적으로 구성되는 집단안보체제도 있다. 그 전제는 당사국들 간에 공동안전보장이라는 일치된 이해관계를 가져야 한다는 점이다. NATO를 예로 들면 슈퍼 강국 미국의 경우는 구소련을 견제하기 위해서 서방진영과 합세할 필요가 있었고, 상대적 약소국들인 서유럽 제국들 또한 미국과 같은 빅 브라더(big brother)가 필요했던 것이다. 구소련을 중심으로 결성되었던 바르샤바조약기구(Warsaw Pact) 역시 같은 이유에서 존재했었다. 공통점은 이들 집단안보체제에는 강대국과 약소국들 간에 공동안전보장이라는 일치된 이해관계가 있었다.

통일 한반도의 경우는 어떠한가? 주변 4강과 통일한국의 안보상의 이해관계가 일치하는가? 일치하는 것도 있고, 아닌 것도 있다 할 것이다. 동북아지역에서 긴장을 완화하고 평화질서를 지향하는 바람에는 모두가 비슷한 이해관계를 가질 수 있으나, 다른 면에서는 상호 배치적인 면들도 많이 발견된다. 예컨대, 우선 이념문제(사회주의 대 자유민주주의)에 있어서 다른 점이 있고, 서로 간에 패권다툼과 영향력 경쟁을 벌이는 상황에서 다자안보체제라는 '한 지붕한 식구'가 되는 것에 껄끄러움이 있을 수 있다. 이런 상황은 통일이후에도 그대로 연장되리라고 보아 이해관계가 다른 4대강국(미,일, 중, 러)이 통일한국과 연합하여 하나의 거대한 집단안보체제를결성하기는 참으로 어려울 것으로 전망한다. 만약에 이것이 가능하다면, 호불호가 다른 동상이몽의 구성원 간에 맺어지는 집단안보기구가 되는 것인데, 이런 기구는 자신의 안보를 보장 받기보다는 상대의 손발을 묶는 견제용이 될 가능성이 높다. 그만큼 결성이 어렵다는 것을 표현한 말이다.

이 같이 역내의 모든 세력(통일한국, 미, 일, 중, 러)을 하나로 묶어내는 단일 집단안보체제 구축이 불가능하다면, 정치적 이념이 같고 안보상의 이해관계가 상대적으로 일치하는 통일한국과 미국, 일본 등 3개국이 하나의 집단안보체제, 즉 군사동맹체제를 구축하는방안을 생각해 볼 수 있다. 통일 전 한국은 미국과 군사동맹 관계였고, 미국은 일본과도 같은 군사동맹관계를 오랫동안 유지해 오고있어서 이들 세 나라가 단일 군사동맹 체제를 결성하는 것을 충분히 검토해 볼 수가 있다. 그러나 결론적으로 말한다면, 동아시아에서 특별한 지정학적인 이변이 없는 한, 이들 세 나라가 군사동맹을맺는 일은 일어나지 않으리라고 본다. 이유인 즉, 통일한국과 일본간에는 뿌리 깊은 역사문제와 민족감정이 남아 있고 서로간의 안보상의 이해관계도 반드시 일치한다고 볼 수 없기 때문이다. 물론 미국입장에서는 통일한국과 일본을 아우르는 단일 군사동맹 체제를만드는 것에 환영할 일이다. 그렇기 때문에 지금까지도 이런 구상은 구상에 머문 채, 오늘날과 같은 다기적인 개별 안보동맹체제(한미, 미일, 북중)로 가고 있는 것이다. 이와 같이 통일한국 시대에 있어서도 다자간의 집단안보체제의 결성이 용이하지 않다면, 통일 전과 같은 개별 군사동맹체제 가능성을 다시 검토해 볼 필요가 있다.

2. 개별 군사동맹체제

개별 군사동맹체제는 개별 국가 간에 군사안보상 상호 이해관계의 일치에 의해 결성되는 1대1 군사동맹체제다. 이 체제는 위에서 살펴본 다자간의 집단안보체제 보다는 실효성 면에서는 떨어질지라도 단 두 나라간의 결합이라는 점에서 결성자체가 훨씬 더 용이하다. 개별군사동맹의 예로는 통일을 가정하는 경우 그 이전에 존재했던 '한미동맹'이나 '미일동맹', 그리고 '북중동맹'같은 것이 그것이다. 당시 세력의 한 축이었던 미국은 일본, 한국과 개별 군사동맹을 맺어서 동북아의 지정학에 대응하였고, 다른 한 축인 중국과 러시아는 당사자 간에는 군사동맹차원은 아닌 군사적 협력관계를 맺는 수준이었지만, 북한과는 각각 개별동맹(북-중)과 협력관계(북-러)에 의해서 미국, 일본 등 해양세력에 대응하는 전략을 펴 왔다.

통일한국의 경우는 어떠한가? 통일한국 또한 통일 전과 같은 개별동맹 체제를 생각해 볼 수 있다. 물론 그 상대는 미국이다. 통일 이전에 남한은 미국과 군사동맹을 체결(1953년) 한 후 한미연합군체제에 의해서 자국의 방어는 물론이고 통일을 이루어내는 데도 결정적인 역할을 하게 될 것이다. 이런 미국과 통일한국은 통일 이후에도 이 전과 같은 개별 군사동맹을 유지할 가능성이 상당히 높다. 이유인 즉, 통일한국으로서는 불안정한 자국의 안보를 담보하기 위해서 미군의 도움이 계속 필요할 것이고, 미국으로서도 동북아에서의 자국의 영향력 확대와 대륙세력(중, 러)의 견제를 위해서 주둔지가 필요하기 때문이다. 이 문제에 관한 한 두 나라의 이해관계가 일치할 수 있다. 그러나 통일 이후에도 미군의 계속주둔과 군사동맹의 계속화는 반드시 긍정적인 것만은 아니라고 본다. 군사적 의존이 클수록 국가의 자율성은 그만큼 침해 받을 수가 있기 때문이다. 그런 점에서 최상의 선택은 통일한국이 외국군과의 동맹 없이 자국의 국방력과 국력만으로 국가를 방어하고 주권과 독립을 지켜나가는 자주적 노선일 것이다. 그러나 이것마저 용이하지 않을 경우에는 다른 또 하나의 대안으로서 비동맹 중립화 노선을 검토해 볼 수 있다.

3. 대안으로서 비동맹 영세중립체제

통일한국이 새로이 탄생하는 경우, 새 국가의 이념과 정체성이 통일이전의 그것과 일치하는 가도 심사숙고해 볼 필요가 있다. 통일 이전의 남한으로서는 북한이라고 하는 적대세력이 눈앞에 존재하였고, 그로부터 전쟁을 막아내고, 주변세력(중국, 러시아 등)으로부터도 생존을 도모해야 하는 절실한 필요성에 의해서 미국과 군사동맹을 맺었지만, 이제 남북이 하나가 된 통일한국시대에는 우선 직접적인 적대세력이 눈앞에서 사라졌고, 하나의 독립된 새로운 주권국가로 태어난 이상, 과거와 같은 개별 군사동맹체제(한미동맹)를 그대로 가져가는 것이 합당한 것인가에 대해서는 많은 논의와 깊은 통찰력을 요한다.

그런데 만약에 통일한국이 새로운 출범을 하면서, 이전과는 다른 새로운 국가 이념과 방향, 그리고 정체성을 가지는 경우를 생각해 봐야 할 것이다. 이 책에서 핵심적으로 다루게 될 주제가 되겠지만, 만약에 통일한국이 통일 이전과는 달리 어떤 특정 외부세력에 의존하지 않는 중립적 군사외교노선을 선택하게 되는 경우에는 어떻게 되는가? 이 경우라면 통일한국은 어떤 군사동맹에도 가입하거나 가담해서는 안 될 것이다. 글자 그대로 중립적인 지위를 유지해야 하기 때문이다. 이렇게 된다면 통일한국은 자연히 군사 외교적으로 비동맹 영세중립화 정책을 지향할 수밖에 없게 된다.

  따라서 통일한국은 단순한 판단에 의하면 이전과 같은 한미동맹을 계속 연장해 갈 가능성이 아주 높다고 생각하지만, 앞서 설명한 대로 동북아의 지정학이 변하고, 적대세력이 사라지고, 국가의 이념과 목표와 정체성 자체가 달라진다면, 반드시 이 전과 같은 길을 갈 필요가 없는 것이며, 새 시대 새 상황에 합당한 안보체제를 선택함이 바람직 할 것이다. 이 경우에 대비하여 그 대안으로서 검토할 수 있는 비동맹 외교안보노선에 대해서 더욱 심도 있게 논의해 보고자 한다.

제7장

비동맹 영세중립노선

제1절 영세중립의 형태와 전략

1. 왜 비동맹 영세중립인가?

통일 한반도가 취할 수 있는 군사외교노선으로는 세 가지가 있을 수 있다. 그 첫째로는, 앞에서 논의한 바와 같이, 한반도의 생존과 안전을 도모하기 위해서 주변의 특정국가(예컨대 미국)와 군사동맹 관계를 맺는 '동맹노선'을 생각할 수 있고, 다음으로는 주변국들 중 어느 특정 세력에도 치우치지 않는 독자적인 등거리 '자주노선'을 선택할 수가 있으며, 마지막으로는 일반적 외교노선과는 아주 색다른 스위스연방식의 '비동맹 영세중립노선'을 생각해 볼 수 있다.

첫 번째 거론한 '동맹노선'은 통일 전 남한과 북한이 각각 채택했던 한미동맹과 조중동맹 같은 것으로서, 통일 이후에도 주변의 특정 세력과 군사동맹관계를 유지하는 것을 말한다. 만일에 통일한국이 이 노선을 선택한다면, 그 동맹대상은 자유진영의 슈퍼 국가인 미국이 될 수밖에 없다. 만일에 통일과정에서 한, 미 군사동맹이 통일달성에 결정적인 역할을 하고 통일 후에까지 그 동맹관계를 유지할 경우라면 통일한국은 이전과 같은 친미, 친서방의 동맹외교노선을 선택하게 되는 것이다.

이와는 달리 통일한국이 중국, 러시아 또는 일본과는 군사동맹을 맺을 수는 없는 것인가? 이 문제에 대해서는 통일과정에서 각국의 기여 여부와 미래의 역할기대 등이 판단의 기초가 되겠지만, 만일에 한반도 통일이 강력한 미국의 영향력 하에서 미국 주도에 의해 이루어진 것이라면, 나머지 주변국들과 개별 군사동맹을 맺는 것은 비현실적인 일이 될 것이다.

다른 한편, 통일 전에 남과 북이 맺었던 두 개의 적대적 군사동맹체인 한,미동맹(1953년~)과 조,중동맹(1961년~)을 통일한국이 출범과 더불어 모두 다 해체하는 상황이 올 때는 어떻게 될 것인가? 이 경우에는 통일한국이 보다 자유로운 선택을 할 수 있게 되리라고 본다. 만약에 한반도 통일이 주변국들과의 합의에 의해서 이루어지고, 미국과 중국이 한반도에서 공히 자국 군대를 철수하는 결정을 하게 된다면, 기존의 군사동맹협정은 모두 폐지되고, 통일한국은 위의 노선유형 중에서 두 번째로 언급한 '등거리 자주외교노선'을 선택할 가능성이 높다. 이 노선 하에서는 통일한국은 어느 특정 세력에도 치우치지 않고, 상당한 정도로 독립적이고 자주적인 외교노선을 걸을 수 있게 된다. 그러나 이것이 현실적으로 가능하기 위해서는 한반도 통일이 주변국들 간의 합의에 의해 부작용 없이 순조롭게 이루어져야 한다는 전제가 필요하다. 만약에 그렇지 않고 한반도가 열강의 개입에 의한 분할 통치에 들어가거나, 또는 연방제 또는 연합제 형태의 미완(未完)의 통일과정이 된다면 이 같은 자주적 외교노선을 선택하기가 어렵게 될 것이다.

자주적 외교노선은 사실 신생 통일한국으로서는 바람직한 측면이 많다. 한반도를 옥죄었던 두 개의 군사동맹 줄이 해체되고, 보다 자유로운 입장에서 주변국들과 대등한 외교관계를 설정할 수 있기 때문이다. 그러나 이 자주외교노선을 실효적으로 견지하기 위해서는 그 만큼 국력의 뒷받침이 요구된다. 예를 들어, 통일한국의 국력 수준이 주변국과 비교해서 현저히 열세인 경우를 상정해 보자. 이런 경우에는 통일전의 남북한과 같이 주변 열강과 대등한 외교관계를 실행하기가 어렵게 된다. 그리고 설사 형식적으로 자주외교노선을 표명한다 하더라도 실제에 있어서는 첫 번째 유형인 특정세력에 의존하는 '동맹노선'으로 선회할 가능성이 높게 된다.

그렇기 때문에 등거리 자주노선에는 국력이 결정적인 변수로 작용할 수 있다. 통일한국이 주변국들과 사실상 대등한 자주외교를 펼치기 위해서는 지금보다도 국력 수준을 현저히 높여야 할 것이다. 앞서 국력평가 편에서 진단해 본 바에 의하면, 2019년 기준 통일 전 남한은 세계 11위의 종합국력을 지닌 것으로 평가되었고, 북한은 통계 자체가 없다. 통일 후에 한반도가 분단을 극복하고 국력과 군사력 순위가 월등히 고양된다면, 이 등거리 자주외교노선은 나름대로 작동 가능하게 될 것이다. 거기에다가 비현실적인 가정이지만, 북한의 핵무기까지 통일한국에 전수된다면 등거리 자주외교노선은 충분히 선택 가능한 대안이 될 수도 있겠지만, 이것이 현실화되기는 미지수다.

그렇다면 통일한국이 선택할 수 있는 현실적인 최적의 외교군사노선은 무엇인가? 그것은 이 책이 핵심주제로 삼고 있는 '비동맹 영세중립노선'이다. 이 노선은 단순히 바람직하거나 이상적이어서가 아니라, 생존차원에서, 그리고 현실과 지정학을 감안한 차선의 선택인 것이다. 앞서 언급한 두 가지 외교노선(동맹노선과 자주노선)

이 보통국가들이 채택하는 일반적 노선이라면, 이 중립화노선은 국가의 생존과 안보, 불가침 보장의 차원에서 불가피하게 선택하는 특별한 전략에 해당하는 것이다.

〈그림 7-1〉 통일한국이 선택할 수 있는 외교군사노선

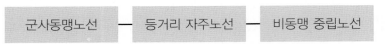

중립화 전략은 한반도를 스스로 중립화 하고, 따라서 어느 한 쪽에 치우치지 않는 비동맹주의를 선택하지 않을 수 없다. 영세중립화 한다는 것은 주변의 어떤 특정 세력에도 가담하지 않고, 문자 그대로 중립적 입장을 취하며, 그 이념과 원칙을 일시적이 아닌 영구적으로 견지한다는 의미다. 그렇게 하기 위해서는 외부와 정치군사적 동맹관계를 유지할 수 없고, 그 이전에 맺은 조약이 존재한다면 그 모두를 해제 또는 탈퇴해야 한다. 그러나 이런 경우에도 전 세계가 회원국으로 되어 있는 국제연합(UN) 같은 기구에는 참여해도 무방하리라고 본다.

이 같은 사례를 우리는 이미 스위스나 오스트리아와 같은 영세중립국을 통해서 익히 알고 있다. 그들 역시 주변열강으로부터 안보를 확보하기 위해서 어떤 정치군사 블록에도 가담하지 않는 영세중립주의를 채택함으로써 스스로의 안전을 도모하고 있다. 물론 한반도의 사정이 이들 국가와 같지만은 않지만, 통일한국 역시 주변 열강들보다는 상대적으로 약소하고 역사적으로도 많은 침략과 국권유린을 경험했기에 통상적인 방법보다는 보다 특별하고 독창적인 방

식의 외교군사모델을 통해서 그 생존과 안전, 주권을 확보하고자 하는데, 그것이 바로 이 중립화모델인 것이다. 여기서 더 나아가 통일한국의 중립화는 이 같은 생존유지차원의 목적을 넘어서 민족의 대약진과 번영, 그리고 세계평화에 기여하는 기본적 토대로 삼겠다는 의도가 깔려 있는 것이다.

물론 통일한국의 중립화노선이 반드시 성공한다는 보장은 없다. 이 모델이 성공하기 위해서는 여러 가지 요건들이 충족되어야 한다. 우선 이 모델의 선택을 위해서는 국민과 지도자들의 충분한 이해와 지지가 선행되어야 한다. 이 문제에 대해서는 아래 단원에서 자세히 다룰 예정이지만, 국민적 합의를 이끌어 내는 일이 결코 쉬운 일이 아니라고 생각하며 많은 노력과 시간이 요구된다고 본다.

그 다음 요건으로는 국력수준이다. 통일 후의 국력수준이 성공여부를 결정한다고 생각한다. 만약에 통일한국이 국론이 분열되고, 군사력도 불비하고, 경제적 성장 동력마저 잃은 무기력한 국력수준이라면 이 같은 중립화노선은 채택될 수도 없고, 성공할 수도 없을 것이다. 마치 1962~1975년 라오스의 중립선언이나, 1904년 대한제국의 중립선언이 실패한 것과 마찬가지인 것이다. 중립화 노선에는 주변국들과 어깨를 엇비슷하게라도 댈 수 있는 국력과 방위력이 반드시 전제되어야 한다. 국력 없는 중립화는 실패하기 마련이다. 그 국력은 한 국가의 총체적 능력, 즉 종합국력을 말한다. 이 종합국력이 적어도 통일 전 보다 통일 후에 월등할 때 이 모델은 성공가능성이 높을 것이다. 이 모델은 한반도와 같은 특수한 지정학적 환경에 적용 가능한 기발한 대안이라고 생각한다.

2. 역발상의 비대칭 외교전략

앞에서 살펴보았듯이, 여전히 상대적으로 약소국인 통일한국이 주변 열강들에게 둘러싸인 채 영구적인 자주독립을 지켜나가기 위해서는 어떤 선택을 해야 하는가? 그 선택에는 통상적인 발상이 아닌 아주 비범하고 독창적인 전략이 필요하다고 보는데, 저자는 이것을 '역발상의 비대칭 전략'(inversed asymmetrical strategy)이라고 부르고자 한다. 국가 간의 관계도 어떤 의미에서는 게임이라 할 수 있다. 이 게임이 정상적인 것이 되려면 참여자들의 수준이 대등해야 한다. 그렇지 않고 한 쪽이 많이 기울어지면 게임자체가 성립되지 않는다.

한반도와 그 주변 간의 게임은, 비록 인정하고 싶지 않지만, 체급이 상당히 다른 선수 간의 게임이 될 수 있다. 적절한 예가 될지는 모르겠지만, 체급 차이가 크게 나는 시합에서는 약한 선수는 보통의 전략으로는 승산이 없고, 상대방의 허(虛)를 찌르는 아주 특별하고도 비범한 전략을 구사해야 할 것이다. 마찬가지로 힘과 힘이 부딪치는 국제정치에서도 약소국이 강대국을 상대로 하는 게임에서 패배하지 않기 위해서는 힘 대 힘으로 맞붙어서는 승산이 없다고 보는 바, 이것을 만회할 수 있는 전략이 바로 저자가 말하는 '역발상의 비대칭 전략'이다.

고려 초 거란의 대군에 맞서 약소국 고려가 힘 대 힘의 맞장 뜨기가 아닌 서희(徐熙)의 외교담판이라는 비대칭 전술에 의해서 국토를 회복하고 위기를 모면한 것은 하나의 좋은 예가 된다. 뿐만 아니라 임진왜란 때 명량(鳴梁) 해전에서 13척의 전함으로 133척의 일본군을 물리친 것은 이순신이라는 지장(智將)이 울돌목의 급류를 극대로 이용하여 상대의 허를 찌른 결과인 바, 이런 사례들이 바로 약자가 택할 수 있는 역발상의 비대칭 외교군사전략인 것이다.

이와는 정반대로 미국과 중국, 러시아가 핵무기를 보유하고 있다고 해서 통일한국도 핵무장을 하여 자신의 생존과 주권을 지키려 한다고 가정해 보자. 이것은 아주 어리석은 일이라고 본다. 우선은 이들 주변 핵 강국들이 갓 통일을 이룩한 통일한국에게 핵무장을 절대로 허용하지 않을 것이다. 만약에 북한이 가지고 있던 핵무기가 설사 통일한국으로 전수되는 이변이 생긴다 하더라도 그것을 결코 허용하지 않을 것이고, 오히려 해체수순을 밟으려 할 것이다. 여기에는 주변열강 모두의 이해관계가 완전히 일치한다. 그럴 바에는 통일한국은 아예 처음부터 핵무기를 완전히 포기하고 전혀 다른 비범한 전략으로 대응하는 것이 현명할 것이다. 그것이 바로 비대칭 전략으로서 구체적으로는 저자가 제안하는 "한반도 비핵, 비폭력, 평화지대"구상이다. 이것은 다음 장에서 별도로 다룰 예정이지만, 한반도에서 핵무기를 영원히 포기하고, 한반도를 완전한 비핵 평화지대로 구축해 나가자는 구상이다. 이것에 대해서는 어느 누구도 반대하지 않는 역발상의 구상으로 생각한다.

냉철히 생각해 볼 때, 통일한국이 설사 능력(국력)이 있다고 하더라도 핵무장 자체는 그다지 좋은 전략이 되지 못한다. 핵을 핵으로 응징한다는 발상자체가 바람직하지 않고, 앞서 말한 대로 한반도의 현실이나 실효성 면에서도 부합하지 않는다고 생각한다. 미국과 구소련(현 러시아) 간의 군사관계를 생각해 보자. 그들은 한때 수 만 기의 핵탄두를 각기 가지고 있었고, 비록 여러 차례 그 숫자를 줄여 나가는 회담(SALT I & II 등)을 추진하였지만 여전히 지금도 수 천 기씩의 핵무기를 가지고 있다. 그리고 주변국 중국 또한 수백기의 핵탄두를 가지고 있다고 세계는 믿고 있다. 이들 핵 국가들 간에는 이른바 '핵 저지'(nuclear deterrence) 전략이 통할는지 모르나, 갓 태어나게 될 비핵의 통일한국에게는 이 전략이 통할 리가 없는 것이다. 그래서 전혀 다른 전략을 모색함이 마땅하다고 보는 것이다.

통일한국이 선택 가능한 비대칭 외교군사전략으로는 앞서 말한 대로 '비핵, 비폭력, 평화주의'을 선택하고 이것을 외교에 활용하는 것이다. 비핵, 비폭력, 평화주의 정책은 미래시대에도 합당한 전략이며, 인류와 후세들에게도 떳떳하고 자랑스러운 대안이다. 핵무기로 상대를 억압하여 유리한 국면을 도모하는 전략은 이미 구시대적 발상이다. 이 방식은 도덕적으로나 인륜적으로도 바람직하지 않다. 차제에 통일한국은 이 같은 구태에서 벗어나 민족의 미래는 물론이고 인류에도 공헌할 수 있는 비핵화, 비폭력, 평화주의 정책을 추진함이 결단코 현명한 선택이 되리라고 본다. 통일한국이 이같이 비대칭적이고 역발상적인 평화전략을 선택한다면 오히려 동북아는 물론이고, 세계인들의 사랑까지 받게 될 것이고, 그것은 더 큰 부메랑으로 되돌아오게 될 것이다. 그러나 통일한국이 이 같은 평화정책을 선택한다 하더라도 충분한 방어력과 국민적 결단, 그리고 높은 수준의 국력을 갖춘다면 비핵화와 비폭력의 공백을 충분히 메워 나갈 수 있을 것이다.

〈표 7-1〉 통일한국의 군사외교노선 대전환

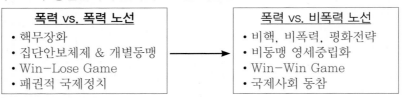

폭력 vs. 폭력 노선	폭력 vs. 비폭력 노선
• 핵무장화	• 비핵, 비폭력, 평화전략
• 집단안보체제 & 개별동맹	• 비동맹 영세중립화
• Win-Lose Game	• Win-Win Game
• 패권적 국제정치	• 국제사회 동참

통일한국이 비핵, 비폭력, 평화주의 정책을 국가의 기본이념으로 채택한다면 이것과 가장 잘 부합하는 군사외교정책으로는 '비동맹 영세중립노선'이 될 것이다. 통일한국이 비핵, 비폭력, 평화주의와 영세중립화를 외치면서 집단적 군사안보체제에 들어가거나 특정국가와 개별적인 군사동맹을 맺는 것은 전혀 어울리지 않는 모양세가 된다. 따라서 통일한국은 차제에 위 표와 같이, 구태 방식인 '폭력 대 폭력'의 진부에서 완전히 벗어나, 대범한 비대칭 전략으로서 "비핵, 비폭력, 평화주의 전략"과 "비동맹 영세중립국"을 함께 묶는 대전환의 새 시대를 열 것을 제안한다. 이것이야말로 세계인에게도 환영받고, 후세에도 자랑스러운 상생의 정책이 될 것이다.

3. 한반도의 생존과 안전을 지키기 위한 슈퍼 빅딜

한반도가 외부로부터 자신의 안전과 생존권을 보전하고, 나아가서 전례 없는 대 번영을 이룩하기 위해서는 주변국들과 일종의 슈퍼 빅딜(super big deal)을 결단해야 한다고 생각한다. 한반도는 안보문제를 비롯하여 주변국들과 서로 얽히고설킨 많은 문제들과 이해관계들이 있는데 이들에 대한 근원적 해결 없이 그냥 시간만 경과한다면 한반도는 통일을 달성할 수도 없고, 설사 통일이 된다 해도 우리가 원하는 모습의 통일이 아닐 수도 있다.

그럼, 한반도와 관련된 문제들을 어떻게 풀어낼 수 있겠는가? 결국 그 방책으로서는 '상호간에 주고받는 식'의 상생적 접근방법(a win-win game) 일 때 가능하다는 생각이다. 그렇다면 한반도는 빅딜을 통하여 주변열강들에게 무엇을 줄 수가 있고 무엇을 받아낼 수 있단 말인가? 결론부터 말한다면, 한반도는 핵무기의 포기(비핵화)와 비동맹 영세중립국을 선택함으로써 주변을 안심시키고, 그 대가로 주변 4강(미, 일, 중, 러)으로부터는 한반도 통일협력과 불가침 확약을 받아내는 것이다. 여기에 포함된 이슈들은 하나하나가 국가의 운명을 가르는 아주 중대한 것으로서 그 각각을 개별적으로 해결하기 보다는 연관성 있는 것 끼리 묶어서 주고받는 식의 빅딜 협상을 벌이는 방안을 저자는 제안한다. 이들 문제의 하나하나가 너무도 중대하기에 정치적 사활을 거는 결단 없이는 우리가 바라는 성과를 얻어낼 수가 없을 것이다. 그 빅딜 협상의 대상과 방식을 도표로 나타내 보면 아래와 같다.

〈그림 7-2〉 통일한국과 주변 열강과의 슈퍼 빅딜 협상

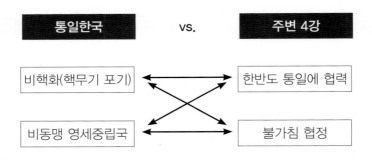

위 도식에 대하여 개략적인 설명을 하자면, 먼저 비핵화 문제는 한반도에서 핵무기를 완전히 해체하고 영원히 포기한다는 것이다. 이 말은 현재 북한이 보유하고 있는 핵무기에 대해서도 통일 후에는 그 모두에 대하여 유엔기구(IAEA)와 관련국의 참여하에 완전히 해체하고 지금까지 미국 측이 주장해온 바대로 그야말로 '완전하고 검증가능하며 불가역적인 핵 폐기'(CVID: Complete, Verifiable,

Irreversible Dismantle-ment)를 제안하는 것이다. 이유인 즉, 현실적으로 한반도가 핵무장하는 것 자체가 가능하지 않다고 보며, 앞에서도 언급하였듯이, 핵무기가 결코 바람직하지도 않고, 다른 재래식 무기로도 충분히 방어가 가능하며, 따라서 결국 득(得)보다는 실(失)이 훨씬 더 큰 크다고 보기 때문이다.

한반도의 비핵화 정책은 주변 4강 모두가 쌍수를 들고 환영할 것이다. 그동안 특히 미국은 한반도에서 핵무기 존재 자체를 불인정해 왔고, 어떤 방식에 의하든 이를 허용하지 않았다. 그것은 남한이든 북한이든 한반도에서 핵무기를 보유하는 것 자체가 미국의 국익에 지극히 반하는 것으로 여겨 왔던 터라 한반도의 비핵화 전환은 미국의 큰 숙원사업 중 하나를 해결하는 것이 된다. 미국이 이처럼 한반도의 핵무기를 반대하는 것은 핵도미노 현상에 의해 일본과 대만까지도 핵 보유로 갈 수 있고, 미국의 지정학과 영향력 관리에 불리하다는 계산일 것으로 본다.

한반도의 완전 비핵화는 미국뿐만 아니라 다른 주변 국가들에게도 큰 안심을 주는 일이다. 중국과 러시아는 이미 핵무기 보유국가고, 일본은 미국의 핵우산 정책에 의해서 미국에 의해 안보를 보장받고 있는 터에 한반도가 핵무장화 하는 것은 공포의 대상이 될 수밖에 없다. 그런데 통일한국이 스스로 자신이 보유 중인 핵무기를 폐기하고, 앞으로도 영원히 포기한다는 것에는 주변 4강 모두에게 환영할 일이다.

여기서 말하는 한반도 비핵화는 핵무기의 개발, 보유, 사용을 포기하는 것뿐 만아니라, 다른 대량살상무기(WMD)에 해당하는 생화학무기와 장거리 미사일까지도 포함하는 개념이며, 이들 모두를 영원히 포기하고 한반도를 완전한 비핵, 평화지대로 대전환 하겠다는 결연한 의지를 담고 있다.

이처럼 주변 4강이 모두 절실히 요구하는 한반도의 비핵, 평화지대화는 그들이 환영하는 만큼 그들에게 커다란 협상카드로 사용할 수 있다. 사실 현재 북한이 개발, 보유하고 있는 핵무기들을 통일 때까지 그대로 가져갈 수 있을까에 대해서는 강한 의문이 있다. 북한의 핵무기 개발과 보유에 대해서는 미국이 결사코 반대하는 입장이기 때문에 통일 이전에 미국의 방식에 의해 그 핵무기들이 미리 폐기될 가능성이 높다는 것이 저자의 생각이다. 만일에 그렇지 않다면 그 핵무기들이 그대로 통일한국으로 전수되는 '행운(?)'을 가질 수도 있다. 그러나 현실적으로는 북한의 핵무기 보유 자체가 남북한의 통일 자체를 방해하는 요소로 작용할 수가 있다. 왜냐하면 통일한국이 핵으로 무장한 거대한 군사강국이 되는 것을 주변의 어느 나라도 원치 않기 때문이다.

이런 현실에서 만약에 통일 시점까지도 북한의 핵무기가 그대로 존재한다면 그 핵무기들을 폐기하는 통일한국의 비핵화 약속과 선언은 주변국들에게 가장 큰 선물이 되기 때문에 이것을 최대의 협상카드로 사용할 필요가 있다. 다시 말해서 통일한국은 핵무기를 완전 폐기하는 대신에, 그 반대급부로 주변국들로부터 한반도 통일에 대한 확실한 지지와 협력을 받아내고, 아울러 향후 한반도의 안전과 불가침 약속까지도 '문서'로 받아 내자는 것이다. 따라서 한반도에서의 핵무기 폐지전략과 선언은 통일 이전에는 통일의 기폭제로 사용할 수가 있고, 통일 후에는 한반도에 대한 주변국들의 안전보장(불가침)에 대한 확약까지 이끌어내는 빅딜 카드로 사용할 수 있을 것이다.

둘째, 통일 후 한반도의 '영세중립화 정책' 또한 주변국들에게는

메리트(merit)가 되기 때문에 이것을 또 하나의 빅딜 카드로 사용하자는 것이다. 통일한국이 국제적으로 '보통국가'가 아닌, 어느 블록에도 가담하지 않는 스위스연방과 같은 '영세중립국'을 선언하고, 이를 제도적으로 실행해 나간다면, 이 또한 대립하고 있는 주변 열강들로서는 굳이 반대해야 할 이유가 없을 것이다.

만약에 한반도가 핵무기를 보유한 채 남한 중심으로 통일되었다고 가정했을 때 누가 가장 두려워 할 것인가? 앞에서도 말했지만, 그 제1은 일본이 될 것이고, 미국 또한 통일한국의 핵무기 보유를 좌시하지 않을 것이며, 중국과 러시아 또한 미국과 같은 입장을 견지할 것이 명백하다. 이런 상황에서 통일한국이 핵무기를 포기하고, 더 나아가 어느 정치군사블록에도 가담하지 않는 영세중립의 비동맹국가로 전환한다면 주변국들은 어떻게 반응할 것인가? 우선 주변국들이 이 같은 통일한국의 정책을 특별히 반대해야 할 이유가 없다고 보며, 다만 미국 입장에서는 기존의 한미상호방위조약(1953년)에 근거한 군사동맹이 종료되고, 대 한반도 영향력이 감소되는 상황이 올 수 있기 때문에 어떤 입장을 취할지가 문제시 된다. 중국 역시 북한과 1961년에 맺었던 조, 중상호원조조약이 있기 때문에 미국과 비슷한 입장에 놓일 수가 있다. 그러나 남북한이 사라지고 통일한국이라는 새로운 국가로 탄생된다는 점에서 과거 맺었던 어떤 조약들도 일단 그 효력이 상실될 수밖에 없으며, 새로운 상황에서는 새로운 정책으로 대응하는 것이 순리라는 점에서 정당한 입장을 미리 마련해 두어야 할 것이다.

셋째, 주변 4강의 입장에서 그들의 대(對) 한반도 전략과 이해관계를 살펴보면, 앞서 본 바와 같이, 한반도에서의 핵무기는 존재 자체만으로 그들에게는 공포의 대상이 되기 때문에 다 같이 반대하는 것이며, 한반도의 비핵화 및 중립화 정책에 대해서는 자신들에게 위협이 되지 않는다는 면에서 굳이 반대할 이유가 없다고 본다. 다만, 한반도가 영세중립국이 된다면 기존에 있었던 두 개의 군사동맹조약(한미 및 조중 방위조약)의 각 당사자인 미국과 중국은 서로 간의 빅딜 협상에 의해서 두 조약을 동시에 폐기, 종식시키는 방향으로 협상을 전개해 나가도록 할 필요가 있어 보인다.

이와 같이 주변 4강이 한반도의 '비핵화'와 '중립지대화'라는 두 가지 열매를 얻게 된다면, 그들이 통일한국 측에 내 놓아야 하는 반대급부로서는 위 그림에서 보는 바와 같이, 한반도의 '통일 지지'와 한반도에 대한 '안보 확약'이 될 것이다. 그러나 앞에서도 살펴본 바와 같이, 한반도 통일문제에는 각국의 이해관계가 대립되고 있어 각국의 입장에도 큰 변화가 있지 않고는 완전한 남북통일이 일어나기가 쉽지 않을 전망이다. 그러나 현재와 같이 남북한의 격차가 현저하고, 북한의 고립화가 계속되며, 한반도의 비핵화와 중립화정책이 주변국들로부터 신뢰를 얻게 된다면, 시간이 걸리더라도 종국적으로는 남한 주도의 한반도 통일을 주변 국가들은 허용할 수밖에 없을 것이다.

그런데 만일에, 기대하긴 어렵지만, 중국내에서 빅뱅수준의 대변혁이 일어나 체제 자체가 붕괴되는 중대 사태가 발생한다면 한반도에도 커다란 물결로 다가올 것이다. 즉, 중국대륙의 대변화는 남북한 관계에도 큰 영향을 미치게 되고, 이것이 예상외로 남북통일을 앞당기게 되는 촉매제가 되는 경우를 가상해 볼 수가 있다.

어떤 과정이 되었든지 간에 통일 후 대한민국은 주변국에 대하여 비핵, 비동맹, 중립화 노선의 대가로 반드시 안전보장(불가침)에 대한 확약을 요구해야 할 것이다. 그 요구는 집단적 방식이 가장 바람직해 보이는데, 구체적으로는, 주변4강이 통일한국과 공동 체약국으로서 협약을 통해서 통일한국에 대한 안전보장(불가침)을 확약하고, 영세중립노선을 공인하는 방식을 요구해야 할 것이다. 만일에 이 같은 공동의 안전보장(불가침)이 불가능한 경우라면 통일한국과 개별 협약(예컨대, 통일한국 −중국, 통일한국−러시아)에 의해서라도 안전보장(불가침) 약속을 문서로 받아내야 할 것이다. 따라서 이 협약은 NATO나 ASEAN 또는 구(舊) WARSAW과 같이 체약국들 상호 간의 집단적 안전보장과는 성격과 방식이 다른 것이며, 주변4강이 공동 또는 개별적으로 통일한국에 대해서 안전보장(불가침)을 상호 보장하는 형식이 되어야 할 것이다.

이 같은 직접적인 안보(불가침)협정 체결이 어려운 경우라면 이보다 다소 아래 형식인 '의정서'(protocol)나 '선언문'(declaration) 형식까지도 받아들일 수 있다고 본다. 왜냐하면 의정서나 선언문도 국제법상으로는 조약과 동등한 효력을 가지기 때문이다. 스위스의 1815년 중립협정은 8개국의 서명을 첨부한 공동선언문(declaration) 형식을 취했다.

생존과 안보가 그만큼 중요하기 때문에 통일한국으로서는 앞서 말한 두 가지의 빅딜 카드(비핵화 & 중립국 정책)를 최대로 활용해서 이 같은 반대급부를 반드시 받아내야 할 것이다. 이것을 해내느냐 못해내느냐에 따라 새 나라의 운명이 갈리게 될 것이다. 이 관계를 도표로 나타내면 아래와 같다.

통일 한반도에 대한 안전보장을 확보하기 위해서 주변4강과 직접적으로 공동 또는 개별적 불가침협정을 체결하기가 여의치 않을 경우에는 그 방식을 좀 바꾸어서 상호간에 일명 '기본관계에 관한 조약'을 체결하는 방안이 있다. 이 방식은 통일한국이 새로이 출범하

〈그림 7-3〉 통일한국에 대한 안보(불가침)협정 형태

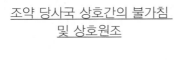

| 일반적인 집단안보협정
(예: NATO, ASEAN 등) | 주변4강과 통일한국 간의 안보협정
(공동 또는 개별적 체결) |

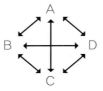

조약 당사국 상호간의 불가침
및 상호원조

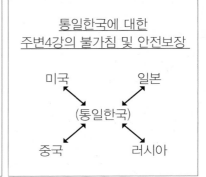

통일한국에 대한
주변4강의 불가침 및 안전보장

기 때문에 주변국들과는 새로운 차원에서 새로운 관계정립이 필요한 만큼, 이 형식을 빌려서 개별적으로 기본관계조약을 체결하되, 그 조약 내용상에는, i) 통일한국과 체약국 간의 상호불가침과 안전을 보장하며, ii) 통일한국의 비핵화, 비폭력, 평화주의정책을 지지하며, iii) 통일한국의 비동맹 영세중립노선에 대한 인정과 지지 등을 반드시 포함해야 할 것이다. 이 형식을 취하게 되면 하나의 조약을 통해서 몇 가지 요구사항들을 함께 처리할 수 있는 장점이 있다.

이 같은 좋은 예가 이미 있다. 1948년에 핀란드는 이웃 소련으로부터의 침략을 피하기 위해서 직접 소련과 상호원조조약을 체결하여 동맹관계를 맺고 핀란드의 중립을 확인해 오다가, 1991년에 소련이 해체되게 되자 핀란드는 그 다음해(1992년)에 이 전의 조약을 폐기하고, 대신 러시아와 '기본관계에 관한 조약'을 맺어서 두 나라

간의 안보문제뿐만 아니라 여러 현안들을 담는 포괄적 협약으로 대체한 바가 있다. 이런 사실을 참고삼아 통일한국의 경우에도 주변국과 불가침 등 안보문제만을 담기가 어렵게 될 경우에는 기본관계 협정을 통해서 필요한 내용을 포괄적으로 담을 수가 있을 것이다.

이 문제는 이정도로 논의를 마치고, 이어서 통일한국의 중립화 노선의 선택에 있어서 참고하고자 여러 나라의 영세중립 사례들을 깊이 있게 연구해 본다.

제2절 영세중립국 사례

1. 스위스의 무장 영세중립노선(1815~현재)

자국의 외교노선으로서 중립주의(neutralism)를 표방 실천하고, 관련 주변국들도 이를 공인 지지함으로써 성공을 거두고 있는 가장 대표적인 사례는 스위스연방이다. 이 나라는 주변의 열강에 둘러싸여 항시 안보불안을 느껴왔고, 또한 대내적으로도 다민족, 다언어, 다문화의 다분히 분열적인 다기적 성향을 가진 연방국가로서 자신들에게 나름대로 최적이라고 선택한 모델이 바로 영세중립(per-manent neutrality) 노선이었다. 이 중립화 노선은 하루아침에 선택된 것이 아닌, 수백 년 동안 수많은 시행착오를 겪으면서 그 나라의 토양과 정치문화에 안착한 역사적 산물이라고 할 수 있다. 이 외교노선은 1815년 이래 지금까지 2백년이상 지속해 오면서 국제사회에서 충분히 그 정당성을 인정받으면서 제도의 목적을 달성해 오고 있다.

1) 역사적 배경과 과정

먼저 스위스연방이 영세중립노선을 선택할 수밖에 없었던 이유와 배경에 관하여 구체적으로 살펴본다. 스위스라는 나라는 중부유럽의 길목에 자리 잡은 작은 나라(면적: 한반도의 약 1/5, 41,285km²)로서 위로는 독일, 아래로는 이탈리아, 동쪽으로는 오스트리아, 서쪽으로는 프랑스와 국경을 마주하고 있어서 지중해와 유럽내륙을 잇고, 좌우의 나라들까지 연결하는 지정학적으로 아주 중요한 중간자리에 위치하고 있다. 그렇기 때문에 이 약소국가는 언제나 주변 열강들로부터 생존의 위협을 받아왔고, 그래서 스스로의 생존을 지키기 위해서 분투해 왔다. 뿐만 아니라, 이 나라는 다른 보통의 나라와 같이 단일 민족국가(nation-state)가 아니라, 비록 인구수(약 867만 명, 2020년 기준)는 아주 적지만 연방국가형태로서 다인종, 다언어(2018년 기준: 독일어 63%, 불어 23%, 이탈리아어 8%, 로망슈어 0.5%, 기타 5.5%), 다종교(2018년 기준: 가톨릭 35%, 개신교 23%, 이슬람교 5%, 기타 37%)의 복잡한 인구구성[1]을 가지고 있고, 종교적으로도 구교와 신교가 극심한 대립과 내전을 겪으면서 공존해 온 내부적으로도 분열성이 다분한 구조로 되어 있다.

역사적으로 스위스가 엉성하지만 국가의 형태를 띤 것은 1291년 스위스의 중앙지대에 있던 3개의 칸톤(canton)인 우리(Uri), 슈비츠(Schwyz)와 운터발덴(Unterwalden)이 주변의 강력한 합스부르크가에 대항하여 연합체를 만들기 시작하면서부터이다.[2] 이 3개 주

---

1) 스위스의 통계 자료는 주 스위스 대한민국대사관 자료를 인용하였음.
2) 박후건, 중립화 노선과 한반도의 미래. 서울: 선경그라픽스, 2007. pp. 37~57.

(칸톤)는 1291년 8월1일에 외적에 대항하기 위해서 동맹을 체결하고 상호 원조할 것을 서약한다.[3] 이후 합스부르크가는 1315년에 스위스 초기 3동맹을 무력으로 제압하려고 시도하였으나 실패하였고, 그 후 이 3동맹은 1353년까지 세력을 넓혀 주변의 그래러스(Grarus), 추크(Zug) 칸톤과, 도시국가인 루체른(Lucerne), 취리히(Zurich)와 베른(Bern)까지 합쳐 제법 큰 연합체를 구성하였는데, 이것이 이른바 느슨한 형태의 '구 스위스 연합'(the Old Confederacy)이다. 이 연합체는 외부적으로는 합스부르크가를 전쟁에서 물리쳤지만, 내부적으로는 갈등이 증폭되고 대립과 내전으로 번져 1436년에는 서로 간에 취리히 전쟁(the Old Zurich War)을 겪게 된다.

〈그림 7-4〉 주변 열강에 둘러싸인 스위스연방의 지정학적 위치

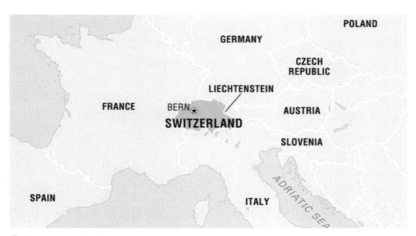

출처: map-switzerland.

---

3) 스위스는 이날을 스위스연합 건국기념일로 삼고 있다.

한편, 1515년에는 프랑스가 이태리를 침범하자 이태리는 스위스 연합에게 용병을 요청하게 됨에 따라, 중앙에 위치한 스위스연합의 몇몇 칸톤 들이 이 전쟁에 참가를 결정하고 용병을 파견한다. 그 결과는 스위스연합과 이태리가 패전하고, 스위스 용병의 대부분이 희생당했다. 이 사건을 계기로 하여 스위스연합은 국제분쟁에서 어느 한쪽을 편든다는 것이 얼마나 위험한 것인가에 대한 경험을 하게 되었고, 이것이 그 후 스위스 외교에서 중립노선을 선택하게 되는 중요한 계기가 되었다.

16세기에 들어서 유럽에 종교개혁의 열풍이 불어 닥치게 되자, 구 스위스연합 내에서도 신교(프로테스탄트교)의 칸톤들과 구교(로마 가톨릭)의 칸톤들 간에 심각한 대립과 분리의 시기가 있었다. 1529~1531년 대립한 칸톤들 간에 내전까지 벌이는 심각한 내부 분열현상까지 나타났지만 종교개혁의 주동자인 울리취 츠빙글리(Ulrich Zwingli)가 전투에서 사망하면서 이 내전은 일단락되었다. 이런 내전과정을 겪으면서 스위스연합은 그 이전에 실시했던 대외적인 중립정책이 대내적으로도 절실히 필요하다는 것을 학습하는 계기가 되었다.

17세기에 들어와 유럽전역을 휩쓸고 갔던 혹독한 30년 종교전쟁(1618~1648) 때에도 구 스위스연합은 그 어느 세력에도 가담하지 않는 중립을 지켜냄으로써 자체의 분열과 몰락을 막아낼 수가 있었다. 주변국들 또한 전쟁 중 스위스의 중립을 요구했는데, 그것은 스위스가 유럽의 중심에 자리 잡고 있고, 내부적으로는 신, 구 양 종교를 신봉하고 있어 스위스가 외부의 어느 특정 세력에 가담하게 되면 오히려 진영 간의 세력균형이 깨질 것을 염려했던 것이다. 이 30년 종교전쟁이 1648년에 베스트팔리아 조약(Treat of Westphalia)으로 종결되면서, 스위스연합(13개 주)은 신성로마황제의 지배로부터 벗어나 소중한 독립국가의 지위를 얻게 된다.

30년 종교전쟁 이후에도 유럽 내에서는 주도권을 놓고 크고 작은 전쟁이 이어졌다. 프랑스의 루이(Louis) 14세는 3국 동맹(네덜란드, 영국, 스웨덴)을 파기하고 1672~1679년에 네덜란드를 침입, 전쟁을 벌였다. 스위스연합은 이 전쟁에 휘말리지 않기 위해서 1674년에 내부 연합회의를 열고 스위스 외교의 기본정책이 무장중립(armed neutrality)임을 대외에 선언하였다. 이 무장 중립화정책은 그 후 프랑스 대혁명(1789년) 때까지 지속된다.

그러나 스위스연합의 중립정책은 주변국 전쟁에 가담했다가 또 한 번의 큰 시련을 겪게 된다. 프랑스 대혁명이 일어나자 스위스는 프랑스 왕가(루이14세)를 보호하기 위해서 근위병으로 800여 명의 용병을 보내게 되는데, 이들이 1792년 뚤러리(Tuileries) 성 전투에서 패하여 전원이 전사를 하고 만다. 이 사건을 계기로 프랑스 시민 혁명군은 스위스를 공격하게 된다. 이로써 프랑스는 1798년에 스위스의 많은 지역을 점령하고 자신들의 대리 정부격인 헬베티아 공화국(Helvetic Republic: 1798~1803)을 세운다. 이로 인하여 스위스연합은 처음으로 강대국 프랑스의 지배하에 놓이게 되었다. 이후 헬베티아 공화국은 프랑스와 군사동맹을 맺고 프랑스의 동맹국이 되어 주변국들과의 전쟁에 끌려 들어가게 된다. 1799~1802년에는 프랑스 나폴레옹이 영국, 오스트리아, 러시아를 상대로 벌인 전쟁에 스위스는 프랑스의 동맹국으로서 가담하게 되고, 그로 인해 스위스는 전국토가 유린되고 수많은 생명을 잃었을 뿐만 아니라, 그동안 지켜왔던 중립의 가치마저 심각하게 훼손당하게 된다.

1802년에 프랑스는 영국과의 전쟁을 위해서 헬베티아에 주둔하고 있던 자국 군대를 철수시키게 되고, 그 후에도 헬베티아 내에서는 몇 차례의 쿠데타와 내전을 겪게 된다. 드디어 1815년에는 유럽 8개국(오스트리아, 프랑스, 프로이센, 영국, 러시아, 포르투갈)(스웨덴과 에스파냐는 후에 참여)이 오스트리아의 빈 회의(Vienna Congress)에 모여 스위스연합에 대한 영토불가침과 무장중립을 인정하는 선언문에 서명하는 역사적 회의를 갖는다. 바로 이때(1815년)부터 스위스의 영세중립국 역사가 공식적으로 시작된다. 여기서 말하는 영세중립을 보다 구체적으로 해석해 보면, i) 조약 또는 국내법에 의하여 자위를 제외하고는 영구히 전쟁에 참여하지 않고 중립을 지키며, ii) 동맹조약과 같이 전쟁개입 가능성이 있는 조약의 당사자가 되지 않으며, iii) 관련 국가들로부터 독립과 영토보존 및 무장영세중립의 지위를 보장받는 것을 의미한다.[4]

또한 1815년의 이 빈 회의에서는 프랑스가 점령했던 스위스 내의 3개 지역(Valais, Geneva, Neuchatel)을 스위스연합에 되돌려 주는 결정을 함으로써 스위스는 25개 주로 확장되었고, 당시의 국경이 지금의 국경이 되고 있다. 그 후 스위스는 1874년에 헌법을 전면 개정하여 이들 25개 주(canton)로 구성되는 연방공화국(The Swiss Confederation)을 공식으로 채택하고 국민투표제도를 도입하는 등 근대 독립국가로 출발하였다.[5]

1914년에 제1차 세계대전이 발발하게 되자 스위스연방은 또 다시 시련을 겪게 되는데, 그때까지 100년간 지켜온 영세중립정책이 시험대에 오르게 된다. 4년 동안 지속된 전쟁기간에 스위스 연방정부

---

4) 장철균, 스위스에서 배운다. 2013. p. 94.
5) 1978년에 Jura주가 Bern주에서 분리되어 2020년 기준 26개 주가 있음.

와 칸톤들은 끝내 전쟁에 개입하지 않고 중립을 고수하였으며, 대신 주변국들로부터 식량과 원료수입이 중단되어 경제적 고통을 감내해야 하는 수난을 겪기도 했다. 그 결과 1919년 6월 28일에 제1차 세계대전을 마무리하기 위해 개최된 베르사이유(Versailles) 조약에서도 스위스는 조약 당사국들로부터 영세중립의 지위를 부여 받았다. 한편, 1920년에는 국제평화를 위해 국제연맹(The League of Nations)이 설립되자 스위스연방은 이 기구에 가입하였고, 중립국 지위를 인정받아 그 본부를 스위스 제네바에 두게 되는 실적을 얻게 된다.

그러나 국제연맹이 1930년대 들어오자 열강 간의 이해관계로 제기능을 발휘하지 못하게 되고, 기구설립의 제창국인 미국이 탈퇴하는 등 열강 간에 대립을 거듭함에 따라 스위스연방은 1938년에 절대중립을 선언하고 사실상 국제연맹에서 탈퇴하였다.

1939년 9월 1일 독일이 폴란드를 침입하면서 제2차 세계대전이 시작되었지만 1945년 8월에 종전이 될 때까지 스위스는 철저한 무장중립을 유지하였고, 그 결과 외부로부터 어떤 침략도 받지 않았다. 그러나 제2차 세계대전 중에 스위스 땅이 안전한 것만은 아니었다. 당시 독일 히틀러는 유럽의 효과적 지배를 위해서 스위스 점령이 필요했다. 이런 침공가능성을 감지한 스위스와 그 국민들은 알프스 산 전역에 배수진을 치고 2만3천여 개의 지하요새를 건설하는 등 철저한 저항전략을 수립하고 대응하였다.[6] 그 결과 독일은 스위스를 점령하기 위해 세웠던 일명 탄넨바움 작전계획(Operation Tannenbaum)을 끝내 실행에 옮기지 못한 사실이 있다.

---

6) 장철균, 스위스에서 배운다, 2013. p. 97.

제2차 세계대전 이후에도 스위스는 절대중립을 이유로 새로 탄생한 국제연합(The United Nations)에 초창기에는 가입하지 않았다. 당시 스위스로서는 새로운 국제기구인 유엔이 자신들의 중립원칙에 특별한 배려가 없었고, 또한 이전의 국제연맹에의 가입실패를 감안한 것이었다. 그러나 시간이 흘러 미국 등 여러 나라로부터 스위스의 유엔가입을 요청하는 목소리가 높아지자, 스위스는 유엔가입 안을 국민투표에 붙여 1986년에는 76% 반대로 부결되었으나, 재차 2002년에 실시한 국민투표에서는 54.6%의 찬성으로 유엔에 정식 가입하게 되었다. 이 같은 유엔가입은 유엔이 전 세계국가가 참여하는 평화유지기구이고, 스위스가 지향하는 영세중립정책에도 결코 반하지 않는다는 판단에서 이루어진 것으로 보인다. 그러나 지역주의에 입각한 유럽연합(EU)에는 처음부터 가입하지 않고 있다가 1992년에 그 전신인 유럽경제지역(EEA) 기구에 가입하고자 국민투표에 붙였으나 부결되어 현재도 불참 중에 있다.

한편, 스위스의 중립노선은 인도주의적 구호활동과 연계하여 잘 운영되고 있다. 1859년에 스위스는 앙리 뒤낭(Henry Dunant) 등이 주축이 되어 전쟁희생자 등 인도적 구호를 위해서 국제적십자사(IRC)를 창설하고, 그 본부를 제네바에 두었다. 이 같은 적십자 활동은 중립국 스위스의 국가 이미지와 잘 결부되어 국제적 지지를 받고 있다.

2) 특징

가. 생존을 위한 역사적 산물로서의 중립

스위스연방의 중립노선에는 몇 가지 특성을 지니고 있는데, 그 첫째는 대외적으로는 주변 열강(독일, 프랑스, 이탈리아 등)으로부터 자국의 영토를 보전하고, 침입을 예방하며, 국가의 주권과 독립을 지켜내고자 하는 생존형 중립노선이다. 스위스가 이런 중립노선을 선택한 것은 단순히 정책적 배려에서 나온 것이 아니라, 수백 년에 걸쳐 수많은 시련과 시행착오를 겪으면서 터득한 역사적 산물로서, 생존을 위한 절박한 필요성이 있었기 때문이다.

대표적인 몇 가지 사례를 들어보면, 앞서도 언급한 바와 같이, 용맹과 충성심으로 소문난 스위스 용병이라지만 1515년에 스위스는 이태리의 요청으로 프랑스와의 전투에 참전했다가 이태리 밀란 근처의 마리그나노(Marignano) 전투에서 참패를 당해 대부분의 용병이 희생당하는 아픈 경험이 있다. 이 사건을 계기로 주변 강대국들의 전투에 함부로 뛰어들다가는 큰 희생을 당하게 된다는 교훈과 함께, 약소국으로서 중립의 필요성을 절실하게 학습하는 계기가 되었다.

그리고 앞서도 언급했듯이 스위스가 프랑스 대혁명(1789년) 당시 루이14세의 근위병으로 800여 명의 용병을 파견했다가 1792년 뜰러리(Tuileries) 성 전투에서 전멸하게 되고, 이것이 문제가 되어 프랑스 시민혁명군의 공격을 받아 스위스의 많은 지역이 점령당하고, 1798년에는 프랑스의 대리정부격인 헬베티아 공화국(Helvetic Republic)이 스위스 내에 설치되는 수모를 당하기도 했다. 이런 역사적 시련들이 스위스로 하여금 약소국의 맹목적인 주변 동맹이 얼마나 위험한 결과를 초래하는가를 학습하게 되는 계기가 되기도 하였다.

그리고 스위스의 중립노선을 두고 유럽의 주변 열강들이 오히려 이 정책을 원하고 지지한 측면도 있다. 스위스가 내부적으로 다인종, 다종교, 다문화로 복잡하게 얽힌 사회이다가 보니 그 중에서 일부 칸톤이나 도시들은 자신들이 곤경에 처하게 될 때마다 주변의 모국(독일, 프랑스 등)에 지원을 요청하거나 때로는 동맹을 맺는 등 일탈적 행위를 한 경우들이 역사적으로 많이 있는데, 그 결과는 주변강국들 간에 전쟁을 유발하거나 내전으로 비화되는 등 불행한 결과들을 초래하였다. 이런 연유로 해서 주변의 열강들은 자신들의 필요에 의해서라도 스위스연방으로 하여금 중립을 지키도록 요구하기도 했다. 이 같은 사실로 본다면 스위스의 중립은 대내적인 갈등 조정과 통합을 위해서도 필요했을 뿐만 아니라, 대외적으로도 주변 열강들 간의 전쟁방지와 평화의 완충지대로서도 그 필요성이 인정되고 있는 셈이다.

다른 한편, 역사적으로 스위스가 주변의 전쟁에 끼어들지 않고 중립을 지킴으로써 이득을 본 사례들도 많다. 우선은 1618~1648년 유럽전역을 휩쓸고 간 구교와 신교간의 30년 종교전쟁에서 구 스위스연합(The Old Confederacy)은 끝내 중립을 지킴으로써 자국을 지켜냈고, 오히려 개별 용병의 파견으로 부를 축적하기도 했다. 이 기간 중 스위스연합은 1640년에는 내부결속을 위해서 국방방위군을 창설하고 연합방위규정을 마련하는 등 중립무장의 발판을 마련하기도 하였다.

제1차 세계대전 시에도 스위스연방은 끝내 중립을 지켜내서 전쟁에 휘말리지 않았으나, 그 중립의 대가로 주변국으로부터 수입중단 등 경제적 제재를 겪기도 했다. 그러나 스위스 중립은 국제적으로 인정되어 국제연맹과 국제적십자사 등 많은 국제기구의 본부를 자국 내(제네바)에 유치하는 성과를 가져왔다. 뒤이은 제2차 세계대전 때에도 스위스는 이전의 경험을 토대로 절대중립의 의지와 자세로 임해서 위기에서 벗어났다.

이 같이 스위스연방의 중립노선은 수백 년에 걸친 역사적 경험과 교훈에서 체득한 산물로 생각되며, 그동안 수많은 시행착오를 겪으면서 진화하였고 더욱 단단한 제도로서 자리 잡아가고 있다고 생각한다.

나. 주변열강들의 합의와 승인에 의한 영세중립

스위스 중립의 가장 중요한 요소이자 특징은 주변 열강들이 스위스의 중립에 합의하고 문서에 서명까지 했다는 사실이다. 이것은 스위스의 중립노선이 우여곡절을 겪기는 했으나 지금까지 2백년 이상 지탱되어 온 결정적인 조건이 되고 있다. 나폴레옹이 워터루 (Waterloo) 전쟁에서 패하자 전후처리를 위해 모인 빈 회의(Congress of Vienna: 1814~1815)에서 채택한 선언문(declaration)의 참여국들은 전후처리 문제들을 비롯하여 스위스와 관련해서는 영토 불가침과 영세중립, 그리고 무장중립에 동의하고 동 문서에 정식으로 서명함으로써 스위스연방은 국제법상 효력을 갖는 영세무력중립 국가로 탄생한 것이다. 오스트리아의 주도하에 모인 이 빈 회의의 참석국가들로서는 모두 합치면 8개국(오스트리아, 프로이센, 러시아, 영국, 프랑스, 에스파냐, 포르투갈, 스웨덴)이나 되는데 유럽의 모든 강호들이 망라되었으며, 이들이 시간차이는 있지만 선언문에 공식적으로 서명했던 것이다. 이것이 현재 중립국 노선을 걷고 있는 여타 국가들과 커다란 차이를 보이는 요소가 되고 있다.

다. 연방제의 존립과 통합에 기여하는 중립

앞서 본대로 스위스는 1291년에 3개의 칸톤이 강력한 합스부르크가에 대항하기 위해서 연합체를 구성하면서 시작되어, 1353년에는 주변의 2개의 칸톤과 3개의 도시국가가 동맹에 합세(모두 8개 주)하여 다소 느슨한 형태의 '구 스위스 연합'(the Old Confederacy)을 결성하였다. 그 후에도 주변지역의 합병은 계속되어 1803년에 6개 주, 1815년에 3개주가 추가로 동맹에 가입, 모두 25개 주[7]가 모여 현재 모습(현재는 26개주)의 동맹체를 구성하였고 그때의 국경이 지금까지 이어져오고 있다.

이와 같이 초기 3동맹에 이어, 구 스위스연합 시대를 거쳐, 19세기에 들어와 동맹에 참여한 칸톤과 도시의 숫자가 모두 25개에 이르게 됨에 따라 1874년에는 헌법을 전면 개정하여 지금과 같은 스위스연방국(The Swiss Confederation)이라는 연방제 독립국가가 탄생하였다.

스위스는 당초부터 외부의 침입과 위협에 대응하기 위해서 칸톤들이 연합하였고, 그 숫자를 계속 확장해 나가다가 현재는 26개의 주와 도시국가가 모여 하나의 국가형태를 띠고 있는데, 여기서 하나의 특징은 이들 26개 주(도시포함)가 제각기 다른 언어, 민족, 종교, 문화를 가지고 있어서, 이들을 하나로 묶는 방법으로는 각주의 자율성을 최대로 보장해 주는 연방제형태의 국가로 갈 수밖에 없었던 것이다. 현재(2021년)도 스위스는 인구수가 867만 명에 불과한 작은 국가이지만, 그 안에는 4개의 다른 언어와 주변과 연계된 다민족, 그리고 종교까지도 구교, 신교, 이슬람교 등으로 갈려 있어서 그 자체만으로도 통합을 이루어내기가 어려운 아주 분열성이 강한 내적 구조를 가지고 있다. 그래서 역사를 되돌아보면, 스위스는 내

---

7) 1978년에 Jura주가 Bern에서 분리되어 2020년 기준으로 총26개 주가 스위스연방을 이루고 있다.

부적으로 칸톤들 간에도 많은 내전들이 있었고, 때로는 같은 인종 또는 종교에 따라 주변의 모국들과 합세하여 스스로를 위기로 몰아 넣은 경우도 여러 차례 있었다. 그래서 스위스는 우선은 26개 주가 일탈하지 못하도록 하나의 연합체로 묶어 내는 일이 제일 시급한 일이었고, 그 다음이 이들의 단합된 힘으로 외부위협에 강력히 대응하는 일이었다. 이 두 가지 목적에 부합하는 제도가 바로 그들 스스로가 창안해 낸 연방제가 아닌가 생각한다.

이 연방제 하에서 스위스는 여느 다른 국가의 연방제보다도 각 주에 많은 자치권을 허용하고 있는데, 이를 두고 '준 주권적 연방제'라고까지 일컫고 있다. 각 주의 자치권이 강하다 보니 이들의 의견을 중앙의 연방정부에 보다 실효적으로 전달하기 위한 방안으로 국민발안, 국민투표제 등 직접 민주주의적 요소들을 많이 채택하고 있다고 본다. 이들 제도가 스위스연방의 존립과 통합에 기여하고 있으며, 이것은 다시 대외적 중립노선의 유지에 기여하는 서로 간의 상생구조가 되고 있다.

라. 스스로를 지켜내는 무력 중립

스위스 중립에 있어서 또 하나의 중요한 특징은 철저한 무력방위에 입각한 중립이라는 점이다. 즉, '내 나라는 내 힘으로 지키겠다.'는 것이 전제되어 있다. 이것이 스위스 중립노선을 지금까지 지탱하게 해 준 바탕이자 근본이라고 생각한다. 만약에 스위스가 미약한 군대를 가졌다면 어떻게 되었을까? 중립이 과연 지켜졌을까? 나의 생존과 안보를 주변열강의 자비에만 맡겨 둘 일은 아니지 않겠는가? 제 아무리 좋은 중립정책이더라도 자신의 자구책 없이 남의 자비에만 의존한다면 실패하기 마련이다. 스위스 인들은 이런 진리를 일찍이 역사적 경험에서 체득하였고 현실에 적용해 왔기 때문에 그들의 중립화가 현실적으로 살아있는 정책이 되고 있다고 생각한다.

무장방어와 관련하여 스위스 역사를 되돌아보면, 스위스는 유럽 역사에서 용맹스럽고 충성스러운 용병의 나라로 소문나 있다. 알프스 산기슭의 작은 나라로서 국토가 작고 척박하여 살아가기가 어려웠기에 주변의 다른 나라에 자국의 용병을 팔아 살아가기도 했다. 17세기 유럽을 흔들던 30년 종교전쟁 시기에도 스위스 구연합은 내부적으로 강력한 군대를 유지함으로써 외부전쟁에 휩쓸려 들어가지 않았다.

또한 20세기에 발생한 제1차 세계대전 시 스위스연방은 자체 방위력으로 철저히 대비한 결과 외부로부터 직접적인 침략이 없었다. 곧 이어 발생한 제2차 세계대전 시에도 독일의 히틀러가 폴란드를 침입하자 스위스군의 총사령관 앙리 기장(Henri Guisan) 장군은 40여만 명에게 동원령을 내리고 침략에 대비하자 독일은 스위스 침략을 포기했고, 또한 1940년 5월 11일 독일이 벨기에를 침략하자 스위스는 15,000여 명의 여성까지 군대에 동원하는 등 철저한 방위태세에 돌입하자 독일은, 앞에서도 언급했지만, 스위스를 공격하고자 세워 놓았던 '탄넨바움 작전'(Operation Tannenbaum) 계획을 결국 거두어들이는 일까지 있었다.[8]

이로써 스위스는 대외적 중립화도 대내적 무장대비와 함께 갈 때 지속가능한 것이 될 수 있다는 진실을 체득한 셈이다. 이런 사실은 지금도 계속되고 있는데, 현재의 스위스 군사제도를 보면 알 수 있다. 스위스의 군사제도는 다른 나라와는 다른 독특한 민병대체제로

---

8) 박후건, 중립화 노선과 한반도의 미래, 2007. p. 48.

운영되고 있다. 평시에는 3천여 명의 한없이 적은 직업군인수를 가지지만 비상시에는 48시간 이내에 22만 명까지 동원하여 즉시 전투태세에 돌입할 수 있는 민병대체제를 가지고 있다.[9] 쉽게 말하면 평시에는 군인 수를 최소로 유지하여 비용을 절감하고 국민들을 자유롭게 해 두되 대신 무기는 첨단화하고, 비상시에는 단시간에 최대인원을 동원하여 최대의 무력효과를 내는 그들만의 지혜롭고 슬기로운 독특한 방위정책을 쓰고 있다.

이 나라의 인구가 약 867만 명(2020년 기준)이라고 볼 때, 전시에 22만 명의 병력을 동원한다는 것은 상대적으로 많은 숫자로 생각하며, 비상시에 대비하여 인구의 95%가 대피할 수 있는 27만 개의 대피소와 3,500여 개의 대피시설을 평시에도 갖추고 있는 것을 보면, 그들이 중립유지에 무력방위가 필수라는 사실을 깨닫고 있음을 증명하고 있다. 스위스의 군사제도에 관해서는 뒤에 통일한국의 군사제도와 관련하여 상세히 다룬다.

마. 소극적 중립에서 능동적 중립으로 변화

스위스의 중립노선을 역사적으로 살펴보면, 초기에는 외부의 강력한 세력들에 대응하여 그들의 침략과 간섭으로부터 벗어나고자 하는 소극적인 중립정책에 치중하였다면, 세월이 지나면서 그들의 중립화 노선이 외부의 인정과 지지를 받게 되고 뿌리를 내리게 되자, 제2차 세계대전 이후 근년에 이르러서는 점차 바람직한 국제사회활동에는 다소 적극성을 띠는 보다 능동적인 중립화(active neutrality)의 길로 그 방향을 선회하는 경향이 나타나고 있다.

---

9) 외교부, 스위스 주재 대한민국 대사관 자료 참조.

몇 가지 사실을 적시하면, 스위스는 제1차 세계대전 이후 1920년에 국제연맹에 즉시 가입하였으나 1938년에는 이 기구로부터 사실상 탈퇴하였고, 제2차 세계대전 후에는 국제연맹에서의 좋지 않은 경험으로 인하여 국제연합(UN)에 가입하지 않고 있다가 국제사회의 권유와 환경의 변화로 인해서 국민투표까지 실시한 결과, 1986년에 이어서 2002년에 재차 실시한 국민투표에서 찬성(54.6%)을 얻어 드디어 유엔에 가입하게 되었고, 지금은 그 일원이 되어 열심히 참여하고 있다. 그러나 아직까지 유럽연합(EU)에는 국민투표 부결로 가입하지 못하고 있다.

그 밖에 스위스는 자신들의 중립노선에 걸맞은 인도주의 활동을 힘차게 추진해 왔는데 그 대표적인 것이 1859년에 장-앙리 뒤낭(Jean-Henri Dunant) 등에 의해 창설된 국제적십자사(ICRC)이다. 이 기구는 비록 민간단체이지만 범세계적인 국제기구로서 제1,2차 세계대전 뿐만 아니라 크고 작은 전쟁터들에서 의료구호활동 등을 펼치고 있다. 물론 이 기구는 그 본부는 제네바에 두고 있고, 거의 모든 국가(180여 개국)에 지부를 두고 등 세계인들로부터 커다란 신뢰를 얻고 있다.

이와 같이 스위스는 비록 정치군사외교 면에서는 어느 세력에도 가담하지 않는 철저한 중립노선을 걷고 있으나, 1980년대 이후부터는 국제평화, 인권, 인도주의 등의 문제에 있어서는 보다 전향적인 자세로 직접 참여방식으로 전환하고 있다.

그 밖에 스위스는 수많은 정부 또는 비정부 국제기구들을 자국 영토에 유치하고 있는데, 2019년 현재 정부 간 국제기구만 해도 WHO, ILO, UNESCO 등 30여 개에 이르고, 각종 비정부기구와 NGO기구들까지 합친다면 그 숫자를 셀 수 없이 많다. 스위스의 이 모든 인도주의적 활동이나 국제기구들의 국내존치는 자국의 평화적 중립외교와 절묘한 조화를 이루고 있으며, 이 같은 국제적 신뢰는 부메랑이 되어 중립화의 공고화에 기여하고 있다고 본다.

3) 평가

앞서 언급한 바와 같이, 스위스의 영세중립노선은 1815년에 공식적으로 인정된 이래 이미 200년 이상의 시간이 흘렀고, 그 이전의 상당한 기간까지 포함한다면 이 정책노선은 하루 이틀에 만들어 진 것이 아닌, 오랜 세월에 걸쳐 갖은 질곡을 겪으면서 체득한 역사적 산물이라고 할 수 있다. 스위스연방의 중립정책은 점차 온 세상에 알려지게 되었고, 스위스 또한 이 노선을 지키기 위해서 부단한 노력을 계속하고 있다.

무엇보다 이 노선이 성공을 거두고 있는 것은 이 나라를 둘러싸고 있는 이해관계국들이 이 중립노선을 문서로서 공인해 주었고 지금도 이를 인정하고 있으며, 특히 어떤 외부위협에도 스스로를 방위하고자 하는 스위스 인들의 확고한 결의와 방어태세가 있기에 가능하였고 또한 앞으로도 가능하리라고 생각한다.

다만, 국제정치가 급변하고 있고 과거 냉전시대가 종말을 고하고 새로운 국제질서를 모색하는 가운데 스위스 중립노선도 과거의 소극적 대응에서 점차 국회사회 활동에 동참하는 방향으로 선회하고 있는데, 이 같은 변화는 그들의 중립노선을 강화하는데도 오히려 도움이 되고 바람직한 현상이라고 생각한다. 그러나 국제정세는 언제나 변할 수 있고, 강대국들 간의 패권경쟁은 언제나 계속되기 때문에 당초 설정했던 충실한 중립화의 토대위에서 변화에 대응해 나가야 하리라고 본다.

2. 오스트리아의 영세중립노선(1955년~현재)

1) 역사적 배경과 과정

중부 유럽에서 영세중립의 길을 가고 있는 또 하나의 국가가 바로 오스트리아이다. 오스트리아는 2020년 현재 인구 약 900만 명에, 한반도의 약 2/5 면적을 가지고 있으며, 민족구성으로는 오스트리아계 73%, 슬라브계 8.2%, 터키계 2.5%, 독일계 2.3%이며, 종교는 가톨릭이 64%, 이슬람교 8%, 개신교가 5%를 나타내고 있다.

지리적으로 오스트리아는 200년 영세중립의 전통을 가진 스위스연방과 국경을 마주하고 있으며, 지정학적으로도 강력한 독일과 이탈리아, 체크, 슬로바키아, 헝가리, 슬로베니아, 리히텐슈타인 등 8개국과 국경을 같이 하고 있다. 스위스와 마찬가지로 인구와 국토면적, 국력 등을 감안할 때 오스트리아 또한 충분히 위협적인 주변국들로 둘러싸여 있다고 본다.

오스트리아의 중립국 역사는 오래지 않다. 제1차 세계대전 당시에는 오스트리아-헝가리 제국으로서 대전에 참전하였으나 패전을 하게 되자 1918년 11월에 제국은 해체되고, 합스부르크가의 몸통격인 오스트리아만이 남아서 제1공화국으로 태어났다. 그러나 이 신생공화국은 대내적으로 극심한 대립과 갈등을 겪는 혼란을 틈타 1938년 3월에는 독일의 침략을 받게 되고 결국에는 히틀러에 의해 독일에 합병을 당한다. 이렇게 하여 오스트리아 제1공화국은 20년 만에 사라지게 된다.

〈그림 7-5〉 오스트리아의 지정학적 위치

출처: 셔터스톡(라이선스).

1945년에 제2차 세계대전이 끝나게 되자 오스트리아는 독일합병으로부터 벗어나게 되었고, 1945년 11월에는 국민투표 절차를 거쳐 오스트리아 제2공화국이 탄생한다. 하지만 오스트리아는 세계대전 기간 동안 독일의 지원세력으로 행동하였기 때문에 패전이후에는 엄청난 대가를 치르게 되는데, 그것은 독일이 당했던 것과 같이 연합국들에 의한 국토 분할점령이었다. 2차 대전의 전승국인 미국, 영국, 프랑스와 구소련 군대가 오스트리아에 진격하여 전쟁대가로 국토를 4등분하고 4개국에 의한 분할통치에 들어갔다. 이방인 군대에 의한 혹독한 대가를 치른 후 오스트리아는 1955년 5월 15일에서야 이들 4개 연합국과 이른바 '오스트리아조약'(Austria State Treaty)을 맺은 후 연합국 군대들은 점차 오스트리아 땅에서 철수했다.

이 조약에는 오스트리아가 향후 독일과의 합병을 금지하며(제4조), 원자무기·미사일·생화학무기 등의 제조·소유·실험 금지(제13조),

점령군의 철수(제20조) 등의 내용을 담고 있었다. 아무튼 이 국가조약의 체결로 인하여 모든 연합국들은 1955년 10월에 오스트리아 땅에서 완전 철수하게 되었고, 그때서야 오스트리아 제2공화국은 완전한 독립국가로서 새 출발을 할 수 있게 되었다.

그러면 오스트리아의 중립노선은 언제, 어떻게 결정된 것인가? 스위스가 영세중립을 결정하는데 수백 년의 세월이 필요했다면, 오스트리아의 중립결정은 임상실험을 거치지 않은 치료제와 같이 짧은 시간 안에 이루어졌다. 앞서 말한 대로, 1955년 10월에 점령군이 모두 철군하자마자 며칠 만(1955년 10월 25일)에 오스트리아는 스스로 영세중립국임을 대외에 선포하였고, 신속하게도 그 다음날인 10월 26일에는 자국의 영세중립과 외국군대의 주둔금지에 관한 내용을 담은 제2공화국헌법을 선포하였다. 따라서 이 나라의 중요한 대외정책인 영세중립노선은 충분한 국민적 토론과정을 거치지 않고 각 정당과 연방의회의 결정에 의한 헌법제정을 통해서 전격적으로 영세중립노선이 결정된 셈이다.

오스트리아가 영세중립의 외교정책을 결정한 배경을 좀 더 살펴보면, 앞서 본 바와 같이, 오스트리아는 이미 2차 세계대전 당시 독일에 의해서 쓰라린 합병을 당한 경험을 가지고 있고, 그 합병에서 벗어난 후에도 1955년 10월까지 거의 10년 간 4대 연합강국들의 국토분할 통치를 받았다. 이 기간 중에는 동, 서간의 이념대결이 극심하여 그 한복판에 서있는 오스트리아로서는 어느 한편을 들 수 없는 형편이었다. 당시 구소련은 다른 동 유럽국가와 같이 오스트리아도 위성국가화 하려는 의도를 들어내는 등 동서진영 간의 각축 속에서 오스트리아는 어느 특정 세력에 가담할 수 없는 처지에 놓이게 되었다. 따라서 이 같은 위기적 상황에서 오스트리아는 자국의 생존을 지키고 대내적 통합을 이루는 유일한 방안은 바로 옆 나라 스위스와 같이 대외적으로 영세중립노선을 선택하는 것이었다.

2) 특징과 평가

가. 역사적 검증 없는 중립노선

오스트리아 중립노선의 배경과 특징은 스위스와는 많이 다르다. 앞서 살펴본 바와 같이, 오스트리아는 제2차 세계대전이 끝난 후 4대 연합강국에 의해 국토가 10년간 분할통치 당하고, 구소련 진영과 미국을 중심으로 하는 서방진영 간의 극심한 이념대결을 현장에서 느끼고 체험하면서 스스로를 방어하기 위해서 선택한 제도가 영세중립노선이었다. 따라서 오스트리아는 스위스와 달리 역사적으로 이 제도를 제대로 실험해 보지 못한 상태에서 더 이상 주변세력들에게 국권을 침탈당하지 않기 위한 방책으로서 전격적으로 선택한 면이 있다. 그만큼 오스트리아의 중립노선은 충분한 역사적 검증과 국민적 토론과정 없이 지도자들의 신속한 판단에 의해 선택된 제도라고 할 수 있다.

나. 국민통합에 기여하는 중립

오스트리아의 중립노선은 대내적으로는 국민통합, 즉 오스트리아인들의 정체성(identity) 확보에 기여했다고 볼 수 있다. 오스트리아는 20세기 초만 해도 합스부르크제국의 일부로 있다가 제1차 세계대전 시에는 오스트리아-헝가리제국의 이름으로 전쟁에 참전하였고, 패전 후에는 오스트리아 제1공화국이 태어났으나 얼마 안 가서 나치독일에 의해 강제 합병 당하고, 또다시 패전 후에는 연합국들에 의해 국토가 분할된 가운데 제2공화국이 탄생하였으나 국민들 간에는 당시만 해도 '오스트리아'라는 국가 자체에 대해서 정체성이 별로 없었다는 것이다.[10]

이런 상황에서 대내적으로 국민과 정당들 간에는 적대적인 관계와 대립을 거듭하다가 국가를 병합 당하기도 하였고, 국토를 분할 점령까지 당하는 등 갖은 수모를 겪은 후에야 정치지도자와 국민들은 국가의 통합과 정체성이 얼마나 중요한 것인가를 깨닫는 계기가 되었다고 하는데, 여기에 그들이 선택한 외교적 중립노선 또한 상당한 기여를 하였다고 본다.

다. 주변국의 승인 없이 독자적인 중립 선포

오스트리아의 중립노선이 스위스의 그것과 근본적으로 다른 점은 주변국들의 승인 없이 독자적으로 영세중립을 선포하고 그것을 즉시 헌법에 포함시켰던 것이다. 스위스의 경우는 1815년 나폴레옹전쟁의 전후처리를 위해 모인 비엔나 회의에서 참가국들(8개국)이 국제문서인 공동선언문(declaration)에 직접 서명함으로써 스위스의 중립을 공식적으로 인정하고 승인하였다면, 오스트리아의 경우에는 비록 제2차 세계대전의 4대 전승국들이 자국을 10년간 분할통치하면서 오스트리아가 어느 정치세력에도 가담하는 것을 원하지 않았지만, 그것은 문서에 의한 것이 아니었고, 그들이 자국영토에서 철수하자마자 오스트리아는 스스로 연방의회의 결정을 거쳐 일방적으로 그리고 독자적 결정에 의해서 영세중립노선을 대외에 선포하였

---

10) 1966년에 조사한 자료에 의하면, 당시 자신을 오스트리아인으로 인식하는 인구는 47%에 불과하였고, 1990년에 와서야 그 비율이 79%로 증가하였다. 박후건, 중립화 노선과 한반도의 미래, 2007. 85쪽.

고, 그 내용을 즉시 헌법에 포함시키는 대내적 조치를 취하였던 것이다. 따라서 오스트리아의 중립노선은 자국에 대해 깊은 이해관계를 가지는 관련국(미국, 영국, 독일, 이태리, 프랑스, 구소련 등)의 공식적인 승인절차 없이 독자적으로 중립정책을 선포한 후 이를 시행해 오고 있다는 점에서 그 안정성과 지속가능성 측면에서 다소 취약할 수 있다고 판단된다.

라. 미흡한 무장중립

다음, 오스트리아의 중립노선의 특징으로는 무장중립의 수준이 낮다는 점이다. 스위스의 경우는 전 국토를 통하여 대피소와 대피시설을 확보하는 등 무기의 수준이나 국민들의 국방의식과 갖가지 대응태세 등으로 볼 때 철저한 무장중립이라고 평가할 수 있으나, 오스트리아의 경우는 그런 수준은 아닌 듯하다. 오스트리아는 1955년 5월 15일에 주둔국들과 체결한 '국가조약'에 따라서 핵무기, 미사일, 사정거리 30km이상의 화포를 보유할 수 없도록 되어 있다. 여기에서 핵무기는 제외하더라도 미사일과 중거리 화포까지도 제한받는다는 것은 군비 면에서는 큰 제약이 아닐 수 없다.

오스트리아는 2020년을 기준해 보더라도 총인구 약 900만 명에, 평시 군 병력수가 약 35,000명 수준이며, 전시에는 약 11만 명을 동원한다는 계획이다. 오스트리아는 해군이 없기에 육군과 공군을 합친 통합군 체제로 운영되고 있는데, 국방비 규모를 보면 GDP 대비 약 0.84%로서 다소 낮은 것으로 평가되고 있다. 전반적으로 보아 오스트리아의 국방수준은 유럽의 다른 국가와 같이 아주 평범한 것으로 평가되는데, 과연 주변의 침략이 있을 때 대비하여 충분한 자기방어력을 갖추고 있는 가에 대해서는 다소 의문시 된다.

마. 실용주의적 중립외교노선

오스트리아의 중립노선은 스위스의 그것과 비교해 볼 때 상당히 과감한 실용주의적 노선을 걷고 있다. 스위스가 아주 신중하고 소극적이며 점진적인 입장을 견지하여 2002년에 들어서서야 겨우 UN에 가입했는데 비하여, 오스트리아는 1955년에 제2공화국이 탄생하자마자 아무런 주저 없이 즉시 UN에 가입하였고, 유엔의 평화유지활동을 비롯한 각종 활동과 다자외교에도 아주 능동적이고 적극적으로 참여해 오고 있다.

그러나 오스트리아는 1991년 걸프전 당시 다국적 군용기의 자국 영공통과를 허용한 바 있고, 냉전 후에는 안보환경이 변화되어 1995년에는 유럽연합(EU)에도 가입함에 따라 오스트리아의 중립주의는 중대한 변화의 기로에 서게 되었다. 이같이 오스트리아의 적극적인 대외활동이 이어짐에 따라 국제사회에서는 오스트리아가 '사실상 중립주의의 수정'이 아니냐는 말까지 나오고 있다.

바. 평가

앞서 본 바와 같이, 오스트리아가 1955년에 제2의 건국과 동시에 국민적 토론이나 합의 없이 단시간에 중립주의를 선포한 점이나, 당시 주변세력들의 암묵적인 지지는 있었다고 하더라도 그들과의 조약이나 서명과 같은 명시적 합의 내지 승인 절차 없이 독자적으로 중립이 선포되었다는 점, 그리고 자국을 외부의 위협으로부터 지켜낼 수 있는 방어능력 또한 충분하지 않은 수준이며, 거기에다가 대외활동 면에서는 영세중립국가라고 하면서도 일반국가와 마찬가지로 거의 모든 대외활동에 적극적으로 가담하고 있는 점 등 여러 가지 측면에서 보아서 정말 어려운 위기상황에 봉착하게 될 때

오스트리아의 중립정책과 노선이 과연 지켜지고 보호받을 수 있는 것인가에 대해서는 의문의 여지가 있어 보인다.

3. 코스타리카의 비무장 영세중립노선(1983~현재)

1) 역사적 배경과 과정

중미에 위치한 코스타리카(Republic of Costa Rica)는 1502년에 콜럼버스의 4차 항해 시 발견된 후, 1509년에 스페인의 식민지로 편입되었다가 1821년에 독립하였으나, 곧 이어 1823년에 멕시코에 합병되어 중미연방국의 일원이 되었다가, 1838년에 그 합병에서 탈퇴한 후 1848년에 공화국을 선포하였다. 이 나라는 인구 약 500만 명에, 국토면적은 한반도의 1/4(51,100km²) 정도이며, 인구구성은 백인/메스티소 84%, 물라토 7%, 원주민 2%, 흑인 1%로 되어 있고, 종교는 가톨릭 76%, 개신교 14%이다.[11] 지정학적으로 코스타리카는 위쪽으로는 많은 분쟁을 겪었던 니카라과, 아래로는 파나마와 국경을 마주하고 있다.

1948년이 코스타리카로서는 하나의 분기점이 되는 해인데, 그 해에 대통령선거가 실시되었고, 여당이 패배 후 정권이양을 거부하자 내란이 발생하였으며 반정부군이 승리하였다. 이 내전은 6주간 지속되었는데 쌍방의 희생자가 2,000명에 이르렀다. 정권을 장악한 신군부는 대담한 개혁조치를 취하는데, 1949년 11월에 코스타리카는 군대를 완전히 철폐하고 금지하는 평화헌법을 채택함으로써 '비무장' 영세중립노선을 걷는 역사적 계기가 된다. 군대 폐지에 관한

---

11) 외교부, 주 코스타리카공화국 대한민국대사관 자료.

코스타리카 헌법 조항(제12조)은 다음과 같다.

> "상비(常備)기관으로서의 군대는 금지된다. 공공질서의 감시·유지를 위해 경찰력을 둔다. 국가방위를 위한 대륙협정에 의해서만 군사력을 조직할 수 있다. 그 어떤 군사력도 언제나 문민권력에 종속한다. 군대는 개인적 또는 집단적 형식으로 토론, 의사표명 또는 성명을 발표해서는 안 된다."[12]

코스타리카의 외교적 중립노선은 1983년 11월 17일에 있은 루이스 알베르토 몽헤(Luis Alberto Monge) 대통령의 중립선언에 의해서 본격화되었다. 그는 "적극적, 비무장 영세중립선언"을 했다. 몽헤 대통령의 중립 선언에는 다음과 같은 내용이 포함되었다.[13]
- 코스타리카를 중미(中美)지역 분쟁(니카라과의 산디니스타 정권을 에워싼 분쟁)으로부터 분리한다.
- 코스타리카는 두 나라 사이의 분쟁을 무력으로 해결하려는 전쟁을 하지 않는다.
- 제3국의 전쟁에 개입하지 않는다.

---

12) 헌법 제12조의 원문은 다음과 같다.
"The army as a permanent institution is proscribed. For vigilance and the preservation of the public order, there will be the necessary police forces. Only through continental agreement of for the national defense may military forces be organized; in either case they shall always be subordinate to the civil power; they may not deliberate, nor make manifestations or declarations in individual or collective form."
13) 김승국, "코스타리카의 비무장 영세중립-남북통일에 주는 함의·시사점", (평화 만들기) 블로그(2011.2.2.) https://peacemaking.tistory.com

〈그림 7-6〉 코스타리카의 지정학적 위치

출처: EnCyber.com

- 어떠한 무력분쟁에도 휘말려들지 않고 중립외교 정책을 진척
  시킨다.
- 여러 국가 내부의 무력분쟁에 대하여 항구적으로 중립을 지킨다.
- 전쟁상태의 당사자에 대한 작전기지를 코스타리카 영토 안에
  서 이용하거나, 무기·병사의 수송, 병참활동, 그 사무소의 설
  치를 금지한다.
- 분쟁 당사자에 대한 적대행위 혹은 지원행위를 삼간다.

- 군비확장에 반대하고, 분쟁의 평화적 해결을 지지한다.
- 서방(西方)의 민주주의체제를 옹호한다.
- 이러한 중립정책은 영세적(永世的)이다.
- 코스타리카의 안전보장은 미주기구(OAS)와 미국과의 상호원조조약(리오 조약)[14]에 의존한다.

2) 특징과 평가

가. 대통령 선언에 의한 영세중립노선

코스타리카의 중립노선은 스위스와 같이 주변 관련국들과의 협정에 의한 것도 아니고, 오스트리아와 같이 자국의 헌법이나 법률에 근거한 것도 아닌, 오로지 대통령의 선언에 의해서 중립화가 시도되었고 본격화 되었다는 점에서 다른 영세중립국들과는 많이 다르고, 제도적 장치 측면에서는 불충분하고 미흡한 것이 사실이다. 앞에서도 언급하였지만 1983년에 중립노선을 천명한 루이스 알베르토 몽헤 대통령이 당시에 영세중립노선을 헌법에 포함하고자 시도하였으나 의결정족수 미달로 의회에서 그 안이 부결된 바 있다. 그러나 그 후에도 중립노선에 대한 국내적 입법화 조치는 이루어지지 않았다.

---

14) 1947년에 서명된 후 1948년에 발효된 '미주 국가 간 상호원조조약'(The Inter-American Treaty of Reciprocal Assistance)은 브라질 리오 데 자네이로에서 체결되었다 하여 '리오 조약'(the Rio Treaty)이라고 불리는데, 침략 시 상호간의 협력과 원조 제공을 주요 내용으로 한다. 2020년 현재 미국과 코스타리카를 포함한 18개 중남미 국가들이 회원국(5개국은 탈퇴)이며, 코스타리카와 국경을 마주하고 있는 니카라과는 1948년에 가입후 2012년에 탈퇴했고, 파나마는 1948년 이래 회원국을 계속 유지하고 있다.

나. 비무장 영세중립

코스타리카의 영세중립은 비무장에 입각하고 있는 점이 가장 큰 특징이다. 스위스의 영세중립이 튼튼한 방어력에 토대를 둔 것이라면, 코스타리카는 정반대로 기존의 군대마저 철폐하고(1949년), 상시군의 창설을 아예 금지하는 획기적인 조치를 취하였고, 이것을 명문화하기 위해서 헌법(제12조)에 그 내용을 포함시켰다. 자국 군대를 스스로 폐지하고 상시군 제도를 금지한 나라는 그리 많지 않다. 그러나 국내 치안과 국경 경비를 위해서는 시민경비대(civil guard)를 설치, 운영하고 있다. 이같이 절약된 군사비 예산은 거의 모두 교육예산으로 전용함으로써 교육을 통한 평화구축에 노력하고 있으며, 그 일환으로 유엔평화대학(The United Nations University of Peace)도 이 나라에 자리 잡고 있다.

다. 적극적인 중립노선

코스타리카의 중립노선은 스위스와 같이 매우 신중한 소극적인 중립노선이 아니라 처음부터 상당히 적극성을 띠고 있다. 코스타리카는 1983년에 중립선언을 하자마자 곧바로 유엔에 가입하였고, 중남미지역의 집단안전보장기구인 미주기구(OAS)에도 가입하였으며, 2020년 현재 유엔의 전문기관 등 53개의 국제기구에 가입하는 등 여느 보통국가와 크게 다름없이 적극적인 외교행보를 보여 왔다.

라. 평가

코스타리카의 중립노선에 관해서 그 배경이나 근거, 국제적 인식 등의 관점에서 분석해 보면, 먼저 이 나라의 중립노선은 국제조약이나 국내법인 헌법 또는 법률에 근거한 것이 아니라 단순히 '대통령 선언'에 의한 것이었다. 1983년 당초 이 선언을 한 몽헤 대통령은 중립노선의 결의를 헌법에 포함하고자 하였으나 의회에서 의결정족수인 3분의 2의 벽에 부딪쳐 부결됨으로써 그 계획이 좌절되었다. 이같이 코스타리카의 중립화는 주변국들과의 조약이나 명시적 지지표명 등에 의한 것이 아니고, 단지 대통령의 선언에만 근거하고 있기 때문에, 그만큼 형식면이나 제도적인 면에서는 상당히 취약성을 띠고 있는 것이 사실이며, 그렇기 때문에 이 정책선언이 정권의 변경 등에 따라 영세성(永世性), 즉 지속가능성(sustainability)을 가질 것인가에 대해서는 합리적 의문이 제기될 수 있다.

다른 한 가지는, 그럼 코스타리카의 군사적 안보는 누가 보장해주느냐의 문제이다. 비록 정식 군대가 없으나 시민경비대가 잘 조직되어 있어서 국경수비와 국내치안 유지에는 별문제가 없다고 하지만, 더 큰 외부의 침입이나 위협, 내지 심각한 내란이 발생할 때는 어떻게 할 것인가가 문제된다. 물론 헌법에서 상비군의 설치를 금지하고 있으나, 비상시에는 지역협정(continent agreement)을 통해서 군대를 조직할 수 있는 여지를 남겨두고는 있지만, 시의성(timing) 등을 감안한다면 위기 시 응급대응에는 한계가 있어 보인다. 따라서 코스타리카의 안전보장은 1983년의 대통령선언에 포함된 대로 실질적으로는 지역협정(OAS & 리오조약)의 최대 강국이자 우방인 미국에 의존하고 있다고 볼 수 있다.

이 같이 코스타리카의 군사적 안보가 지역협정(OAS & 리오조약)에 의거하여 '일종의 동맹형태'로서 미국에 의존하고 있는 것은 진정한 의미의 영세중립 외교노선과는 합치되지 않는다고 보인다. 다시 말해서, 영세중립이라고 말하면서 특정 강대국(미국)과 군사동맹관계를 맺는 아이러니 내지 모순성이 발견된다. 왜냐하면 중립국 지위의 제1원칙이 바로 특정 국가 또는 정치세력과 군사동맹이나 기구가입을 금하는 것인데, 코스타리카는 자신들의 군사안보를 상호원조조약을 통해서 사실상 미국에 맡기고 있는 만큼, 외교노선은 친미적 일 수밖에 없고, 특정 정치군사 세력에 편입되는 것을 말하기 때문에 그 중립성에는 한계가 있기 마련이다. 이런 점에서 코스타리카의 중립은 매우 현실적인 '수정주의적 중립화'(Modified Neutrality) 노선이라고 말하고 싶다.

그렇기 때문에, 외교활동 면에서 볼 때도 코스타리카는 거침없이 적극적(active)이다. 앞서 살펴본 대로, 1983년 대통령선언 시에 중립노선을 선언하면서, "어떠한 무력분쟁에도 휘말려들지 않고 중립외교정책을 진척시킨다...."등을 선언하였지만, 지역의 집단안전보장기구인 미주기구(OAS)와 리오조약(Rio Treaty)에도 즉시 가입하였고, 여타 53개의 국제기구에도 가입하는 등 보통국가와 전혀 다름없는 적극적이고 능동적인 대외활동을 펼치고 있다. 사실 이 나라가 진정한 의미의 영세중립국이라면 유엔에는 가입할 지라도, 무력충돌 시 공동대응의 의무를 지는 두 개의 지역 집단안보기구에 가입한 것에는 중립화의 순수성 관점에서 아쉬움이 남는다.

4. 핀란드 중립정책(1948년~현재)

1) 역사적 배경과 과정

핀란드는 스칸디나비아 반도 동쪽 끝에 위치한 면적은 한반도의 약 1.5배(338,145km²)에 이르고, 인구는 552만 명(2019년 기준) 정도의 작은 나라이다. 핀란드는 지정학적으로 동쪽으로는 러시아,

서쪽으로는 스웨덴과 경계하고 있고, 아래쪽 바다 건너에는 무서운 독일이 자리 잡고 있다. 핀란드의 중립정책은 실질적으로는 이웃 러시아를 대상으로 하고 있고, 위협적인 러시아 견제를 위해서 나온 특수한 형태의 외교정책으로 볼 수 있다.

핀란드의 역사를 잠시 살펴보면, 오래 전인 12세기에 이웃 나라 스웨덴의 침략을 받고 그 통치하에서 있다가, 1581년에는 스웨덴의 공국(Duchy) 중 하나가 되어 수 백 년 동안 스웨덴의 지배하에 있었다. 1809년에는 나폴레옹 전쟁기간 중에 스웨덴이 러시아에 패배함에 따라 그 지배하에 있던 핀란드는 러시아에 할양되어 러시아의 대공국으로서 자치령이 되기도 했다. 이렇게 하여 러시아의 지배가 100여 년 간 계속되다가 제1차 세계대전이 끝난 후인 1920년에야 핀란드는 러시아의 지배에서 벗어날 수 있었다.

다시 말해서, 약소국 핀란드는 12세기 이래 7백여 년 간 스웨덴의 지배를 받았고, 이어서 다시 1백여 년 간 러시아 지배하에 놓이게 되어 핀란드는 역사적으로 거의 독립국 상태를 가지지 못하다가, 제1차 세계대전이 끝난 후인 1920년이 되어서야 러시아로부터 독립했다. 이렇게 볼 때, 핀란드의 독립역사는 사실상 지금까지 100년 밖에 되지 않는 셈이다. 그런 핀란드에게 가장 위협적인 상대는 누구이겠는가? 바로 동쪽에 이웃하고 있는 러시아이다. 러시아는 지난날 100여 년간 핀란드를 지배했고, 국경을 맞대고 있어서 언제든지 뛰어 들어올 수 있는 무서운 존재가 아닐 수 없다. 지난 세기만 해도 핀란드는 두 차례에 걸쳐 구소련과 전쟁을 치렀고, 모두 패배하여 막대한 희생과 대가를 치렀다. 핀란드 인들에게 러시아는 언제나 존재 자체만으로도 위협의 대상이 아닐 수 없다.

〈그림 7-7〉 핀란드의 지정학적 위치

출처: ko.maps.finland.com

　좀 더 자세히 살펴보면, 소련은 1939년 9월에 독일이 폴란드를 점령하자 레닌그라드(현, 상트페테르부르크)를 방어할 목적으로 핀란드의 해군기지인 칼레리안 이스무스(Karelian Isthmus)의 대여를 요구하여 핀란드가 이를 거절하자 소련은 1939년 11월 30일에 핀란드를 무력침공 했다. 이로써 소련과의 첫 번째 전쟁인 겨울전쟁(The Winter War, 1939~1940)이 시작되었다. 그러나 이스무스가 함락됨에 따라, 핀란드는 1940년 3월 12일 소련과 평화협정을 체결하고 한코(Hanko) 반도를 구소련에 대여하지 않을 수 없었다. 다음 해인 1941년 6월 12일에 핀란드는 그 반격으로 독일과 함께 소련 공격에 가담함으로써 이른바 '계속전쟁'(The Continuation War)이 벌어졌다. 이 전쟁에서도 핀란드는 1944년 9월에 소련에게 결국 항복하고 전쟁 배상 등 소련의 요구를 수용하지 않을 수 없었다.[15]
　이런 소련을 대상으로 하여 핀란드는 제2차 세계대전이 끝난 후

---

15) 강종일, 한반도 생존전략: 중립화, 2014. 55~58쪽 참조.

1948년 핀·소 상호원조조약을 체결하고 그 동맹이 되었다. 얼마 전까지만 해도 적이었던 소련과 동맹조약까지 맺은 것은 대반전이 아닐 수 없다. 이것은 마치 '적과의 동침'이라고나 할까. 이 조약은 1970년과 1990년에 두 차례 자동 연장되었다가 소련이 패망하게 됨에 따라 폐기되었다가, 1992년에 그 뒤를 이은 러시아와 '기본관계에 관한 조약'을 체결함으로써 그 정신을 이어오고 있다.

핀란드의 중립정책은 2차 세계대전 이후에 국가생존을 위한 현실적인 필요성에 의해서 나왔다고 볼 수 있다. 1948년에 소련과 상호 동맹조약까지 맺었지만 언제나 위협대상이 되는 것은 소련이었다. 그렇기 때문에 약소국 핀란드가 생존하기 위해서는 소련과의 관계를 친선, 우호관계로 전환하는 일이 긴요하였다. 소련의 입장에서 볼 때도 핀란드는 독일의 앞잡이가 되어 자신들(소련)을 공격하는 전쟁까지 치른 적이 있었고, 또한 핀란드가 언제나 친서방적인 성향을 가지고 있기 때문에 불안한 상대가 아닐 수 없다. 따라서 소련으로서는 핀란드를 무력으로 합병하든지 아니면 위성국가로 만들지 않는 한, 핀란드가 친 서방으로 기우는 것을 막기 위해서라도 동맹관계를 맺고 서방과는 중립적 관계를 갖기를 원했던 것이다.

이 같은 현실을 감안해서 핀란드는 파아시키비(Paasikivi) 대통령(재직기간: 1946~1956) 시절에 소련과의 친선, 유화관계를 바탕으로 한 중립노선을 정립하였고, 그의 뒤를 이어 25년 간(1956~1981)이나 집권한 케코넨(Kekonen) 대통령에 이르러서 이 중립노선이 확립되었다. 이 같은 소련과의 친선과 유화를 바탕으로 한 중립노선은 현재까지도 핀란드의 대외정책의 근간이 되고 있다.

2) 특징과 평가

핀란드의 중립노선은 앞서 본 코스타리카와 마찬가지로 자국이 처한 지정학적 현실을 최대한 감안한, 좋게 말해서 '실용주의적 중립노선'이라고 할 수 있다. 2차 세계대전 이후 핀란드 안보에 있어서 가장 위협적인 존재는 말할 것도 없이 두 차례의 전쟁까지 치렀던 거대 소련이자 현재의 러시아인 것이다. 이런 소련과 핀란드는 1948년에 '우호협력 및 상호원조조약'(The Treaty of Friendship, Cooperation, and Mutual Assistance)을 체결하고 양국 간의 기본관계와 핀란드의 중립외교정책을 확인한 바 있고, 1992년 1월에는 소련의 붕괴로 이 조약이 일시 폐기되었다가, 같은 해 7월 러시아와의 '기본관계에 관한 조약'으로 대체되었다. 이 기본관계조약에는 1948년의 핀, 소조약의 내용이 대부분 전수되었으나 안보협력 관련 조항은 삭제됨으로써 상호 대등한 주권국가 간의 조약으로 발전시킨 측면은 있지만, 이전의 안보협력관계가 상당히 애매한 관계로 변모했다고 할 수 있다. 특히 한 가지 주목할 점은, 핀란드는 1992년에 들어와서부터 기존의 중립정책개념을 '군사 비동맹'(military non-alliance)과 '자주국방'(independent defense)의 두 개념으로 재규정 하고, 다시 1994년에는 '자주국방'이라는 용어 대신에 '신뢰할 수 있는 방위능력'(credible defense capability)이라는 용어로 바꾸어 사용하고 있다. 이것은 중립의 개념을 보다 구체화했다고 볼 수 있다.

아무튼 2차 대전 후 핀란드는 소련과의 관계에서 친선과 유화를 최우선으로 삼고, 대외적으로는 군사 비동맹을 포함한 중립정책을 시행함으로써 소련의 위협에 어떤 빌미도 주지 않으려고 노력하였다. 그 일례로 핀란드는 2차 대전 후 미국의 대유럽 경제원조계획인 마샬플랜(Marshall Plan)도 거부하였고, NATO에도 가입하지 않았으며, 소련이 붕괴되기 이전까지 핀란드는 소련 이외의 국가나 국제기구들에 대해서 배제(exclusion)의 논리로 참여를 자제해 왔다. 그러나 탈냉전시대에 들어오면서 중립의 입장을 견지하면서도 상당히 유연한 자세로 전환하여, 1995년에는 유럽연합(EU)에도 가입하였고, 최근에는 NATO 가입문제까지 정치권에서 거론되는 실정이다. 뿐만 아니라 핀란드가 미국과 방위협정을 맺기 위한 협의가 진행되고 있다는 최근 보도까지 나오고 있어 중립국가로서의 핀란드의 지위가 계속될 수 있을지에 대한 의문이 들기도 한다.

핀란드의 중립정책은 스위스나 오스트리아와 같이 주변국들의 승인이나 국내법에 어떤 명시적 근거를 두고 있는 것은 아니고, 최대 위협국인 소련(현 러시아)에 대해서 그 손을 묶어두기 위해 취해진 정책으로 볼 수 있다. 2차 대전 직후인 1948년에 핀란드는 소련의 위협을 의식하여 핀, 소 상호원조조약까지 맺고 다른 국가와의 군사적 비동맹과 중립을 천명하였으나 소련 붕괴 후 탈냉전시대가 도래하자 소극적 중립에서 적극적인 중립으로 변모하면서 UN뿐만 아니라, EU, WTO, Nordic Council에도 가입하였고, 최근에는 NATO 가입문제와 미국과의 방위협정 체결논의까지 벌어지는 것을 보면, 핀란드의 중립정책은 오로지 러시아만을 겨냥하는 측면이 있고, 국제정세변화에 따라서 상당히 유동적인 면모를 보이고 있어 중립의 지속가능성 면에서는 그만큼 취약해 보인다.

5. 라오스 중립노선(1962~1975)의 실패

영세중립노선을 취했다가 실패한 외국 사례로는 우선 라오스를 들 수 있다. 라오스는 1946년에 프랑스로부터 독립한 후에도 국내 정치세력들 간의 내전과 갈등, 그리고 주변 국가들 간의 대립으로 인하여 심한 내홍을 겪던 중에 그 해결책의 하나로 영세중립정책을 채택하였으나 얼마가지 않아 무용지물이 된 적이 있다. 라오스의 영세중립정책은 자국이 스스로 채택한 것이라기보다는 이해관계를 가진 관련 14개 주변 국가들이[16] 1962년 7월 23일 제네바에서 모여 회담을 갖고 라오스의 영세중립에 관한 선언문과 부대의정서에 서명까지 하였다. 그러나 1975년 4월 월맹(북베트남)이 사이공을 함락한 후 인도차이나반도의 적화달성을 위해서 라오스를 무력 침공함으로써 라오스의 영세중립정책은 빛을 보지도 못한 채 사라지고 말았다.

그 실패 요인으로는 우선 라오스가 자체적으로 영세중립화의 준비가 되어 있지 않았고, 중앙정부의 권력 장악력이 약한 가운데 반정부 세력들이 이를 전술적으로 이용한 측면이 있다. 한마디로 라오스의 중립정책은 국력의 뒷받침이 없는 가운데 자국이 정책의 주체가 되지 못하고 이해 당사국들에 의해 휘둘려 추진되었다가 협정(의정서)을 위반한 주변 세력(월맹)의 무력침공으로 인하여 허공으로 날라 가 버린 정책이 되고 말았다.

---

16) 라오스 문제를 해결하기 위해서 1962년 제네바회의에 참석한 14개 국가로는 라오스, 버마, 캄보디아, 태국, 월맹, 월남, 인도, 폴란드, 캐나다, 프랑스, 중국, 영국, 미국, 소련 등이었다.

〈그림 7-8〉 라오스의 지정학적 위치

출처: 1998, Encyclopedia Britannica. Inc.

6. 대한제국의 중립국 선언(1904)과 실패

영세중립노선의 실패사례가 우리 국내에도 있다. 조선의 끝 자라기에 건립되었던 대한제국이 영세중립노선을 공식 선언하였으나 며칠 만에 무산된 서글픈 사례가 있다. 대한제국은 열강들의 이해관계에 휘말리지 않고 나름대로 주권과 독립을 지키기 위해서 1904년 1월 21일에 전시중립을 일방적으로 선포한 후, 미국, 일본, 러시아, 중국 정부에 이 사실을 통보하고, 외국군대는 조선 땅에서 전쟁을 하지 말고 모두 철수할 것을 요구했으나, 며칠 후인 2월 10일에 러일전쟁이 보라는 듯이 조선 땅에서 발생함으로써 고종의 중립화 선언은 무시되고 말았다. 그러나 이렇게 실패로 끝난 중립정책이었지만 우리나라 땅에서 정부(고종)가 공식적으로 채택, 선언하였고, 제도적으로 공식 도입했다는 사실만으로도 그 의미는 아주 크다고 할 수 있다.

조선말기에 이 같은 생소한 중립정책을 채택하기 위해서 있었던 당시의 논의들에 관해서 살펴보는 것이 필요하다. 우선 외국인으로서 조선의 중립노선을 최초로 제안한 사람이 있었는데, 한양주재 독일 부영사로 재직했던 허만 부들러(Hermann Buddler: 1884~1886 재직)가 1883년 3월에 조선이 외세로부터 안정을 유지하기 위해서는 스위스와 같은 영세중립정책이 필요하다고 고종정부에 문서로 건의한 바 있었다.[17] 당시 조선정부로서는 영세중립에 관해서 충분한 이해가 없었기에 이 같은 건의를 받아들이지 못했다.

조선의 학자로서 영세중립을 최초로 주장한 사람은 유길준(俞吉濬: 1856~1914) 선생이었다.[18] 그는 1885년 12월 러시아의 남진을 막기 위해서라도 조선은 당시 벨기에와 같은 영세중립정책이 필요하다는 것을 고종정부에 건의했다. 그는 미국에서 귀국길에 벨기에를 직접 방문, 영세중립을 연구하고 '조선의 중립론'이라는 저술까지 하였다.[19]

17) 김갑철, 강대국과 한반도: 4강 체제와 한국통일(서울: 일신사, 1979), 272쪽.
18) 유길준전서편찬위원회 편, 유길준전서 IV권(서울: 일조각, 1971), 319~328쪽.
19) 강종일, 한반도 생존전략: 중립화(서울: 해맞이미디어, 2014), 62~68쪽.

조선의 중립론을 주장한 또 다른 사람은 1883년부터 조선에 근무했던 영국인 체스니 던켄(Chesney Duncan) 이었다. 영국왕립아시아협회 회원이기도 한 그는 1889년 8월 자신의 저서인 Corea and the Power에서 조선이 열강에 의존하지 말고 스스로를 보호하기 위해서는 엄정한 중립정책(strict neutrality)이 절실히 필요하다고 강조하였다.

그 밖에도 외국인으로서 조선의 영세중립을 주장한 사람은 조선의 궁내부(宮內府) 고문으로 근무했던 윌리엄 샌드스(William F. Sands)를 들 수 있는데, 그는 1900년 1월에 조선에 부임한 후 스위스와 벨기에의 영세중립모델을 조선정부에 적극 건의했다. 그는 당시 러시아와 일본 간의 전쟁을 우려하여 조선이 자주독립을 유지하기 위해서는 열강의 동의를 받은 중립정책을 채택할 것을 건의하고, 러시아와 일본 공사관 직원들에게도 조선의 영세중립 필요성을 설명했다고 한다.

조선의 영세중립 필요성은 극히 일부 국내 지식인과 외국인들에 의해서 1980년대 초부터 제기되어 왔으나, 당시 조선정부로서는 이 제도에 대한 이해가 생소하였고, 시간이 지남에 따라 그 필요성을 강하게 인식하게는 되었으나 주변 환경이 이를 용납하지 않았다. 당시 국제정세를 보면 조선침략을 위한 열강들의 각축전이 노골화되고 있었고, 각기 세력다툼을 하던 시기라서 이 같은 '선량한 중립화'전략을 순수하게 받아들일 자세가 되어 있지 않았다. 조선을 집어 삼키고자 하는 일본과 중국이 이 정책을 받아들일 일이 없었고, 미국 또한 필리핀 정책을 염두에 두고 일본의 눈치를 살피는 형편이었고, 남진을 목표로 하는 러시아 또한 찬성할 입장이 아니었다.

이처럼 외부환경 상 불리한 조선이 뒤늦게 영세중립이라는 묘책을 발견하여 선언하고 이를 제도적으로 실시하려 하였으나, 이를 무시하기라도 하듯이 바로 며칠 뒤(2004년 2월 10일)에 이 땅에서 러·일전쟁이 발발하고, 대한제국의 외교권이 박탈당하고, 이어서 일본에 합병(1910년)됨으로써, 이 중립화 선언은 빛을 보지도 못한 채 무용지물이 되고 말았다. 그러나 영세중립이라는 외교노선이 위기에서 나라를 구하는 묘책이라는 인식이 조선정부에 의해 각인되었고 실제의 정책으로 옮겨졌다는 사실은 앞으로 통일한국이 선택해야 할 외교정책과 관련하여 큰 시사점을 던져주고 있다.

제3절 영세중립화의 성공 요건과 국가별 평가

1. 중립화의 성공 요건

외교정책으로서 영세중립노선을 선택하여 지금까지 성공을 거두고 있는 나라는 스위스연방이다. 앞에서 자세히 살펴본 바와 같이, 스위스는 1815년에 영세중립국이라는 전례에 없는 특별한 제도를 선택한 후, 200년 이상의 세월동안 갖은 위기를 겪으면서도 자신들의 제도를 나름대로 잘 지켜나가고 있다. 이를 모델삼아 바로 옆에 이웃하고 있는 오스트리아가 1955년에 자국의 헌법에 중립노선을 명시하고 중립국을 선포한 후 오늘에 이르고 있다. 중미의 코스타리카 또한 1949년에 자국의 군대마저 폐지하고 1983년에 중립국을 선언한 후 오늘에 이르고 있으며, 핀란드는 국경을 접하고 있는 소련이 두려워 1948년에 그 두려운 상대와 직접 상호원조조약을 맺고 대외중립을 선언하는 등 몇 몇 약소국가들이 자신의 생존과 안전을 담보하기 위해서 중립국이라는 특별한 제도를 선택, 실시해 오고 있다.

반면, 중립국 노선을 선택했다가 실패한 사례들도 있다. 앞서 간략히 살펴본 대로, 라오스가 자국 내의 내전상황을 종식시키고, 주변 열강들(베트남, 중국 등)로부터 안전을 확보하기 위해서 1962년에 주변 14개국으로부터 협정서 서명까지 받고 중립국 선언을 하였지만, 1975년에 서명 당사국인 베트남이 변심하고 라오스에 대한 침략을 감행함으로써 라오스의 중립국 선언은 무용지물이 된 바 있다.

중립국의 유사한 실패사례가 한반도 땅에서도 있었다. 앞서 본 바와 같이, 조선말에 풍전등화격의 위기상황에 몰린 대한제국이 열강들의 음흉한 침략손길에서 벗어나고자 1904년 초에 일방적으로 중립국 선언을 하였으나 불과 3주 만에 남의 나라인 이 땅에서 러일전쟁이 발발함으로써 대한제국의 중립선언은 '3주천하(三週天下)'로 끝나고 말았다.

이와 같이, 세계 여러 곳에서 중립국 제도가 실시되고 있으나, 어떤 나라는 충분한 성공을 거두고 있고, 또 어떤 나라는 실패를 하였는데, 그 원인과 요인들을 분석해 본다.

우선, 영세중립국의 성립과 성공가능성에 관련되는 몇 가지 요건들을 열거해 보면, i) 지정학적 요건, ii) 자국민의 의지와 능력, iii) 제도적 장치 등 3가지를 들고자 한다.

먼저 '지정학적 요건'이라 함은 특정 국가가 중립국체제를 선택하게 되는 객관적인 주변 환경과 여건을 말하는데, 구체적으로는 첫째, 지정학적으로 지극히 취약한 안보상태의 존재 여부, 즉 주변국들 중에서 과거 자국에 대한 침략사실 여부와, 현재와 미래에도 안보위협 가능성이 존재하는가의 여부를 들 수 있고, 둘째는 이들 주변국이 자국의 중립노선을 실질적으로 지지하느냐의 여부를 들 수 있다.

다음으로 '자국민의 의지와 능력'과 관련해서는, 첫째, 중립노선을 선택함에 있어서 자국민과 지도자가 이 제도에 대한 충분한 이해와 지지 및 확고한 의지를 가지고 있어야 할 것이며, 둘째는 만약에 주변의 침략이 있을 때 이를 격퇴할 수 있는 실질적인 방어력(국력)을 가지고 있느냐가 될 것이다.

마지막으로 '제도적 장치'와 관련해서는, 자국의 중립정책을 담보해 줄 수 있는 국내외적 안전장치가 제도적으로 확보되어 있느냐가 중요한데, 이를 구체적으로 보면, 첫째, 자국의 중립화에 대하여 잠재적인 적(敵)을 포함하여 관련 주변국들과 국제적 협약이나 명시적 동의 또는 합의 등이 존재하느냐 여부와, 둘째, 국내적 조치, 즉 중립화 정책을 위한 법적 제도화(헌법 또는 법률 제정)가 이루어져 있는가, 아니면 단순한 발표 또는 선언문 등에 의존하고 있는가의 여부가 될 것이다. 이상의 요건들을 자세히 나타내면 아래 표와 같다.

〈표 7-2〉 영세중립화의 성공 요건

주요 요건	세부 요소
지정학적 요건	• 지정학적 취약성
	• 주변국들의 지지
자국민의 의지와 능력	• 국민적 지지와 의지
	• 국력(국방력)의 뒷받침
제도적 장치	• 국제조약 등 명시적 합의나 동의
	• 국내 제도화 조치(헌법, 법률 등)

그러면 위에서 논의한 영세중립국들이 얼마나 충실히 중립화에 필요한 요건들을 충족하고 있는지를 알아보기 위해서 저자가 위 표에서 제시한 기준에 입각해서 분석하고 평가해 보고자 한다.

2. 국가별 중립요건 충족도

1) 스위스의 중립요건 충족도

우선 영세중립국 하면 가장 대표적이고 성공적인 국가로 스위스를 들고 있다. 이런 스위스의 영세중립노선에 대해서 중립화의 성공요건을 얼마나 충족하고 있는지를 알아보기 위해서 위에서 제시한 기준을 적용해 보면, 먼저 '지정학적 요건'과 관련해서는 주변에 약소국 스위스의 국력을 월등히 능가하는 3강(독일, 프랑스, 이태리)이 접경하고 있고, 이들이 역사적으로도 여러 차례 스위스를 침략했던 사실이 존재하여 중립화에 대한 충분한 지정학적 필요성이 인정된다. 그리고 스위스 중립정책에 대한 주변국들의 지지여부를 살펴보면, 스위스가 중부유럽의 완충지대에 위치하고 있기 때문에 주변 강대국들 또한 스위스의 중립이 차라리 자신들에게도 유리하다고 판단하여 1815년에 주변 8개국이 공식문서인 선언문에 서명까지 한 바 있다. 이런 사실들을 감안하면, 스위스의 중립노선은 제1요건인 지정학적인 요건을 충분히 충족한 셈이 된다.

다음으로, '자국민의 의지와 능력'면에서 보더라도 스위스는 충분성이 발견된다. 스위스는 하루아침에 중립을 선언한 것이 아니라 수백 년에 걸친 역사적 경험과 우여곡절을 겪은 후에 선택한 중립노선이기 때문에 국민들의 이해와 지지가 확고하다고 볼 수 있다.

이 중립노선이야말로 다수의 민족과 종교로 대립하는 국내 세력들을 하나로 묶고 동시에 외세의 간섭을 배제할 수 있는 유일한 방책이 된다는 강한 믿음이 국민들 가슴속에 자리 잡고 있어서 스위스의 중립정책은 지속가능한(sustainable) 것으로 평가한다. 또한 비록 스위스는 주변과 비교하여 상대적 약소국임에는 틀림없지만 자신들의 안보를 외부에 의존하지 않고 스스로 지켜나가는 무장기반의 중립체제를 유지하고 있다. 그 결과 어떤 외부 공격에 대해서도 타국과의 군사동맹 없이 자신을 방어할 수 있는 충분한 국력과 방어력, 그리고 확고한 국민적 결의를 확보하고 있다는 사실이다. 스위스의 효율적인 민병체제와 잘 조직된 군사운영방식은 이미 세계에 잘 알려져 있다.

다음으로 중립화를 위한 '제도적 장치'와 관련해서는, 앞서도 언급했지만, 스위스의 중립은 주변국들이 국제선언문에 정식 서명함으로써 국제법적인 효과를 지니고 있고, 국내적으로는 헌법에 명시적인 언급이 없는 것으로 알고 있다. 그러나 국제협정은 국내법인 법률과 동등한 효과가 있다는 것이 통설이다.

이렇게 볼 때, 스위스의 중립노선은 저자가 제시한 앞의 기준표상의 세 가지 요건과 여섯 가지의 세부요소 모두에 대해서 충실히 충족하고 있다고 평가할 수 있다. 그렇기 때문에 스위스 영세중립은 200년이 지난 지금에도 지속가능한 살아있는 정책으로서 작동되고 있다고 생각한다. 다만 그들의 영세중립의 활동범위에 대해서는 시대의 변화에 따라 진화를 거듭하고 있다고 생각한다.

2) 오스트리아의 중립요건 충족도

다음으로 오스트리아 중립노선에 대한 성공요건의 충족도를 분석해 보면, 먼저 '지정학적 요건'과 관련해서는 오스트리아도 이웃인 스위스와 마찬가지로 주변이 강대국들로 둘러싸여 있고, 2차 대전 후에는 전승 4개국(미국, 소련, 영국, 프랑스)에 의해서 10년간 국토가 분할통치 되는 처절한 상황을 겪은 터라서 오스트리아가 중립국을 선택한 데에는 충분한 동인과 주변 여건을 가졌다고 볼 수 있다. 그리고 주변국들의 지지여부에 관해서는 각국의 입장이 다르긴 해도, 비록 명시적 합의는 없었으나 주변국 상호간의 견제차원에서 오스트리아의 중립노선을 암묵적이나마 인정한 것으로 해석할 수 있다.

다음으로 '자국민의 의지와 능력'면에서 살펴보면, 오스트리아는 독일에 의해 합병도 당했고, 외세의 의한 국가 분할통치라는 수모까지 겪으면서 보통국가로서는 주권과 독립을 지켜나갈 수 없다는 생각을 갖게 되어 1955년에 외국군이 모두 철수하자마자 중립국 노선을 선택하였다는 점에서 오스트리아 정부와 국민들의 중립노선에 대한 필요성과 의지는 충분하다고 보여 진다. 그러나 오스트리아가 중립노선을 지속하기 위한 국력, 특히 그 중에서도 자립적 방위능력을 갖추고 있느냐에 대해서는 다소 의문이 든다. 그것은 오스트리아가 개인적으로는 부유한 국가(1인당 GDP 약 52,000달러, 2018년)임에 틀림없지만, 스위스와 비교해서 국방능력에서는 훨씬 못 미치고 있고, 군사비 지출 또한 GDP의 1% 미만에 그치고 있어 전반적으로 유럽의 여느 보통국가 수준에 해당한다. 따라서 비동맹 중립노선을 걷고 있는 오스트리아가 외부의 중대한 위협이나 도전이 있을 때 과연 자력으로 국가방어가 가능한 가에 대해서는 의문이 남는다.

끝으로, '제도적 장치'와 관련해서 오스트리아는 스위스와 달리 주변국들과의 협정이나 명시적 합의 또는 동의가 없는 단점이 있으나, 국내적으로는 완벽한 조치를 해 놓았다. 즉, 오스트리아는 자신들의 영세중립노선을 확고히 하고자 1955년에 제2의 건국이 시작되자마자 연방의회의 승인을 받고 헌법을 개정하여 영세중립노선을 헌법상에 명시하였고, 하위 법률까지 제정했다는 점에서 대내적인 제도적 장치를 완비했다고 볼 수 있다.

이같이 오스트리아의 중립노선은 주변 국가들의 명시적 동의가 없는 불완전 상태에서 시작하였으나, 66년이 지난 지금(2021년)까지도 건재하고 있으며, 특히 오스트리아는 스위스와 달리 중립노선을 걸으면서도 실용주의를 강조, 비록 군사동맹에는 직접 가담하지 않지만 일반국가들과 마찬가지로 여타 국제 활동에는 상당히 능동적으로 참여해 오고 있다.

3) 코스타리카의 중립요건 충족도

다음은 또 다른 중립노선을 걷고 있는 중미의 코스타리카에 대해서도 같은 분석틀을 적용해 보자. 코스타리카는 지정학적으로 바로 위에는 니카라과, 아래로는 파나마와 접경하고 있다. 코스타리카는 주로 북쪽의 니카라과와 많은 갈등을 겪어 왔는데, 2010년 이후에도 Calero-Portillos섬 영유권을 둘러싸고 양국관계가 악화되기도 하였다. 그러나 스위스나 오스트리아 같은 지정학적 취약국가와 비교해 볼 때, 코스타리카는 주변국(니카라과, 파나마)이 그 정도로 자국의 안보를 직접 위협하는 강대국은 아니라고 볼 때, 영세중립국의 요건으로서 지정학적인 요건은 그다지 충족하지 못하고 있다고 볼 수 있다.

그리고 영세중립국의 또 다른 요건들인 '자국민의 지지와 능력'과 '제도적 장치' 면에서 볼 때도, 코스타리카는 1983년에 대통령선언에 의해서 중립정책이 채택되었고, 이것을 헌법에 담고자 노력하였으나 의회의 동의를 얻지 못해 법제화에 실패하였다는 점에서 정치권과 국민의 확고한 지지가 있었다고는 말할 수 없고 절차적으로 미흡함이 발견된다. 그리고 중립노선의 지속가능성과 관련해서는 자국의 국력과 자립적 방어력이 중요한데, 이마저 코스타리카는 군대를 완전히 폐지하고 사실상 최종적인 자신들의 안보를 두 개의 지역안보조약(OAS & 리오조약)을 통해서 거의 미국에만 의존하고 있다는 점에서도 중립국 요건상의 불비와 취약성이 발견된다.

4) 핀란드의 중립요건 충족도

핀란드 또한 영세중립국으로서 지속가능성 면에서는 취약성이 발견된다. 핀란드는 최대 위협국인 소련으로부터의 위해를 모면하기 위해서 1948년에 자신들의 중립정책을 인정하는 핀, 소 상호원조조약까지 체결하였고, 소련 붕괴 후인 1992년에는 러시아와 양국 간의 기본관계조약을 체결하면서 이전의 조약에서 채택했던 안보협력 관련 조항은 삭제함으로써 외형상 상호 동등한 조약은 되었지만, 핵심인 안보관계는 애매한 상태로 되었다. 이런 점들을 감안해 볼 때, 핀란드는 과거나 현재에도 이웃 러시아가 가장 위협적 강국이라는 점에서 중립국의 제1요건인 지정학적인 요건은 충분히 충족하고 있다고 평가할 수 있다. 그리고 주변국들로서도 핀란드의 취약점을 인정하고 비록 묵시적이지만 핀란드의 중립적 지위유지에 동의하는 편이라고 할 수 있다.

중립국 지위에 대한 '국민들의 의지와 지지'와 관련해서도 안보적 취약성을 감안하여 국민들이 충분히 납득을 하는 문제라고 본다. 다만, 자국의 국력과 방위능력과 관련해서는 스위스 수준의 대응능력은 준비되어 있지 않다고 보며, 코스타리카와 같이 실세 미국이나 NATO에 의존하는 것도 아니기 때문에 미흡한 방위력에다가 비동맹 자주노선을 걷는 한 많이 취약할 수밖에 없다. 한 가지 특이한 것으로는 핀란드가 자신들의 최대 위협국인 소련과 1948년에 상호동맹조약을 맺은 것은 스스로 적대국인 소련의 손발을 묶는 기발한 발상으로 볼 수 있는데, 이것은 마치 '적과의 동침'이라고나 할까, 문제는 그 적이 돌변하여 침략을 감행하는 경우에는 어떻게 대응할 것인가이다.

중립노선의 제3요건으로 제시한 '제도적 장치'와 관련해서는 앞서 본 대로 핀란드가 주변국 전체가 아닌, 위협 당사자(소련 및 러시아)와 직접 상호방위조약 내지 기본관계조약을 맺은 것은 특이하지만 나름대로 제도적 장치를 갖추었다고 볼 수 있고, 다만 국내적으로는 헌법상에 명시적으로 중립노선에 대한 장치를 마련하지 않은 것은 미흡한 점이 될 것이다.

5) 라오스의 중립요건 충족도

라오스의 중립정책은 얼마 안가서 실패로 돌아가고 말았다. 프랑스로부터 독립 후 국내 정치세력 간에 대립과 내전의 내홍을 겪는 가운데 자국의 필요성보다는 이해관계를 가진 주변 14개국이 앞서서 1962년 제네바에서 회담을 한 후 라오스 중립에 관한 선언문과 부대 의정서까지 채택하고 서명까지 마쳤는데도 불구하고, 1975년에 협정 서명국인 월맹(북베트남)이 라오스를 무력으로 침공함으로써 무산된 경우이다. 라오스는 주변이 자신보다 강국들이며 침략가능성을 언제나 안고 있는 베트남과 중국과 국경을 같이 하고 있다는 점에서 중립국으로서의 지정학적인 필요성은 충분히 인정된다. 그러나 문제는 이런 중립국의 필요성이 자국 내에서 충분한 토론과 합의에 기초해서 추진되었다고 하기 보다는 주변국들이 자신들의 이해관계 상 주축이 되어 추진되었다는 점에서 문제가 되고, 중립의 지속화를 위한 국내적 대응능력이나 국력 면에서도 거의 준비가 되지 않았으며, 비록 국제협약이라는 좋은 제도적 장치를 가졌음에도 불구하고, 그 협약 당사국이 배반하여 직접 침략을 감행하는 경우에는 대책이 없음을 여실히 보여주는 경우에 해당한다.

6) 대한제국의 중립요건 충족도

또 하나의 중립국 실패사례가 대한제국이었다. 대한제국 역시 중립국의 성공요건들에 상당히 미달된 경우였다. 조선말기에 주변 열강들의 이해관계에 휩싸인 것만으로도 중립국의 필요성인 지정학적인 요건을 갖추고 있었다고 볼 수 있으나, 이들 주변국들이 상반된 이해관계로 대한제국의 중립성에 대한 합의가 있을 수 없었고, 오히려 적극적 반대입장(일본, 중국, 러시아) 내지는 미온적인 자세(미국)를 취했는바, 이것은 중립국 성립과 지속성에 큰 장애물로 작용되었다. 쉽게 말해서 주변의 동의가 있어도 성공하기가 어려운 중립노선이 주변의 이해관계국들의 반대 속에서 성공하기란 불가능했던 것이다.

게다가 대한제국은 뒤늦게 고종이 중립정책의 필요성을 깨닫고 새로운 시도를 하였으나, 국내적으로는 중립노선을 추진할 제도적 장치나 국론 합의 없이 일방적으로 선언한 것이었고, 그 중립정책이 침해되었을 때의 대비책 또한 전무하였다는 점에서 그 실패는 이미 예고된 것이나 다름없었다. 그렇기 때문에 1904년 1월 20일 고종의 전시중립선포는 며칠도 가지 않아 이 땅에서 러일전쟁이 발발(2월10일)함으로써 '3주천하'로 끝나고 말았다. 준비 없이 강행된 중립정책은 실패하기 마련이다.

3. 종합 평가

이상에서 현재 영세중립국 노선을 걷고 있는 4개국(스위스, 오스트리아, 코스타리카, 핀란드)과 과거 2개국(라오스, 대한제국)의 실패사례를 분석해 보았다. 중립정책의 지속가능성(sustainability) 측면에서 각 중립국이 얼마나 중립화에 필요한 요건들을 충족하고 있는지에 관해서 종합적으로 평가해 보면 아래 표와 같다.

〈표 7-3〉 중립국 요건들에 대한 국가별 충족도 평가

중립요건 (요소) \ 중립국	스위스	오스트리아	코스타리카	핀란드	라오스	대한제국
1) 지정학적 요건						
－ 지정학적 위치	O	O	△	O	O	O
－ 주변국 지지	O	O	X	△	O	X

중립요건 (요소) \ 중립국	스위스	오스트리아	코스타리카	핀란드	라오스	대한제국
2) 자국민 의지와 방어능력						
– 국민 지지	O	O	△	O	△	X
– 국력(군사력)	O	△	X	△	X	X
3) 제도적 장치						
– 국제협약 등	O	X	X	O	O	X
– 국내법적 조치	△	O	△	△	X	X

위 표에 의하면, 스위스 영세중립은 6가지의 세부요소 중에서 헌법 등 국내법 조치를 제외하고 다른 필요한 요건들에 대해서는 모두 충족한 것으로 나타나고 있어서 중립화의 지속가능성 측면에서는 가장 안정감이 높게 나왔다. 그러나 1815년에 주변 8개국이 서명한 스위스의 중립화 인정 선언문이 국제법상의 조약 수준으로 해석할 수 있으며, 조약은 국내법상의 법률과 동등한 효과를 가진다는 점에서 국내적 입법조치가 아주 불비하다고는 할 수 없을 것이다. 그러나 가장 바람직한 것은 비록 조약이 있다 하더라도 국내법인 헌법과 법률에 그 내용을 재확인하는 입법조치가 있었으면 더욱 좋았으리라 생각한다.

다음으로 오스트리아의 경우에는 국제협약 등에 의한 주변국들의 공식적 인정은 없었고, 대신 자국의 헌법에 중립화 의지를 담았다는 점에서 다소 미흡함이 있고, 위기 시 군사적 대응능력 면에서도 충분하지 않은 것으로 평가되어 다소 불안정한 측면이 있다.

그리고 코스타리카의 경우에는 여러 가지 세부요건에서 미흡한 평가들이 나왔고, 특히 주변국들의 지지와 관련해서는 주변국들의 명시적 동의가 없는 가운데 미국에만 의존하고 있다는 점에서 중립정책의 지속가능성에서 상당히 불안한 측면이 있다. 무엇보다도 코스타리카는 중립국이라면서도 2개의 집단적 지역안보조약(OAS & 리오조약)에 가입한 것은 잘 이해가 가지 않는 부분이다.

끝으로 핀란드 역시 지정학적 필요성에는 공감하지만 주변국들의 지지나 군사력에서 다소 미흡하며, 특히 위협당사국이 러시아라는 점에서 언제나 취약하다.

그리고 중립화에 실패한 두 나라의 사례 중에서, 과거 라오스는 중립화의 필요성은 충분히 인정되지만, 내부적으로 스스로 준비가 되지 않았고, 주변국들의 독려만으로 중립국 지위가 유지될 수 없다는 경험을 일깨워 주었다. 마찬가지로 대한제국의 경우도 내외적으로 전혀 준비가 없는 상태에서 정부(고종)의 중립 선언만으로는 정책을 관철시킬 수 없다는 역사적 교훈을 알려 주었다.

제4절 통일한국의 무력 영세중립노선

1. 비동맹 무력 영세중립노선

통일한국이 선택할 수 있는 외교노선으로는 앞서도 간략히 살펴본 바와 같이, '동맹노선'과 '자주노선'그리고 '중립노선'을 생각해 볼 수 있다. 이들 중에서 어떤 모델을 선택할 것인가는 통일당시의 국제관계와 국민인식, 새 국가의 이념과 정책목표 등을 종합적으로 감안하게 될 것이다. 그러나 통일한국이 하나의 새로운 통합국가로서 탄생한 이상 국가안보를 외국에 의존하는 동맹노선보다는 가능하다면 독자적인 자주노선이 바람직해 보인다. 하지만 이 문제는 국제정치현실을 면밀히 따져서 결정할 문제다. 독자적 자주노선이 언뜻 보기에는 자랑스러워 보이지만 현실과 내실이 중요하며 그만큼 정치적 부담과 경제적 비용이 수반된다. 그래서 어떤 이는 "지금의 현실세계에서 미국 이외의 진정한 주권국가는 없다"는 말까지 한다. 그만큼 한 국가의 독자적 생존은 어려운 것이고, 국제관계는 얽히고설켜 상호의존적인 것을 빗대어 하는 말일 것이다.

어떻든 통일한국이 독자적인 자주노선을 걷고자 한다면 안아야할 많은 부담과 비용들이 있다. 우선 특정 강대국과 군사동맹 없이 독자적인 외교군사노선을 걷기 위해서는 그만큼 국방력과 경제력을 포함한 종합국력의 뒷받침이 있어야 한다. 국력의 뒷받침 없는 군사외교는 사상누각일 뿐이기 때문이다. 그럼 어느 정도의 국력이 필요한 것인가? 자주노선의 경우 그 수준은 주변 열강과 거의 어깨를 나란히 할 정도의 국력이라야 할 것이다. 그렇지 못하면 간섭과 관여의 대상이 될 수밖에 없다. 국력이 약하니 힘센 편에 경사될 수밖에 없고, 그러다 보니 의존하는 만큼 간섭을 받지 않을 수가 없는 것이다. 이것이 엄연한 국제질서의 현실이다. 물론 통일한국이 열강의 간섭을 받지 않을 정도로 큰 국력을 가진다면 가장 바람직하다. 그러나 통일을 이루어내고도 국력을 이 수준까지 신속히 끌어올린다는 것이 결코 만만한 일이 아닐 것이다. 그래서 그 차선책으로 생각한 것이 바로 주변열강에 대한 비대칭전략으로서의 영세중립사상이다.

혹자는 중립국 사상이 좌파적 시각에서 나온 것이라 하기도 하고, 또는 '나약한 자의 선택'이라고 혹평할 수 있다. 그러나 저자가 말하는 이 중립사상은 좌우의 정치이념과는 전혀 무관한 것이고, 이것이 결코 나약한 사상이 아닌, 오히려 '강한 자의 무기'(weapon of the strong)라고 생각한다. 현재 중립국 노선을 선택하고 있는 스위스나 오스트리아, 코스타리카, 핀란드 등을 볼 때, 이들 국가는 어느 국가도 좌파 또는 사회주의정부가 아니고, 결코 나약하지도 않으며, 오히려 경제적으로는 유복한 수준이며, 다만 지정학적으로 아주 어려운 위치에 놓여 있기 때문에 자신들의 안전보장을 보다 공고히 하기 위한 방책으로서 중립국 노선을 선택하고 있다고 봄이 타당할 것이다.

소국 스위스의 경우는 위협적인 독일, 이태리, 프랑스와 국경을 마주하고 있고, 오스트리아 역시 비슷한 처지고, 핀란드의 경우는 옆의 러시아가 언제나 위협대상이 되고 있으며, 코스타리카는 바로 위의 니카라과와 상당한 갈등관계에 있다. 다시 말해 이들 중립국가 들은 모두 약소국으로서 지정학적으로 언제나 주변강국들을 의식하면서 살아가야 하는 나라들이다. 그렇기 때문에 이들은 특정 외부세력에 가담하지 않는 중립정책을 고수함으로써 잠재적인 적(敵)에게 침략의 구실을 주지 않겠다는 것이다.

그런데 중립 약소국들이 적의 침략을 방어하는 방법에도 차이가 있다. 스위스는 주변 열강들(8개국)과 국제협약(선언문)을 맺어 공동응징의 형식을 띠고 있고, 오스트리아는 외부와의 그런 약속 없이 독자적 능력에만 의존하고 있어 불안한 감이 있다. 흥미로운 것은 핀란드의 경우에는 자신들의 잠재적인 적(敵)인 소련(러시아)과 직접 불가침 성격의 협정을 맺음(1948년)으로써 일종의 '적과의 동침'을 하면서 적의 손발을 묶는 방책을 쓰고 있다. 그러나 그 잠재적인 적(러시아)이 돌변하여 협정을 깨고 자신들(핀란드)에 대한 침략을 감행하는 경우에는 어떻게 할 것인가? 그에 대한 대안이 없는 것이 문제다. 1975년에 라오스가 불가침협정의 당사자인 북베트남(월맹)으로부터 무력침략을 받고 점령된 것이 바로 그 실례가 된다.

그럼, 통일한국의 중립노선은 어떤 모델이 바람직한가? 저자는 스위스연방형 모델이 그 답이 되리라고 본다. 스위스와 통일 한반도는 지정학적으로 아주 유사한 환경에 놓여 있고, 스위스의 과거와 현재를 잘 연구하여 반면교사로 삼아야 할 것이다. 첫째 스위스의 중립체제는 자기 방어력을 기반으로 하는 무력중립(armed neutrality)의 형태이며, 주변국들의 동의와 승인을 받은 국제협정을 바탕으로 하고 있다. 그렇기 때문에 200년이 지난 지금에도 지속 가능한 중립이 되고 있다. 물론 국내적으로도 스위스 국민과 정치세력들의 합의와 확고한 지지에 바탕을 둔 중립이라는 점이 강점이다.

통일한국의 중립화 역시 스위스와 유사한 모델을 상정하고 있다. 위협의 중심에 서 있는 주변국들로부터 협의와 합의에 의한 동의와 인정이 요청된다. 그것은 국제법적 효력을 갖는 집단적 또는 개별적 조약 형태가 바람직해 보인다. 거기에다가 유엔안보리의 동의와 결의까지 함께 갖추면 금상첨화다. 만약에 그 집단적 협정이 체약국 중한 당사국의 변심에 의해 파괴된다면 그 때는 다른 당사국들에 의한 공동 대응으로 극복해 낼 수 있을 것이다. 따라서 통일한국의 중립노선은 주변국들과의 합의(협약)를 전제로 할 때라야 만이 지속가능한 것이 될 수 있다고 본다.

그런 점에서 통일한국의 주변국들과의 중립화 협정은 과거 스위스의 방식보다도 더욱 명확한 방식을 취할 필요가 있다. 과거 스위스의 영세중립 관련 국제협약은 1815년에 나폴레옹 전쟁의 전후처리를 위해서 모였던 관련국들(8개국)이 오스트리아 빈에서 모여서 채택한 선언문(declaration)에 시차를 둔 서명에 의해 성립하였다. 그러나 통일 후 한반도의 영세중립노선에 대해서는 주변국들과의 공동선언문 보다는 보다 구속력이 강한 '다자조약'(multi-lateral treaty) 또는 불가피한 경우에는 '개별협정'형태로 추진됨이 바람직해 보인다. 이것을 재확인하는 의미에서 유엔안보리에 의한 결의까지 이끌어 낸다면 더욱 좋을 것이다. 이 같은 성과를 내기 위해서는 통일한국 지도자들의 탁월한 외교력과 추진력이 요구된다.

2. 영세중립의 이해득실

1) 영세중립, 이득은 무엇인가?

통일한국이 영세중립국이 될 때 얻을 수 있는 득(得, benefit)과 잃는 실(失, cost)은 무엇인가에 대해서는 꼼꼼히 따져 볼 필요가 있다. 그래야지만 국민을 납득시키고 정치세력들의 합의를 이끌어 낼 수 있기 때문이다. 그럼, 먼저 통일한국의 영세중립국이 가져올 수 있는 이득에 대해서 살펴본다.

가. 안보 불안에서 해방

중립화노선이 가져올 수 있는 제1의 이득이라면 국내외적 합의를 전제로 통일 한반도에 대한 주변국의 불가침과 안전보장을 확보해 낼 수 있는 점이다. 그 방식은, 앞에서 자세히 밝힌 대로, 협정을 통한 문서방식이 가장 바람직할 것이다. 그리하여 통일한국에서 가장 문제시 되는 안보불안에서 해방되는 일이야말로 중립화 정책의 핵심 목표이자 최고의 관심사가 아닐 수 없다. 물론 이렇게 되기 위해서는 충분한 국력과 방어력을 전제로 하는데, 통일한국은 이들 요건을 충분히 충족할 수 있는 능력이 있다고 본다.

주변열강의 이해관계의 한복판에 서 있는 통일한국이 동맹노선이나 자주노선에 의하지 않고 영세중립노선을 선택한다는 것은 한반도가 어느 특정세력의 전유물이 되지 않겠다는 것인데, 이 점은 오히려 다른 주변국들이 환영할 일이 된다. 쉽게 비유하자면, "내가 먹지 못할 떡이라면 남도 못 먹게 하자"는 식인 것이다. 과거 스위스(1815년)와 오스트리아(1955년)의 중립노선이 그랬고, 비록 실패는 했지만 라오스(1962년)의 중립선언도 그랬다. 만약에 통일한국이 특정 국가와 군사동맹관계에 놓인다면 통일 이전과 같이 다른 주변국들과의 긴장과 대립은 계속될 것이고, 대외활동 또한 그만큼 제한 받게 될 것이다. 그리고 독자적인 자주노선을 걷게 되는 경우에도 하루아침에 강대국이 되지 않는 한 생존과 안보의 불안감은 계속 숙제로 남게 된다.

나. 평화와 안전지대 & 세계외교의 중심센터

또 다른 이득이라면, 통일 한반도가 공인된 영세중립국이 된다면 평화와 안전지대로서 국제외교의 중심무대가 될 수 있다는 점이다. 한반도 통일이 순리적으로 이루어지고, 새로운 통일정부가 자유민주주의가치와 평화중립노선에 입각한 참신한 정부로 출발한다면 온 세계인의 이목이 집중될 것이다. 게다가 미래 산업을 기반으로 하는 K-economy까지 부상한다면 통일 한반도는 커다란 도약을 기대할 수 있다.

한반도가 영세중립화 하고 안보불안이 전혀 없는 평화지대화가 된다면 많은 세계인들이 찾아들고, 많은 국제기구와 국제회의를 유치할 수 있으며, 경제적으로도 국제비지니스 허브가 될 수 있다. 이 같은 모습은 지금의 스위스나 오스트리아를 보면 바로 알 수 있다. 스위스는 중립국 지위를 최대로 활용하여 제1차 세계대전 이후에는 국제연맹 본부를 제네바에 유치한 바 있었고, 제2차 세계대전 후의 유엔체제 하에서도 그 본부는 뉴욕에 있으나 제네바에도 유엔사무소를 두어 인권과 경제사회문제 등 주요 이슈에 대한 토론의 장을 이어나가고 있다. 그 밖에도 스위스는 수많은 정부 또는 비정부 국제기구들을 자국에 유치하고 있는데, 2019년 현재 정부 간 국제기구만 해도 WHO, ILO, UNESCO 등 30여 개에 이르고, 각종 비정부기구와 NGO 기구들까지 합친다면 그 숫자를 셀 수 없이 많다. 중립국 오스트리아 역시 수많은 국제기구와 국제회의가 수도 빈에서 열리고 있다. 이들의 원동력은 바로 평화와 안전의 상징인 영세중립국에서 찾을 수가 있다. 만일에 이들 국가가 특정 국가와 군사동맹관계에 있고 안보불안이 있다면 그렇게 많은 모임과 왕래의 장소가 되지는 못할 것이다.

영세중립국 통일한국의 수도는 바로 이 같은 효과를 노리자는 것이다. 동북아에서 지구상의 최상의 평화안전지대로서 그 수도에 많은 국제기구와 국제회의, 비즈니스센터 등을 유치하기에 합당한 논리와 정당성을 통일한국은 갖게 된다. 너무 앞선 생각이 될는지는 모르지만, 만약에 현재의 무능한 유엔(UN)이 해체되고 그것을 대체하는 새로운 국제기구(예컨대, 세계정부)가 탄생한다면 그 본부는 신흥 영세중립국인 통일한국의 수도에 유치하는 것이 가능해 질 수도 있다는 생각이다. 마치 제1차 세계대전 후 국제연맹이, 비록 미국이 중심이 되어 설립 되었지만, 그 본부는 미국 본토가 아닌 영세중립국인 스위스 제네바에 둔 것과 같은 이치다.

사실 현재 국제연합(UN)이라는 기구에 대해서는 많은 문제점이 지적되고 있다. 이 세계기구가 1945년에 제2차 세계대전이 끝나고 전쟁방지와 세계평화를 위해서 힘차게 출발한 후 많은 국제문제의 해결을 위해서 노력해 온 것은 사실이지만, 76년이 지난 지금 이 기구 역시 여러 가지 문제점과 무능함을 들어내고 있다. 특히 안보리의 5개 상임이사국(미, 영, 불, 러, 중)이 가진 배타적 거부권(veto power)은 시대적 정서에도 맞지 않을 뿐더러, 기능면에서도 제 역할을 다하지 못하고 있으며, 여타 유엔의 많은 전문기구들 역시 당초의 목적(전략무기제한, 기후변화, 전염병문제, 빈곤퇴치 등)에 부합하지 못한 채 매너리즘에 빠져있는 있는 게 사실이다.

　이러한 유엔의 역기능에 불만을 가진 미국은 이미 여러 차례 안보리의 동의 없이 중동 등에 직접 군대를 파견하는가 하면, 유엔기후변화협약이나 WHO(세계보건기구)에서도 탈퇴하는 등 엇박자를 놓고 있다. 이 같은 유엔의 균열 조짐들로 보아서 얼마가지 않아 미국이 중심이 되어 시대에 합당한 새로운 세계기구가 탄생할 가능성이 있다고 보는 데, 그것이 바로 저자가 예견하는 미래의 세계정부(World Government)가 아닐까 생각한다. 이 새로운 국제기구는 모든 회원국이 거부권 없이 평등하게 참여하고, 보다 조밀한 글로벌 네트워크(global network) 하에서 중요 국제문제들에 대해서 보다 신속하고 합리적인 결정을 내리고, 이를 집행할 수 있는 유능한 기구로 재탄생할 수 있다고 본다. 이런 기구가 창설된다면 그 본부를 신흥 영세중립국인 통일한국의 수도에 유치해 볼 수 있을 것이다.

다. 국방비의 대폭 절감

　통일한국이 중립국이 된다면 얻는 또 하나의 이득으로는 국방예산의 대폭적인 절감이다. 통일한국이 타국과 군사동맹관계를 갖게 되다면 동맹을 유지하고 주변의 다른 열강들에 대항하기 위해서 막대한 군사비 지출이 불가피하다. 또한 통일한국이 독자적인 자주국방 노선을 걷게 되는 경우라면 동맹노선의 경우보다 훨씬 더 많은 군사비 지출이 따를 것이다. 왜냐하면 주변의 잠재적인 적들을 독자적으로 대응해 내야 하기 때문이다. 그런데 영세중립국이 된다면 통일한국은 군사비를 대폭 절감할 수 있고, 방어에 필요한 최소한의 국방비만 지출하면 될 것이다. 따라서 이로 인해 남는 여분의 예산은 교육, 복지, 산업 등 분야에 전환할 수 있게 된다.

국방비 지출(GDP 대비)과 관련하여 주변 열강과 중립국들 간의 차이는 아래 표를 살펴보면 바로 알 수 있다.

〈표 7-4〉 주변국들과 중립국의 GDP 대비 국방비 비율(2018년)

국가	GDP 대비 국방비 비율(%)	비고
미국	3.2	
러시아	3.9	
중국	1.9	
일본	0.9	미국에 안보의존
한국	2.6	군사동맹국
스위스	0.8	무력 중립국
오스트리아	0.9	중립국
핀란드	1.5	중립국
코스타리카	없음	중립국, 군대 폐지

출처: 스톡홀름국제평화연구소, IISS 등 자료.(재정리)

위 표에서 보는 바와 같이, 군사동맹노선을 걷는 국가는 국방비 지출이 높을 수밖에 없다. 세계경찰 역할을 하는 미국은 GDP 대비 국방비 지출(2018년 기준)이 3.2%나 차지하고 있고, 또 다른 패권 국인 러시아 역시 미국과 서방에 대응하기 위해서 3.9%나 투입하고 있으며, 중국은 상대적으로 낮은 1.9%를 지출하고 있지만 인건비, 물가 등이 낮은 측면이 있다. 일본은 미국의 핵우산 하에서 자신들의 안보를 미국에 전적으로 의존함으로써 낮은 0.9%의 국방비를 지출하고 있으며, 군사동맹국이자 분단국인 한국은 2.6%라는 높은 군사비를 지출하고 있다.

반면 중립국들의 예를 살펴보면, 모든 중립국들이 상대적으로 아주 낮은 국방비 지출을 하고 있는데, 성공적인 영세 무력중립국 지위를 유지하고 있는 스위스는 0.8%, 오스트리아 역시 0.9%, 핀란드는 다소 높은 1.5%, 그리고 군대를 아예 폐지한 중립국 코스타리카는 국방비 지출이 없다. 이 같이 중립국을 표방하고 있는 국가들은 핀란드를 빼고는 모두 GDP 대비 1.0% 이하의 국방비를 지출하고 있다. 이렇게 하여 절약된 예산은 당연히 산업발전과 교육, 복지 등에 쓰여 질 것이다. 코스타리카의 경우는 1949년에 군대를 완전 폐지하면서 그 남는 예산을 전액 교육과 국민보건에 투자하는 결단을 내리기도 했다.

통일한국의 경우도 영세중립노선을 걷게 된다면 막대한 군사비를 절감할 수 있다. 2018년 현재 GDP 대비 2.6%(431억 US달러) 씩이나 되는 남한의 국방비를 향후 중립국 통일한국에서는 1.0% 이하로 대폭 낮출 수가 있다고 본다. 그 절감된 예산으로 연구개발, 교육, 건강, 복지, 문화 사업 등 국민생활비로 전환하여 사용하는 것이 지극히 바람직할 것이다.

라. 민족적 자긍심 고양

마지막으로, 영세중립을 선택한다는 것은 민족의 자긍심 고양에도 큰 기여를 할 것으로 본다. 통일 후 한반도가 주변의 열강들에 둘러싸여 있지만 그 어느 패권세력에도 줄서지 않는 영세적인 중립 노선을 걷게 되고, 한반도에서 대량살상무기를 영원히 포기하는 비핵, 비폭력의 평화지대를 조성한다면, 이것은 인류와 세계를 향해서 지극히 자랑스러운 조치라고 생각하며, 민족의 도덕성과 자긍심을 한 끗 고양하는 일이 될 것이다. 이런 사례는 영세중립국 스위스나 오스트리아의 국민들을 관찰해 보면 곧 바로 알 수 있다. 이들은 평화 중립국 국민으로서 국가에 대한 높은 자긍심과 자존감을 가지고 있다고 생각한다.

2) 영세중립, 어떤 실(失)이 있는가?

이번에는 반대로 통일한국이 중립화 노선을 선택할 경우 발생하는 불리한 점이나 실(失)은 무엇인가를 살펴본다.

가. 대외활동상의 일부 제한

통일한국이 영세중립국을 표방하는 한 대외활동에 있어서는 어느 정도의 제약이 따를 수밖에 없을 것이다. 중립국이란 어떤 특정 정치군사세력에 가담하지 않고 스스로 중립적 입장을 견지하는 정책인 만큼, 특정 국가와 군사동맹이나 군사작전 또는 정치적 연대를 결성해서는 안 될 것이다. 그러나 유엔과 같은 범세계적 기구나 정치적 성격을 띠지 않는 국제기구나 국제회의에는 참여해도 별 문제가 없으리라고 본다. 스위스의 경우를 보면, 유엔 창립 직후에는 그

가입을 거부하였고, 미국의 전후 유럽경제원조계획인 마샬플랜 마저도 거절하였으나 시간이 지나면서 냉전이 사라지고 중립성의 해석도 변화하여 2002년에는 국민투표까지 거쳐 유엔에 가입한 후 왕성한 활동을 해 오고 있다. 그리고 스위스는 정치경제연합체인 유럽연합(EU)에는 두 차례나 가입을 시도하였으나 국민투표에서 부결되어 가입을 일단 보류하고 대신 쌍무관계를 강화하는 방향으로 정책을 선회하기도 하였다.

스위스와는 달리 중립국 오스트리아는 1955년에 자국에 주둔한 4개국 군대(미, 영, 프, 소)가 모두 철수하자마자 같은 해 말에 거리낌 없이 유엔에 가입하였고, 1995년에는 유럽연합(EU)에도 가입하는 등 군사동맹을 제외하고는 상당히 자유로운 대외활동을 펼치고 있다. 또한 중립국을 표방하는 핀란드 역시 유엔가입은 물론이고, 1995년에는 오스트리아와 같이 유럽연합(EU)에도 가입하였고, 최근에는 집단안보기구인 NATO 가입 문제까지 정치권에서 거론되고 있는데, 이것은 중립국으로서 고려할 사안이 아니라고 본다.

이렇듯 중립국마다 대외활동과 관련하여 조금씩 다른 스탠스를 취하고는 있지만, 통일한국의 영세중립은 지속가능한 것이 되기 위해서는 가장 순수한 형태의 중립화가 요구되며, 스위스 모델이 바람직해 보인다.

나. 군사상의 일부 제약

영세중립국을 표방하는 한 통일한국은 일반국가와 달리 군사상 일부 제약을 받을 수가 있다. 구체적으로 말하면, 중립국은 어느 군사블록에도 가담하지 않고 중립을 지켜야 하기 때문에, 자연히 무기체계 등 군비 면에서도 자국의 방위에 초점을 둔 방어용 군비가 주(主)가 되어야 할 것이다. 따라서 공격용으로서 핵무기, 생화학무기, 또는 장거리 미사일과 같은 대량살상무기(WMD)는 중립국에는 어울리지 않는 것들로서 생각지도 말아야 할 것이다. 그러나 통일한국이 무력중립을 지향하는 한 자국의 방어목적을 위해서라면 첨단기술 기반의 재래식 무기는 얼마든지 개발, 생산, 비축, 거래가 가능할 것이다.

그 밖에도 중립국은 군사적인 중립을 생명으로 삼기 때문에 대외에 자국 군대를 파병하거나 직접 참전해서는 안 된다. 따라서 교전국이나 분쟁지역에 대해서 중립국은 '외밭에서 갓끈을 고쳐 매지 않듯이' 그만큼 행동에 신중을 기해야 할 것이다. 스위스의 경우 1950년 한국전쟁 당시 유엔에 가입하지 않은 상태였는데, 남한에 무기나 의료지원이 아닌 일반물자를 지원한 것으로 기록되어 있다.

3. 통일한국의 영세중립 요건: 무엇이 부족한가?

통일한국이 지속가능한 영세중립국임을 대외에 선포하기 위해서 필요한 요건들은 무엇인가? 앞에서 저자는 영세중립화에 필수적인 여러 가지 요건들을 제시하고 이 틀을 기준으로 현존 및 과거 중립국들의 지속가능성에 관해서 평가해 보았다. 이와 동일한 잣대를 가지고 앞으로 탄생할 통일한국이 지속가능한 영세중립국이 되기 위해서는 무엇이 필요하고 부족한 가를 점검해 본다.

1) 지정학적 요건 문제

먼저 중립화의 제1요건으로서 제시한 '지정학적 상황'과 관련해서는 통일 후 한반도는 여전히 주변의 열강에 둘러싸일 것이고, 통일 이후에도 그들의 영향력은 확대될 것이며, 그들은 상황에 따라서 여전히 한반도에 안보상 위협의 대상이 된다는 점에서 통일한국의 중립화를 위한 지정학적 요건은 이것으로 충분히 충족하고 있다고 판단된다.

그러나 통일한국의 영세중립노선에 대하여 주변국들의 지지가 있을 것이냐의 물음에 대해서는 현재(2021년)로서는 의문이다. 미국은 한반도에 계속 남아서 자신들의 팩스 아메리카(pax-America)라는 꿈의 실현을 도모하려 할 것이고, 중국 또한 한반도에서 자국의 위세를 극대화 하려들 것이며, 러시아도 기회가 되는대로 한반도 문제에 개입하여 필요한 전리품을 챙기려고 할 것이고, 일본 또한 한반도 문제에 깊이 관여하여 이익을 챙기려 들 것이다. 이렇게 주변 4강이 제각기 한반도를 향해서 군침을 흘리고 있는 상황에서 어떻게 하면 이들을 적당한 거리로 떼어 놓을 수 있을까?

이 문제와 관련해서는 스위스의 과거경험을 참고해 볼 필요가 있다. 스위스는 1798년 프랑스 나폴레옹의 침략을 받고 그들이 퇴각한 후 전후 처리를 위해서 모인 1814~1815년 오스트리아 빈 회의에서 전승국들(오스트리아, 영국, 프로이센, 러시아 등)이 향후 프랑스의 재침을 막기 위해서라도 스위스를 중립국으로 하는데 모두 동의하고 선언문(declaration)에 서명한 예가 있다. 이 같은 결정의 이면에는 주변국들이 스위스를 보호하기 위함 보다는 서로를 견제할 목적과 의도가 깊이 깔려 있었다. 이런 상황은 1955년의 오스트리아 중립선언과 1962년의 라오스 중립협정 당시에도 주변국 상호간의 견제가 주요 목적이었던 게 사실이다.

똑같은 상황을 통일 후 한반도에 적용가능하다고 본다. 주변 4강

(미, 일, 중, 러) 모두가 한반도에 깊은 관심과 이해관계를 가지고 있고, 어느 한 국가도 만만한 상대가 아니기 때문에 한반도가 이들 중 어느 특정 국가의 전유물이 되는 것을 막고, 그들 상호간의 견제를 위해서라도 차라리 한반도를 스위스의 예와 같이 누구도 관여하지 못하는 영세중립화 할 것을 제안하고 그들의 동의를 이끌어 내는 것이다. 이 작업은 지난한 일이 될 것이지만 주변국의 동의 없는 중립화는 그만큼 취약하기 때문에 반드시 이루어내야 할 과제라고 생각한다.

2) 자국민의 의지와 국력 문제

다음으로 중립화 요건 중에서 두 번째로 제시한 '자국민의 의지와 능력(국력)'과 관련해서는, 전자는 아직 준비가 안 된 상태이며, 후자는 어느 정도 준비가 갖추어질 것으로 예측한다. 통일 후 대한민국의 구성원인 국민과 정치권이 국제정세와 국내 상황을 올바로 인식한다면, 통일전과 같은 군사동맹노선(한미동맹)을 걷거나, 아니면 위험부담이 높은 자주외교노선을 걷기 보다는, 다소 생소하긴 하지만 한반도의 지정학적 취약점을 최대한 강점으로 승화시킬 수 있는 '영세중립외교노선'을 선택하는 것이 보다 더 실속 있고 현명함을 인식하고 지지해 주는 것이 급선무다. 아무리 좋은 제도라 하더라도 국민적 합의 없이는 선택될 수 없고, 설사 선택되더라도 지속가능하지 못할 것이다.

중립화 노선과 한반도와의 관계는 사실 아주 생소한 것은 아니다. 앞서도 기술하였지만, 조선말기에 열강들의 침략야욕에 주권마저 흔들리던 1897년 조선은 국명을 대한제국으로 변경하고, 전쟁에 휩쓸리지 않고 자주독립국가로 남기 위한 고육책으로서 1904년 1월 20일에 고종황제 명의로 전시중립을 대내외에 선포하였다. 그러나 이것을 비웃기라도 하듯이 불과 3주 후인 같은 해 2월 10일에 러일전쟁이 이 땅에서 발발한 후 일본의 승리로 끝나게 됨에 따라 대한제국의 중립정책은 유지는커녕 외교권마저 박탈당하는 수모까지 겪었다. 그러나 한반도에서 중립정책을 공식적으로 국가의 외교정책으로 채택하고 선언하였다는 것은 시사하는 바가 크며 훗날을 위해서도 큰 의미가 있다고 생각한다.

조선이 일제의 강점기를 겪어내고 2차 대전 후에 대한민국으로 탄생한 후에도 국가외교노선 채택과 관련하여 중립국 노선이 검토되지 않은 건 아니었다. 해방 후 건국 초기 만해도 남과 북으로 국토가 분단된 상태였기 때문에 통일과 결부된 외교노선으로서 중립통일정책이 일부 개인과 지식인들에 의해서 주장되었으나 별로 주목을 받지 못했다. 그때만 해도 좌우간에 이념 대립이 극심하던 때라서 중립통일정책은 좌파적 불온세력으로 취급받았다. 그러나 1960년에 들어서 제2공화국 시절에는 국민들의 중립통일운동을 묵인하기도 했는데, 당시 한 여론조사에 따르면 남한 국민의 32.1%가 중립화통일을 찬성했다는 통계[20]도 있다. 그 후에도 한반도 중립화 통일주장은 학계와 지식인들 사이에서 연구와 저술, 토론 수준에서 꾸준히 지속되었는데, 눈에 띠는 사실은 학자 중에 강종일[21]은

---

20) 한국일보, 1960년 1월 15일 여론조사 참조.

21) 강종일은 한반도 중립론과 관련하여 2007년에 〈한반도 생존전략: 중립화〉를 저술하였고, 2014년에는 중립화 운동사를 총 정리한 〈한반도중립화 통일운동 15년사(1999~2014)〉를 발간하기도 하였다. 그는 중립통일을 위한 운동단체로서 '한반도중립화통일협의회'를 구성하고 회원들과 중립통일운동을 벌이기도 하였다.

2000년대에 들어와서 한반도의 중립화 통일방안에 관한 방대한 저술과 통일운동까지 벌이기도 했다.

이 같이 해방 후 중립화 통일 논의는 남한의 일부 재야에서 거론되는 수준이었고, 정치권이나 정부차원에서는 전혀 검토되지 않았으며 오히려 금기시 되었다. 반대로 북한 쪽에서는 중립화 통일 노선이 정부 차원에서 공식 채택되고 남측에 제안 되었는데, 이른바 1980년에 나온 '고려민주연방공화국창립방안'이 그것이다. 이 선언을 통해서 북한 측은 한반도가 연방제 하에서 외교노선으로서 중립노선을 택하여 외세의 간섭을 배제하고 자주적 국가건설을 하자고 주장했다. 물론 이 제안은 남한 정부에 의해서 즉각 배척 되었다.

종합해 보건데, 한반도의 중립화 문제는 해방 후 지금까지 국내적으로 많은 의혹을 가진 정책으로 외면 되어온 것이 사실이며, 여론차원에서나 정책차원에서 제대로 검토된 적이 사실상 없다. 그러나 국민적 지지라는 요건의 충족이 중립화 노선선택을 위해서는 가장 중요한 요건인데 이 벽을 어떻게 넘어야 할 것인지에 대해서는 더욱 많은 연구와 관심이 요구된다.

다음 중립화 요건으로서 통일한국의 국력(군사력 포함)과 관련해서는 상당한 자신이 있다고 본다. 통일 후 남북한을 합친 통합국력을 통일 전인 지금으로서는 가늠하기가 쉽지 않지만, 앞서 국력 편 연구에서 자세히 알아본 바와 같이, 현재 남한만의 종합국력을 보더라도 세계 11위(2021년) 수준이고, 경제력도 막강하여 수출이 세계 6위를 마크하는 정도가 되고, 통일 후에는 북한 몫까지 합산해야 하기 때문에 통일한국의 종합국력은 훨씬 더 상회할 것으로 보여, 적어도 국력이라는 물량 면에서는 중립외교노선을 선택하는 데 결코 부족함이 없을 것으로 평가된다.

3) 제도적 장치 문제

마지막으로, 중립화 노선을 성공적으로 유치하기 위해서는 통일한국이 제도적 장치로서 중립노선에 대한 관련국들의 명시적 동의와 협정 체결 등이 요구되고, 국내적으로도 그 내용을 담아내는 헌법과 법률의 뒷받침이 있어야 하는데 이들 문제에 대해서 살펴본다.

우선 관련국들의 지지와 협력문제와 관련해서는, 사실 이 요건이 절실하게 필요한 것이긴 하지만 현실적으로는 아주 지난(至難)한 문제라고 생각한다. 왜냐하면 관련국이라면 바로 미국과 일본, 중국, 러시아를 말하는데, 이들 국가가 통일 한반도의 중립화에 단순히 동의하는 수준을 넘어서 명시적으로 협정 내지 선언문에 서명까지 하도록 이끌어 내야 하기 때문이다. 이 문제에 대해서는 앞에서도 여러 차례 언급했지만, 한반도에 대한 이해관계가 서로 달라서 주변국들과 합의에 이르기가 아주 어렵지만, 앞서 저자가 제시한 한반도 통일을 위한 빅딜 협상을 활용한다면 이 문제해결에 합리적 접근이 가능하리라고 본다.

다시 말하면, 통일한국이 핵무기 등 대량살상무기를 완전 폐기, 포기하고, 주둔군 철수 등을 포함하는 비동맹 중립외교노선을 채택하는 것에 대한 반대급부로서, 주변국들은 한반도의 영세중립화 정책을 지지해 주고, 관련 협정체결에 동의해 줄 것을 요구하는 것이다. 이 협정(또는 선언문)에는 통일한국과 주변 4개국이 한자리에서 서명할 수도 있고, 이것이 여의치 않을 경우에는 각 국과 개별협정을 맺어서 실현할 수도 있을 것이다. 이 중립화 협정에는 당연히 한반도에 대한 상호간의 불가침과 안전보장 조항도 포함되어야 할 것이다. 이 경우 개별 국가와 '기본관계에 관한 조약'을 체결하여 필요한 내용을 모두 포괄적으로 담을 수도 있을 것이다. 구체적인 형식은 그 때의 사정에 따라 정하면 될 것이다.

더욱 바람직한 것은 앞에서도 언급하였듯이 통일한국의 영세중립 노선에 대해서 유엔이 이를 보증하는 형식이다. 그 보증 방식은 유엔안보리만의 결의를 통해서 할 수도 있고, 유엔총회의 결의까지도 이끌어내면 더욱 좋을 것이다.

다음, 국내적 조치와 관련해서는 별 문제가 없으리라고 본다. 일단 관련국들 간에 중립화에 관한 합의가 이루어지고 협정으로까지 이어진다면, 이 내용을 헌법에 담고 관련 법률을 제정하는 일은 별 어려움이 없는 후차적인 일이 된다. 오스트리아 경우는 비록 주변국들과의 협정은 없었으나, 1955년에 중립을 선포한 직후 의회를 통해 헌법을 개정하고 중립화 관련 규정을 헌법에 포함시키는 제도적 조치를 취한 사실을 참고할 필요가 있다.

지금까지 논의한 것을 정리해 보면, 통일한국은 저자가 제시한 영세중립화의 성공을 위한 6가지 세부요건 중에서 아래 표에서 평가한 바와 같이, '지정학적 위치'관련해서는 충분히 요건을 충족하고 있는 것에 비해서, '주변국 지지'면에서는 미정이지만 협상력에 달린 문제로 본다. 다음으로 '국민지지'관련해서는 이것 또한 미정이지만 지도자의 의지와 설득에 달린 문제로 보며, '국력'관련해서는 충족할 것으로 평가했다. 마지막으로 '국제협약'가능성에 대해서는 미정으로 평가했으나, 이것은 주변국 지지와 동일선상에 있는 것으로서 지도자의 능력과 협상능력에 의해 결정될 것이며, 국내법적 조치에는 다른 요건들이 충족되는 한 별 어려움이 없다는 것이 저자의 판단이다.

〈표 7-5〉 통일한국의 중립국 요건에 대한 충족도 평가

영세중립화 요건	통일 한국
1) 지정학적 요건	
• 지정학적 위치	O
• 주변국 지지	△
2) 자국민 의지와 방어능력	
• 국민 지지	△
• 국력(군사력)	O
3) 제도적 장치	
• 국제협약 등	△
• 국내법적 조치	O

〈범례〉 중립화 요건에 관해서 다음과 같이 평가함: 충족=O, 중간수준=△, 미비=X

종합해서 말하면, 통일한국은 위 표에서 보는 바와 같이, 중립국 실시에 필요한 여러 필수요건들을 상당한 수준까지 충족하고 있는 것으로 평가된다. 다만, 부족하거나 의문시 되는 부문은 '주변국의 지지와 협력'을 받아내서 '협정'까지 체결해 내는 일인데, 이 부분은 통일한국을 이끌고 갈 지도자들의 식견과 능력에 달린 문제로 본다. 이 과제만 잘 처리해 낸다면, 국내적으로 국민들을 설득하고 동의를 받는 일은 그다지 어려운 일이 아닐 것이다. 왜냐하면 우리 국민은 현명하여 이미 영세중립화의 필요성을 먼저 갈파할 것이기 때문이다.

4. 영세중립정책의 실시 시기: 통일 이후가 적합

1) 통일 이전의 영세중립정책은 위험

그럼, 한반도에서 영세중립정책을 '언제' 실시하는 것이 가장 바람직할 것인가? 이 정책이야말로 국가의 운명을 결정짓는 중대사이기 때문에 그 실시시기에 대해서는 면밀히 검토를 요한다고 본다. 먼저 결론부터 말한다면, 통일을 완성한 후 안정기에 접어든 후에 이 중립화정책을 검토, 채택하는 것이 최상의 타이밍이라고 말하고 싶다. 그 이유에 대해서 상론(詳論)한다.

중립노선은 말 그대로 특정 정치블록에 경도되지 않고 중립적 지위를 고수하는 정책인데, 그렇기 때문에 자위적 목적이 아닌 여타 전쟁이나 분쟁에 가담하거나 군사동맹을 맺는 것 자체를 금기시 한다. 이 원칙을 한반도 상황에 적용해 보면 어떤 일이 생기는지 살펴보자. 만약에 이 중립노선을 지금(2021년) 시행한다고 가정해 본다면, 그 준비를 위해서 한국정부는 정치권과 국민을 설득하여 중립정책에 대한 지지를 받아내야 하고, 국내적 조치로서 헌법 개정과 법률제정을 통해서 중립화 내용을 법제화해야 하며, 주변국들(미, 일, 중, 러)과는 중립을 공인받는 협약까지 체결할 필요가 있으며, 무엇보다도 기존의 한미동맹을 종결시키고, 주한미군까지 철수해야 하는 어처구니없는 절차를 밟아야 한다. 북한의 위협을 눈앞에 두고 준전시 상태(정전협정)에서 이것이 가당치나 한 일이겠는가? 그저 가정을 위한 가정일 뿐이다. 이런 절차들은 현 시점으로서는 어느 하나도 이루어 질 수 없는 것들이다. 그렇기 때문에 통일 이전에는 이 중립정책을 시행해서는 안 된다는 점을 분명히 하고자 한다.

무엇보다도 현존하는 위협으로서 북한이 그대로 있고, 주변의 지정학이 변하지 않는 한 한반도 중립정책은 현 단계에서는 전혀 적합하지 않다. 지금 이 정책을 잘 못 사용하게 된다면 국내의 불순한 정치세력과 북한의 책략에 말려들 소지가 다분하다는 점을 지적하고 싶다. 북한은 이미 수십 기의 핵탄두를 보유한 채 대남전략에는 전혀 변함이 없고, 중국과는 조, 중 상호동맹조약을 맺고 있다. 남한 또한 한미동맹으로 균형을 이루고 있다. 이런 상황에서 남북한이 설사 한반도 중립화에 합의를 이룬다 하더라도, 양측이 각기 의존하고 있는 군사동맹체제(한미동맹과 조중동맹)를 폐기하고, 미군을 철수시키고, 남북한만에 의한 자주적 통일을 실현한다는 것은 전혀 현실성이 없는 허상에 불과하다. 1980년에 북한이 내 놓은 고려연방제안에도 이런 중립화 정책이 담겨 있었는데, 그 본질은 주한미군의 철수를 염두에 둔 전략으로 인식되었던 것이다.

이렇게 볼 때, 저자가 제3장에서 제시한 한반도 중립화정책은 통일 이전에는 적전불열 내지는 내부혼란만을 야기할 뿐 전혀 적합하지 않은 정책으로 본다. 다만, 민족의 염원대로 하나가 되는 완전한 통일이 달성된 이후에나 이 정책을 검토하는 것이 바람직하다는 것을 거듭 강조하고자 한다. 아직 한반도는 전쟁이 종결되지 않은 정전상태인데다가 북한의 위협이 상존함을 감안할 때, 통일 이전에는 이 정책을 잠시 접어두고 있다가 적합한 때를 기다려야 할 것이다.

한반도의 중립화 노선에 관해서는 근년에 들어서 여러 학자의 저명한 저술들[22]이 나와 있다. 그들의 견해를 대체적으로 살펴보면,

---

22) 한반도 중립화에 관한 저술 예:
　　박후건, 중립화 노선과 한반도의 미래, 서울: 선경그라픽스, 2007.
　　강종일, 한반도 생존전략: 중립화, 서울: 해맞이미디어, 2014.
　　장철균, 스위스에서 배운다. 파주: 살림출판사, 2013. 등

한반도가 처한 어려운 지정학을 타개하고 생존과 안전을 확보하기 위해서는 스위스와 같은 영세중립노선이 일반외교정책보다는 보다 더 안전하고 실효적이라고 주장하고 있다. 이 점에 대해서는 저자도 그들의 견해에 적극 찬동하고 일치된 견해를 가진다. 그러나 그들이 저자의 생각과 큰 차이가 나는 점은 중립정책의 실시시기에 관한 것이다. 즉, 대다수의 다른 학자와 저술들이 가능한 한 통일 이전에, 아니 당장 지금이라도, 남북한이 신속히 중립화 노선을 채택할 것을 주장하는 반면에, 저자는 앞에서도 언급한 대로, 통일 이후에나 이 정책을 검토해서 타당성이 입증될 때 시행하자는 것이다. 왜 이런 차이가 나는가 하면, 대다수 그들의 주장은 중립화 정책을 한반도 통일의 가교 내지 촉진제로 삼고자 하는데 반해서, 저자는 이 정책이 오히려 위험을 초래한다고 보기 때문이다.

다시 말해서, 통일 이전에, 또는 현 단계에서, 한반도의 중립화 노선을 선택한다는 것은 통일을 촉진하기는커녕 국론분열과 사회혼란, 그리고 북한의 개입을 초래하여 오히려 통일을 불가하게 만드는 악수(惡手)가 되리라는 점을 유의할 필요가 있다. 이 중립정책이 성공을 거두기 위해서는, 앞에서 제시한 바와 같이, 여러 가지 요건들을 충족해야 함으로써 상당한 시간이 필요하기 때문에 완전한 통일이 달성된 이후에 안보위협이 사라지고 사회가 안정을 회복했을 때 선택할 수 있는 제도라고 생각한다. 그 때를 기다리자는 것이다.

2) 통일완성 시까지 한미동맹과 주한미군의 동반 필요성

앞의 제1편에서 저자가 제시한 통일의 가상 시나리오들에서도 언급하였듯이, 남과 북의 통일은 앞으로 참으로 지난한 과정을 겪을 것으로 내다본다. 그 과정이 잘 못되는 경우에는 통일은커녕 최악의 늪으로 빠지게 될 수도 있다. 한마디로 통일문제는 마치 풍전등화와 같아서 정말 잘 관리해야 할 대상이다. 가장 현실적인 눈으로 보아서, 완전한 하나가 되는, 우리가 기대하는 남북통일은 미국의 확고한 뒷받침 없이는 사실상 불가능한 사안으로 인식한다. 지금까지의 한반도 지정학을 감안해 볼 때, 남한(한국) 단독에 의한 한반도 통일은 현실적으로 가능하지 않다는 것이 저자의 솔직한 견해다.

그렇기 때문에 어떤 일이 있더라도 통일이 완성될 때까지는 한미동맹은 함께 가야하고, 오히려 더욱 강화될 필요가 있으며, 주한미군 또한 흔들림 없이 그 역할을 수행할 수 있도록 한미 간에 보다 강화된 협력이 필요하다고 본다. 이 한미 간의 동력을 최대한 활용하여 어려운 통일과정을 이겨내고 민족이 염원하는 완벽한 통일을 이루어내는 것이 올바른 길이자 선택이 될 것이다. 그렇지 아니하고, 한미동맹이 흔들리고 미국의 관심이 한반도에서 멀어진다면 한국은 통일은커녕 사회적 분열과 대혼란에 빠져들게 될 것이다.

국제정세를 잘 못 읽고, 잘 못 대응하면 약소국에게는 치명적인 위해가 된다. 약소국에게는 외교가 생명이다. 매의 눈으로 세상을 살피고, 위급할 때에는 승자(강자) 편에 서야 국가를 구할 수 있다. 돌이켜 보건데, 구한말 당시에 조선조정이 국제정세를 제대로 읽지 못하고 여러 열강 사이에서 갈팡질팡하다가 결국에는 나라까지 빼앗기지 않았던가? 그 당시에 국제적으로는 해가 지지 않는다는 영국과 러시아 간에 '그레이트 게임'(The Great Game), 즉 세계적 패권쟁탈전이 한창 진행되던 중이었는데, 국제정세를 제대로 읽지 못한 조선조정이 영국의 반대편에 서있던 러시아와 우호통상조약(1983년)과 밀약까지 맺고, 조선왕실이 러시아 공사관(덕수궁)으로 옮겨가는 어처구니없는 아관파천(俄館播遷, 1896년)까지 행하지 않았던가? 그 당시 조선에 국제정세에 탁견을 가진 의 외교관들이 있었더라면 조선은 러시아가 아니라 힘을 가진 영국을 선택했을 것이다. 만약에 당시에 조선이 망해가는 청나라나 경계의 대상인 러시아가 아니라 차라리 세계패권의 주축이었던 '영국'과 손을 잡았더라면 일본을 따돌릴 수 있고, 나라의 주권까지는 잃지 않았을 것이다. 당시 일본은 국제관계를 정확히 읽고 발 빠르게 영국과 두 차례에 걸친 영일동맹(2002년과 2004년)을 맺으면서 자신들의 국익을 확장해 나간 사실을 우리는 유념하여야 할 것이다.

이런 관점에서 저자는 현재의 한미관계의 중요성을 강조하는 것이며, 현 단계로서는 힘을 가진 미국과 합작하여 한반도 통일을 만들어내는 것이 한국에게는 최상의 선택이 됨을 말하고 싶다. 그만큼 한국에게는 대미관계가 중요하기 때문에 그 관계를 올바르게 관리해 나가는 것이 관건이다.

지금(2021년) 아프가니스탄에서 일어나는 일들을 보아도 외교의 중요성을 바로 알 수가 있다. 2001년 9.11테러에 대한 문책을 빌미로 아프가니스탄 내전에 개입한 미국이 2021년 5월에 들어와서 철군을 개시하자 완료[23]도 되기 전(2021년 8월 15일)에 탈레반에 의해서 아프간 정부가 전복되고 국민들이 공항 등을 통해 대탈출(exodus)을 감행하는 참극을 목격하지 않았던가? 이 같은 상황은 1975년에 베트남에서도 있었고, 언제든지 한반도에서도 일어날 수 있는 것이다.

이렇게 미국은 자신들의 철군으로 인해서 아프간 정부가 탈레반

---

23) 미군은 2121년 8월말에 아프간에서 완전히 철수했다.

에 의해서 전복된 후 미국에 세계인의 이목이 집중되자 '미국의 이익'이 없는 곳에서는 철군한다는 대통령(바이든)의 변명 같은 발표가 있었는데, 이것이 진실인지도 모른다. 따라서 약소국 한국은 적어도 통일을 완성할 때까지는 '미국의 이익'과 '한국의 이익'을 합치시켜 미국의 일탈이 일어나지 않도록 외교적, 군사적 노력을 다 해야 할 것이다.

제8장

통일한국의 국방·군사제도

제1절 비핵·비폭력·평화지대

1. 통일 후 한반도에 핵무기가 필요한가?

인류 최대, 최악의 살상무기인 핵무기가 통일 후 한반도 땅에도 필요한 것인가? 핵무기는 과학기술을 남용한 인류 최악의 결과물로서 지극히 잘 못 태어난 무기일 뿐만 아니라, 실제 현실문제의 해결에도 별 효용성이 없는 사실상 무용지물이라고 생각한다. 혹자는 핵무기 보유가 '공포의 균형'을 조장하여 전쟁을 막고 평화를 가져올 수 있다는 억측을 늘어놓기도 하지만, 이것이 정말 올바른 해석일까? 핵무기가 실제로 일본 국민에게 사용되어 전쟁은 종식시켰을지 모르나 76년이 지난 지금에도 그 앙금과 상처는 그대로 남아있다. 비록 과학과 기술로 개발이 가능하다 하더라도 해서는 안 될 일을 인류가 허용하고 있는 것이다.

제2차 대전 이후 지금까지 여러 나라가 알게 모르게 핵무기를 보유해 오고 있다. 유엔안보리 5개 상임이사국(미, 영, 프, 러, 중)은 모두가 핵무기를 보유한 상태고, 여타 몇 개국(이스라엘, 인도, 파키스탄)도 묵시적으로 핵무기를 보유하고 있는 상태다. 또 일부 국가(이란, 북한)는 몰래 핵무기를 만들다가 국제사회의 심한 제재를 받기도 하였다. 그럼에도 불구하고 북한은 2021년 현재 30~40개의 핵탄두를 사실상 보유한 것으로 국제사회는 추정하고 있다.

한 때 미국과 러시아는 각기 수 만개씩의 가공할 위력의 핵무기들을 보유해 오다가 그 일부를 감축하기 위한 협상(SALT I, II)을 벌여 실제로 그 수를 일부 감축해 왔지만, 최근에는 서로간의 이견과 대립으로 1987년에 맺었던 중거리핵전력협정(INF)이 중단(2019년, INF에서 미국, 러시아 모두 탈퇴) 되기도 했다. 이 같이 핵무기와 그 운반체는 국제관계에서 뜨거운 감자로 인식되고 있으며, 강대국들만의 전유물로서 허락받지 않은 자의 핵무기 권 진입은 철저히 봉쇄되고 있다.

그런 핵무기가 통일 후 한반도에도 꼭 필요한 무기인가? 한마디로 한반도에서의 핵무기 유지는 현실적으로 불가능하고, 득(得)보다는 실(失)이 훨씬 더 커다는 점에서 이를 단념하고 다른 적극적인 대안을 찾는 것이 현명하다는 생각이다. 왜냐하면 핵무기 자체가 반인륜적일 뿐만 아니라, 설사 그것을 가진다 하더라도 치러야 할 비용과 대가가 엄청나기 때문이다. 지금 북한이 겪고 있는 미국 등 국제사회의 견제와 압박을 보면 그 대가가 얼마나 큰 것인가를 알 수 있고, 설사 그런 것이 없다 하더라도 핵무기는 개발과 유지 자체에도 엄청난 비용을 수반한다. 아마도 통일 후에 한반도가 핵무기를 보유하려고 한다면, 미국뿐만 아니라, 특히 일본이 극렬히 반대할 것이고 중국, 러시아 또한 쌍수를 들고 저항할 것이 명약관화해 보인다.

이런 상황을 미리 예상하기 때문에 핵무기 등 대량살상무기

(WMD)의 개발이나 보유는 처음부터 단념하고, 그 대안을 찾을 필요가 있다. 먼저 고려해야 할 점은 통일한국이 영세중립국을 선택하는 경우이다. 만약에 통일한국이 영세중립노선을 걷는다고 해 놓고 핵무기를 개발하거나 보유하는 것은 이치에 맞지 않을 것이다. 하지만 통일한국이 영세중립국을 선택하더라도 '무장'에 입각한 중립국이기 때문에 자신을 방어하기 위한 강력한 국방력은 필수가 된다. 그 때 필요한 국방력 수준은 어느 정도가 바람직할 것인가? 저자가 판단하기로는 핵무기 보유까지 갈 필요는 없다고 본다. 왜냐하면 재래식 무기로도 얼마든지 침략을 저지하고 방어가 가능하다고 보기 때문이다. 특히 최근에는 재래식 무기도 첨단기술 기반에 가공할 능력을 가지고 있다. 스위스의 방어전략을 살펴보면 그 답을 찾을 수가 있다. 중립국 스위스의 경우 핵무기는 꿈도 꾸지 않으며, 다만 재래식 무기일지라도 그것을 첨단화 하고 민병대체제를 최대한 활용하여 최소 비용으로 최대 효과를 내는 현명한 군사전략을 구사하고 있다. 최근에 한국 정부가 2021~2025년 국방중기계획의 일환으로 5년간 300조 이상의 군사비를 확보하여 경항공모함, 핵잠수함, 사거리 800km이상의 미사일 등 첨단장비의 개발과 구입계획을 밝혔는데, 한국이 군사력 순위에서 세계 5~6위 정도의 수준이 되고, 국민들의 안보의식만 따라준다면 주변의 어떤 침략도 저지하기에 충분하다고 생각한다.

2. 북한 핵무기는 어떻게 처리할 것인가?

북한은 주변국들, 그 중에도 특히 미국의 극력 반대에도 불구하고 2021년 현재 30~40기의 핵탄두를 사실상 보유한 것으로 추정되며, 이것을 소형화하고 다탄두화 하는 수준까지 이를 것으로 전망된다. 그러나 통일 이후에 한반도에는 그 어떤 핵무기나 대량살상무기(WMD)도 존재해서는 안 되며, 만일에 그때까지도 북한 핵무기가 남아 있다면 영세중립국을 채택하는 경우의 지위에 걸맞도록 마땅히 이들을 폐기 조치하는 수순을 밟아야 할 것이다.

〈표 8–1〉 세계 핵보유국의 핵탄두 수(추정) (2019 기준)

핵보유국(9개국)	보유 핵탄두 수(추정)(단위, 기)	실전 배치 핵탄두 수(추정)
미국	5,800	1,750
러시아	6,375	1,570
중국	320	
영국	215	120
프랑스	290	280
인도	150	
파키스탄	160	
이스라엘	90	
북한	30~40	

출처: 스톡홀름국제평화연구소(SIPRI) 2020년연감 재구성.

북한의 핵무기를 둘러싸고 그 폐기를 위해서 그동안 남북 간은 물론이고 주변국들 간에도 '6자회담'이다 '단독회담'(북–미)이다 하면서 많은 노력을 기울여 왔지만, 핵무기를 최후의 보루로 생각하는 북한으로서는 이것을 절대로 내 놓지 않을 것이다. 그러나 북한 핵무기는 여하한 방법에 의해서라도 통일 이전에 미국에 의해서 강제 제거될 가능성이 있으며, 만약이 이것이 불가한 경우라면 북한에 의해 충실한 대미, 대남 견제용으로 사용되다가 그대로 통일이후까지 전수될 가능성이 남아 있게 된다.

현재 북한의 핵무기를 보면 과거 소련의 핵무기들이 생각난다. 1991년에 패망한 소련을 생각해 보면, 그들은 당시 미국보다도 훨씬 많은 수만 기의 핵무기들을 보유했지만 그 모두를 안은 채 국가가 해체되지 않았던가? 핵무기 보유와 국가패망 간에는 직접적인 상관관계가 없다고 보여 지는 대목이다. 다수의 핵무기 존재가 오히려 국가패망을 재촉할 수 있다는 것이 저자가 가진 평소의 생각이다. 북한이 그 대표적이다. 과거 소련은 미국과 핵무기 등 군비경쟁으로 나라가 결국 무너졌고, 북한 또한 과도한 핵무기 실험과 개발로 인해서 패망시간이 더욱 앞당겨질 수도 있다고 보는 것이다. 주변의 제재와 압박, 견제로 인해 북한은 결국 핵무기를 폐기당하거나 그것들을 부둥켜안은 채 압살당하기 십상인 것이다. 차라리 이런 것들 없이 개혁개방의 새로운 길로 나선다면 전혀 다른 행로를 걷게 될 것인데 안타깝기만 하다.

　　어떻든 통일 후에까지 북한 핵무기가 그대로 남게 된다면 어떻게 처리할 것인가? 만약에 남한 주도로 통일과업이 완수된다면 북한 땅은 더 이상 북한이 아닌 통일 대한민국의 일부가 된다는 점에서, 통일정부는 좌고우면 할 것 없이 검토 가능한 영세중립노선에 걸맞도록 과거 북한 영토 내에 있던 모든 핵무기의 폐기 조치에 나서야 할 것이다. 다만 이때 유의해야 할 점은 이들 핵무기를 일방적으로 폐기하는 것이 아니라 주변국들과 빅딜협상을 벌일 필요가 있다. 즉, 핵무기의 폐기 조건으로 한반도의 불가침(안보)과 중립노선에 대한 주변국의 명시적 동의를 받아내고 서로 맞교환하는 것이다.

3. 한미동맹 & 조중동맹은 어떻게 처리할 것인가?

　1953년 10월 1일에 서명하고 1954년 11월 18일에 발효한 한미상호방위조약에 입각한 한미군사동맹은 한국동란 이후 한반도에서 힘의 균형과 평화유지에 결정적인 역할을 해 왔다. 앞으로 한반도 통일과정에서도 주한미군과 한미동맹은 통일완수에 구심적 역할을 할 것으로 예상된다. 물론 통일이 어떤 과정을 거쳐서 이루어지느냐에 따라 한미동맹, 즉 미군의 역할이 달라질 수가 있다. 예컨대 한반도 통일이 북한의 붕괴에 따른 남한의 흡수통일 방식인 경우이거나, 아니면 열강의 군사적 개입이 있는 경우 등에 따라 미국군의 역할이 달라질 수 있다. 그러나 어느 방식이 되든지 미국은 통일 이전에는 미국의 이익을 위해서라도 한반도에 미군을 계속 주둔시킬 것이며, 앞으로 통일과정에도 깊이 관여하여 한국군과 함께 결정적인 역할을 하리라고 본다. 남한 역시 통일과업을 이루기 위해서는 미국과 미국군의 도움이 절대적으로 필요한 만큼 그 어떤 경우에도 통일을 완수할 때까지는 주한미군과 한미동맹은 함께 가야할 공동체여야 할 것이다.

　그러나 통일이후에 한미군사동맹은 어떻게 해야 하는가? 그 때의 사정을 감안해야 하겠지만, 적어도 이성적으로는 통일한국이 만약에 영세중립국을 표방한다면, 열강의 한 축과 군사동맹을 계속 유지하는 것은 중립국 정신에 걸맞지 않기 때문에, 앞에서도 언급하였듯이, 미국과의 협상을 통해서 자진 철군하는 쪽으로 유도함이 바람직해 보인다. 미군은 그동안 혈맹관계로서 한반도의 평화유지와 통일에 결정적인 도움을 준 것이 사실이지만, 북한이라는 주적(主敵)이 사라진 상황에서 새로운 중립국(가정) 통일한국에 자국 군대를 계속 주둔시킬 명분이 없게 된다. 그러나 만약에 미국이 대 중국 견제 등의 목적으로 한반도에 미군 주둔을 계속 요구할 경우에는, 앞서도 언급했듯이, 한반도에서 "핵무기 폐기 대 미군 철수"라는 빅딜 카드를 검토할 수 있을 것이다. 그리고 주한 미군의 한반도 주둔은 1953년의 한미방위조약에 의거하고 있기 때문에, 통일 이후에도 이 조약이 반드시 그대로 유효한 것은 아니며, 당사국 중 일방이 1년 전에만 통지하면 그 효력을 정지시킬 수 있는 장치(조약 제6조)가 있기 때문에 법적으로는 그리 큰 문제가 되지는 않는다.

이렇게 하여 영세중립국(가정) 한반도에는 어느 외국군도 존재하지 않는, 그야말로 통일한국의 독자적 방어능력에 입각한 중립지대를 건설하는 것이 미래와 후세대를 위해서도 가장 바람직해 보인다. 그래야만이 국제사회에서도 한반도가 진정한 의미의 영세중립국으로 인식되고, 미래에도 지속가능한 중립국이 될 수 있는 것이다. 이와 관련하여 우리 역사상에 유사한 예를 찾아볼 수 있는데, 오래 전인 삼국통일(676년) 당시 소국 신라는 거대 당나라를 초치, 연합하여 백제(660년)와 고구려(668년)를 차례로 격파하였으나 연합에 참여했던 당나라가 돌연히 점령지역(백제와 고구려) 마다 자신들의 통치기관들(웅진도독부와 안동도호부)을 설치하고, 급기야는 신라까지도 복속(계림도독부 설치)하려 들자, 신라는 부득이 당나라와 7년간의 전쟁까지 치르면서 당나라군을 퇴각시킨 후 3국 통일을 완수한 역사적 사실이 있다. 신라와 연합한 당나라가 단순히 신라에 대한 동맹지원이 아닌 한반도 전체를 지배하려는 야욕과 흑심을 들어낸 사건이었다.

물론 이 사례는 주한 미군과는 사뭇 다르다. 미국은 자유민주주의 가치를 함께 수호하기 위해서 한국전쟁에까지 참여한 혈맹이고,

한국의 자유민주주의와 산업화 지원은 물론이고, 한반도의 평화와 통일(예정)에 이르기까지 결정적인 도움을 준 더없이 고마운 우방이다. 이런 선의의 미국을 지난날 한반도 땅에 흑심을 품었던 당나라와 어떻게 비교 하겠는가? 중국과 달리 미국은 한반도에 대한 영토 야욕은 전혀 없다고 보며, 다만 중국이나 러시아 견제를 위한 전초기지로서 한반도에 군사주둔이 필요할 수는 있는 것이다. 그러나 이럴 경우에도 미국은 통일 후에는 그동안 미군주둔의 명분이 되었던 북한이 사라지고 한반도에서 비핵화까지 실현된다면 굳이 새롭게 영세중립국(가정)으로 출발하려는 통일한국에 자신들의 군대를 계속 주둔시키겠다고 요구하지는 않을 것으로 보인다. 더욱이 무기체계의 발달로 인해서 원거리에서도 충분히 적을 견제할 수 있기 때문에 통일 후의 미군철수는 그렇게 큰 문제가 되지 않으리라고 본다. 이렇게만 된다면 통일 한반도에는 외국군이 존재하지 않는 명실상부한 영세중립국의 기본 토대가 마련되는 것이다.

한편, 1961년 7월 11일에 북한과 중국 간에 체결된 조중상호방위조약(공식명칭은 조중우호협력상호원조조약)은 이 조약의 당사자인 북한이 사라지는 한 통일 후에는 폐기됨이 당연하다. 그리고 같은 해인 1961년에 북한이 소련과 체결했던 조, 소상호방위조약 역시 소련의 붕괴와 러시아의 기한연장 포기로 인해서 1996년에 효력이 완전히 소멸되었기 때문에 더 이상 문제될 것이 없다. 이와 같이하여 통일 이전에 한반도에 남아있던 남북한의 군사동맹조약들이 통일 후에는 모두 사라지게 됨으로써 군사동맹 청정지역을 이룩하게 된다.

4. 비폭력 평화지대 구축

통일 한반도가 영세중립국을 지향하는 한, 군사적으로 어느 정도는 무기의 청정화가 전제되어야 할 것이다. 통일 한반도에 핵무기를 잔뜩 쌓아 두고서 중립국이라고 소리친다면 국제사회가 인정해 주겠는가? 그렇기 때문에 군사적으로 핵무기 등 대량살상무기들은 완전히 배제하고, 방어 용도의 재래식 무기들로 최소화함이 마땅할 것이다. 물론 그 과잉과 최소의 경계선을 정확히 긋기란 쉬진 않다. 그러나 현대 무기체계에서 볼 때 핵무기와 생화학무기, 그리고 그 운반체인 중장거리미사일(사거리 3천km 이상)은 방어목적을 훨씬 넘는 반인륜적 대량살상무기(WMD)이자 공격용 무기임이 분명하기 때문에 아무리 기술과 생산능력이 있다 하더라도 금기시해야 할 것이다. 대신에 통일 한반도가 스위스와 같은 자력에 의한 무력(자주국방)기반의 영세중립을 표방한다면 방어목적의 재래식 무기수준에 머물러야 할 것이다.

그러나 재래식 무기도 첨단화 할 경우 그 파괴력과 살상력이 엄청나고 군비지출도 또한 크기 때문에 중립국 통일한국이 점차적으로 안정화 단계로 접어들게 되면 군대의 규모와 무기체계도 대폭 감축해 나가는 것이 바람직해 보인다.

아래 표에서 설명하였듯이, 아직도 국제사회는 자국의 안전과 안보를 무력에 의존하고 있고 첨단무기가 판을 치고 있다. 미국, 러시아, 중국 등 초 군사대국들은 사실상 과(過)폭력 국가(over-violent state)로서 아직도 각기 수천 기씩의 핵무기를 보유한 채 이들을 실전배치하고 있으며, 지속적으로 성능을 업데이트 해오고 있다. 이들 국가는 핵무기 등 대량살상무기를 감축하기 위한 노력들을 해 오고는 있으나 자신들의 패권의식(hegemonism)이 훨씬 더 강하여 감축협상에 별 진전이 없다. 그리하여 여전히 이들 군사강국들은 폭력과 무력에 기반을 둔 일종의 '지로 썸 게임'(zero-sum game)을 지속하고 있다.

군사 강대국이 아닌 대부분의 보통국가들도 안보상 살아가는 방식이 엇비슷하다. 어떤 국가는 핵무기를 보유하고자 해도 기존의 핵 국가들이 그 진입을 막고 있어서 좌절을 겪고 있으며, 대부분의 다른 국가들은 강대국으로부터 첨단무기를 수입하거나 그들과 군사동맹(일본, 남북한, 필리핀, NATO회원국 등)을 맺음으로써 자국의 안보를 도모하고 있다. 이들 국가가 과(過) 폭력적 강대국과 다른 점은 상대적으로 덜 폭력적(less violent)일 뿐이다. 현재 중립국으로 분류되는 스위스나 오스트리아, 핀란드 등도 이 범주에 속한다. 다만 이들은 무력에 기반을 둔 중립국일 뿐이며 비동맹의 원칙 하에서 자신을 지켜 나가고 있다.

〈표 8-2〉 폭력 vs. 비폭력 국가

과(過) 폭력 국가 ➡	덜(less) 폭력적 국가 ➡	비(非)폭력 국가
- 핵무기 보유(공포의 균형) - 생화학무기 보유 - 중장거리미사일 보유 - 과다 군대 및 군비 지출 - 패권주의(hege-monism) - zero-sum game	- 재래식 무기에 의존 - 통상 규모의 군대 및 군비 - 보통국가들 - 중립국(스위스, 오스트리아, 핀란드, 통일한국) - win-lose game	- 군대, 군비 최소화 내지 폐지 - 경찰력에 의한 치안 유지 - 교육, 선린외교 중심 - 이상적 중립주의(코스타리카) - 비동맹 - positive-sum game

마지막 범주인 '비폭력 국가'(non-violent state)는 자신의 안보를 군사력이나 군사동맹과는 전혀 다른 비대칭 전략으로서 교육이나 시민정신, 선린외교 등에 의해 지켜 나가겠다는 사상이다. 이 사상은 폭력성향 국가들이 벌이는 '몰살게임'(zero-sum game)이 아닌 '상생게임'(positive-sum game)을 목표로 한다. 현실사회에서는 태동하기가 결코 쉽지 않은 이상사회가 될지도 모른다. 그러나 이미 코스타리카, 모나코, 서사모아, 리히텐슈타인 등 일부 국가는 자국 군대 자체를 아예 폐지한 나라들도 있기에 전혀 불가능 일도 아니다. 비폭력 분야의 권위자인 글렌 페이지(Glenn D. Paige)[1] 교수에 따르면 마치 정글 속과 같은, 폭력이 만연하는 이 현실세계에도 그 어딘가에는 완전한 '비살상 사회와 국가'(non-killing society and state)를 만들 수가 있다고 본다.

　　통일한국의 경우에도 비록 초기에는 무력(자구국방) 기반의 '덜 폭력적 국가'수준에서 중립국을 출발시킬 수 있겠지만, 먼 미래에는 최종 단계인 완전한 '비폭력 국가'(non-violent state)로 지향해 나감이 인류와 후대들을 위해서도 자랑스러운 일이 될 것이다. 이미 우리 역사에는 많은 비폭력 자산들이 있다. 그 대표적인 것이 1919년에 일제의 강압에 저항했던 3·1운동이다. 당시 일본 무장경찰의 폭력적 진압 앞에서도 우리의 조상들은 결코 무력으로 대응하지 않고, 완전한 비폭력적 평화 수단인 '만세운동'에만 의존하지 않았던

---

1) Glenn D. Paige(1929~2017)는 하와이대학교 정치학과 교수였으며, 저자가 박사과정 시 수학하였음. 그는 비폭력 연구소로서 'The Center for Global Non-Killing을 창립하였음. 그의 대표적인 비폭력 저서로는 Non-Killing Global Political Science(2002년)가 있으며, 그 밖에 다수의 논문이 있음.

가? 그 당시에 나온 '독립선언서'의 내용을 살펴보면, 일제(日帝)에 대해서 한 마디의 폭언이나 비난, 원망도 없는 이성과 자기성찰의 완전한 비폭력 언어로 쓰여 진 세계사에서도 찾기 힘든 명문이라는 평가를 받고 있다. 그 밖에도 근년에 들어서 한국의 시위문화가 과거의 폭력적 행태에서 벗어나 삼보일배(三步一拜)나 촛불시위와 같은 비폭력 형태로 전환된 것은 바람직한 일로 생각한다.

같은 맥락에서, 통일 한반도가 다른 보통국가들과는 전혀 달리 역발상의 비대칭전략으로서 비폭력 평화지대로 조성된다면 당초 의도한 원대한 국가목표들을 달성할 수가 있게 될 것이다. 그 목표는 바로 불리한 지정학적 환경을 극복하고 "가장 안전하고 전쟁위험이 없는 세계인들이 밀물처럼 모여드는 따듯한 인간지향의 통일한국"을 만드는 일이다. 이런 곳에는 폭력 기반이 아닌 비폭력 사회가 이상적이며, 군사기반의 보통국가들보다는 비동맹 원칙의 영세중립국이 제격이라고 생각한다.

비폭력(non-violence)을 생각하면 인도의 마하트마 간디(Mohandas Karamchand Gandhi: 1869~1948) 성인이 떠올려진다. 그는 비폭력 정신과 그 실천으로 2백 년 간의 영국 식민지배로부터 인도를 구해 냈지 않았던가? 그에게 비폭력은 '비굴한 자나 약한 자의 무기'가 결코 아닌, '강한 자의 무기'(weapon of the strong)였던 것이다. 마찬가지로 통일한국도 약한 자의 무기로서 비폭력과 영세중립을 선택하는 것이 아니라, '강한 자와 선한 자의 무기'로서 그들을 선택하는 것은 어떨까? 미래는 꿈꾸는 자의 것인데, 우리도 이런 선한 '무기'(비폭력과 영세중립)을 가지고 동방(東方)을 넘어서 온 세상을 밝게 비추는 자랑스러운 통일 대한민국을 건설해 보자는 것이다.

작고 강한 스마트 군사제도

1. 영세중립국에 합당한 적정 군사력

통일을 이룬 후 대한민국이 비동맹 영세중립노선을 표방하는 경우에는 마땅히 외세와의 군사동맹을 거부하고 자주국방의 길을 걸어가야 할 것이다. 그런데 그 영세중립은 현재의 코스타리카와 같은 비무장 중립이 아닌 무력(자주국방) 기반의 영세중립을 의미하기 때문에 그 지위에 합당한 군사력과 군사체계가 요구된다. 한 가지 유념해야 할 것은, 통일한국의 무력 영세중립국에서 말하는 '무력'은 방위목적에 합당한 재래식 무기에 의한 무장 능력, 즉 자주국방을 의미한다. 따라서 과(過)폭력을 유발하는 핵무기 등 대량살상무기는 이 무력 개념에 포함되지 않으며, 그리고 무장해제 방식인 완전한 비폭력도 아직은 시기상조이며 미래의 과제에 해당한다.

그러면, 통일한국의 영세중립에 합당한 군사력은 어느 수준이어야 하는가? 계량적으로 말하긴 어렵겠지만 추상적 표현을 빌린다면, "외부의 침략과 위협으로부터 국가와 국민을 안전하게 보존할 수 있는 수준"이라고 말하고 싶다. 한반도 주변이 모두 군사강국임을 감안할 때 이들을 격퇴할 수 있는 군사력은 보통국가 수준은 넘어야 할 것이다. 게다가 통일한국은 앞서 논의한 바와 같이 핵무기와 여타 대량살상무기를 포기할 것이며, 과잉 공격용 무기로 분류할 수 있는 중장거리미사일(ICBM 포함) 또한 보유할 의사가 없기 때문에, 통일한국은 최대한 방어목적의 재래식 무기를 활용하면서, 혁신적(smart)인 군사제도와 국민의 안보의식 강화를 통하여 부족한 부분을 보충해 나가는 비대칭전략을 수립해야 할 것이다.

참고로 2019년 한국정부는 '국방중기계획 2021~2025'를 통해서 향후 5년간 약 300조원(약 2,500여 억 USD) 가량의 국방비를 투입하여 군사장비의 현대화와 인적, 물적 환경개선을 발표하였는데, 그 내용 중에는 비록 아직까지는 계획에 불과하지만 해공군의 강화를 위해서 경항공모함과 핵잠수함, 최첨단 전투기 도입 등 강군의 면모를 제시하였는데, 이 같은 수준이라면 쉽사리 한국의 안보를 넘볼 수 없는 수준이 될 것으로 보인다.

한편, 세계 군사력 순위를 집계한 통계자료(Global Fire Power, GFP)에 따르면, 2021년 기준으로 한국은 세계 138개국 중에서 6위의 군사력을 보유한 것으로 나타났고, 북한은 28위였다. 이 통계에서 군사력은 그 나라의 병력과 무기뿐만 아니라 전쟁에 동원될 수 있는 경제력과 비상시 동원가능한 대기전력까지도 합친 통계이며, 군사력 지수(GFP)가 0에 가까울수록 강한 것을 의미한다. 단, 이 통계에는 핵무기 등 비대칭전력은 포함시키지 않았다. 그 결과 아래 표에서 보는 바와 같이 2021년 기준 6위를 기록한 한국의 군사력 지수는 0.1612였고, 1위인 미국은 0.0718, 2위 러시아는 0.0791, 3위 중국은 0.0854, 일본은 5위로 0.1599, 그리고 28위 북한은 0.4673이었다.

이렇게 볼 때, 통일 전 한국의 군사력(6위)은 생각보다는 강한 것으로 나타나 있는데, 강한 경제력의 뒷받침이 큰 몫을 하지 않았나 생각된다. 그러나 통일 후에는 여기에다가 북한의 군사력까지 합칠 수 있기 때문에 더욱 강력한 군대를 가질 수 있게 되는 데, 너무 큰 군사력 또한 비폭력, 평화중립국 지위에 걸맞지 않다고 보아 그 수준을 상당히 축소하는 쪽으로 방향을 잡아야 하리라고 본다.

참고로 영세중립국을 표방하는 나라들 중에서 스위스는 세계 30위의 군사력을 가진 것으로 평가됨으로써 자국 방어에 상당한 군사비를 투입하고 있는 데 반해서, 오스트리아(59위)와 핀란드(56위)는 상대적으로 군사력이 낮게 나타나고 있다. 오히려 중립국은 아니지만 대 아랍국 방어에 전념하고 있는 이스라엘은 세계 20위의 군사력을 유지하고 있고, 거대 중국을 눈앞에 두고 있는 작은 섬나라 대만도 자기 방어를 위해서 힘겹지만 22위의 군사력을 유지하고 있다.

사실 현대전은 경제전이기도 하다. 경제력의 뒷받침 없이는 충분한 군사력을 기대할 수 없다. 앞서도 살펴보았지만, 통일 전 한국은 2018년 기준, GDP 대비 약 2.6%를 군사비에 책정하고 있는데, 이 수준은 주변국들(미국 3.2%, 러시아 3.9%, 중국 1.9%, 일본 0.9%)과 비교해 볼 때 결코 낮은 수준이 아니다. 통일 전 한국은 도전적인 북한에 대응해야 하고 통일과업까지 이루어야 하기 때문에, 지금 수준(GDP 2.6%)이나 그 이상의 군사비 지출이 필요할지 모른다. 그러나 남북 간의 통일이 완성된 후에는 상황이 달라진다. 북한이라는 주적이 사라지기 때문에 군사비는 그 만큼 반감될 수 있다. 그때부터는 군사적 목표가 영세중립국을 지키기 위한 국방비 수준이면 되는 것이다.

〈표 8–3〉 주변국 대비 한국의 군사력 비교(2021년 기준)

국가	군사력 순위	군사력 지수 (0에 가까울수록 강한 군대)	종합국력 순위 (2019년 기준)*
미국	1	0.0718	1
러시아	2	0.0791	10
중국	3	0.0854	3
일본	5	0.1599	6
한국	6	0.1612	11

국가	군사력 순위	군사력 지수 (0에 가까울수록 강한 군대)	종합국력 순위 (2019년 기준)*
북한	28	0.4673	-
스위스	30	0.5011	-
오스트리아	59	0.9705	-
핀란드	56	0.9335	-
이스라엘	20	0.3464	-
타이완	22	0.4154	-

출처: GFP(Global Fire Power) 2021 자료를 기초로 재구성.
저자 주: 핵무기 등 비대칭전력은 미포함.
* 종합국력 순위는 The Henry Jackson Society, "Audit of Geopolitical Capability 2019". 재구성(세계 20위까지의 통계만 포함)

그럼, 통일한국에 있어서 적정 수준의 군사비는 어느 정도가 되어야 하는가? 사정은 많이 다르지만 기존 중립국들의 군사비 지출을 참고해 볼 필요가 있다. 앞서도 언급했지만, 우리와 가장 유사한 지정학적 환경을 가진 스위스의 경우에는 2018년 기준으로 GDP 대비 약 0.8%를 국방비에 투입하고 있고, 오스트리아는 0.9%, 핀란드는 1.5%를 각각 군사비로 사용하고 있다. 코스타리카는 군대자체가 없기 때문에 군사비는 무의미하고, 대신 경찰과 해안경비대의 운용비가 있을 뿐이다. 아무튼 위에 예를 든 세 나라에 비하여 통일 전 한국의 GDP 대비 2.6% 군사비는 상당히 높은 수준이라고 볼 수 있어서 통일 후에는 이것을 다소 낮출 수 있는 여지가 있다고 본다. 왜냐하면 통일한국의 경제규모가 더욱 커지게 되면 군사비의 절대치가 커지기 때문이다. 다만 주변이 워낙 군사적 강국들이라서 튼튼한 방위를 위해서는 GDP 2% 수준의 군사비 지출은 필요하리라고 본다. 그러나 시간이 지나 통일한국의 지위가 안정화 될수록 국방비도 감축해 나가는 것이 바람직하다. 따라서 최소의 경비로 최대의 효과를 보는 국방설계가 필요하며, 국방비 절감으로 인한 여분의 자원은 국민복지와 교육, 건강 등 생산적 산업에 전용함이 마땅할 것이다.

2. 통일한국 군대의 적정 규모는?

1) 주변국가의 군사력과 군대 규모

남북한이 통일된 후 영세중립국이 된다면 대한민국의 군대규모(병력 수)는 어느 정도가 가장 적절할까? 이 물음에 답하기 위해서는 몇 가지 변수를 미리 잘 살펴볼 필요가 있다. 전쟁은 지피지기(知彼知己)가 아니던가? 우선은 한반도 주변 국가들 중에서도 '안보상 위협국'으로 분류할 수 있는 중국, 러시아와, 일본까지도 그들 군대의 규모(병력 수)와 군사력(화력) 등을 면밀히 조사해 보아야할 것이다. 물론 통일 후에는 수치가 많이 달라지겠지만 현재의 수준에서 평가해 본다.

〈표 8-4〉 주변국 등의 군 병력 수 비교(2019년 기준)

국가	총인구	총인구 순위	현역군 인력(명) 총인구 대비 비율(%)	현역군 순위	예비군 인력 (명) 총인구 대비 비율(%)	예비군 순위
중국	1,384,688,986	1	2,183,000 (0.16%)	1	510,000 (0.04%)	13
러시아	142,122,776	9	1,013,628 (0.71%)	5	2,000,000 (1.41%)	4

국가	총인구	총인구 순위	현역군 인력(명) 총인구 대비 비율(%)	현역군 순위	예비군 인력 (명) 총인구 대비 비율(%)	예비군 순위
미국	329,256,465	3	1,400,000 (0.43%)	3	860,000 (0.26%)	9
일본	126,168,156	10	247,160 (0.20%)	23	56,000 (0.04%)	48
한국	51,418,097	27	580,000 (1.13%)	7	3,100,000 (6.03%)	2
북한	25,381,085	54	1,280,000 (5.04%)	4	600,000 (2.36%)	10
스위스	8,292,809	92	21,000 (0.25%)	93	220,000 (2.65%)	25
오스트 리아	8,793,370	89	22,500 (0.26%)	90	150,000 (1.71%)	35
핀란드	5,537,364	106	21,500 (0.39%)	92	280,000 (5.06%)	24
이스라엘	8,424,904	91	170,000 (2.02%)	31	445,000 (5.28%)	15
타이완	23,545,963	55	165,000 (0.70%)	33	1,657,000 (7.04%)	5

가. 위협적인 중국 변수

우선 통일한국에 있어서 안보상 최대 위협국으로 볼 수 있는 중국의 군사력을 살펴보면, 2019년 현재 세계 최대인구 수준에 걸맞게 즉시 동원 가능한 병역 수(active military manpower)가 약 220만 명에 달하고, 중국의 종합군사력은 미국과 러시아 다음의 세계 3위에 이르고 있다. 분명히 아주 강력한 군대임에 틀림없다. 현재 중국은 압록강과 두만강을 경계로 한반도와 약 1,340km에 달하는 국경을 접하고 있고, 한국전쟁에도 직접 가담했으며, 역사적으로도 수많은 한반도 침략의 전례들이 있어서 요주의(要注意) 이웃임에 틀림없다. 잘 알다시피 중국은 거부권을 가진 유엔안보리의 상임이사국이자 핵무기 보유국(약 320개 핵탄두 추정)으로서 미국에 대적하는 G2의 역할을 하려 들고 있다.

이런 중국이 앞으로 한반도 통일과정에서 어떤 역할을 하느냐가 아주 중요한 변수가 되는데, 만약에 중국이 한반도 통일에 협조자가 아닌 방해자로서 예전과 같이 악역을 행사한다면, 통일 이후에도 한−중 간에는 상당한 긴장과 대립관계가 지속될 수 있고, 통일한국은 그에 따른 상당한 수준의 병력 수와 군사력을 필요로 하게 될 것이다. 한마디로 중국 변수가 통일 한반도의 군사력 수준을 가늠 하는 중대 변수가 되리라고 본다. 물론 통일 이후에는 현재 한반도의 휴전선에 집중되어 있는 병력과 화력이 대부분 중국 및 러시아와의 국경선 주변으로 이동하게 될 것이다.

그러나 만약에 중국이 자의든 타의든 한반도 통일과정에 협조자로서 역할하게 된다면 그만큼 한−중 간에는 긴장이 줄게 되고 한반도의 군사력 수준도 그만큼 낮출 수가 있게 될 것이다. 하지만 이런 가능성보다는 전자(前者)의 악역 가능성이 더 높을 것으로 저자는 내다본다. 그러나 만약에 현재 진행 중인 미−중 간의 패권다툼의 결과 중국이 불행히도 옛 소련과 같은 체제붕괴나 국토분할의 길로 가게 간다면, 중국의 동북아 3성의 운명도 달라질 것이고, 한−중 관계나 군사력 문제도 전혀 다른 모습을 띠게 될 것이다.

나. 경계 대상인 러시아

통일 한반도의 군사력 수준과 관련하여 중국 다음의 고려 대상은 러시아가 된다. 러시아 역시 역사적으로 한반도와 결코 선린관계가 아니었다. 구한말에는 한반도를 자신들의 남진정책을 위한 거점지대로 삼으려는 흑심을 들어내다가 일본과의 세(勢)싸움에서 밀려 그 시도를 접은 전례(1904~1905 러일전쟁 패배)가 있고, 2차 대전 후에도 한반도 북쪽 지역(북한)에 공산주의를 심어놓고 자신들의 관리 하에 두고자 하였으나 결국 그 뜻을 이루지 못한 악연들이 있다. 러시아의 남진정책은 아직도 살아있는 정책이다.

이런 러시아가 1991년 소련붕괴 후에 공산주의체제를 버리고 민주주의 체제로 대전환하였으나 아직도 민주화 수준은 미흡하다. 그러나 러시아는 미국 등 서방에 대적하기 위해서 자신들의 종합국력(세계10위권)을 훨씬 상회하는 수준의 군사력(세계2위)을 유지하고 있는데, 군 병력 수만 보아도 2019년 기준 약 1백만 명(세계 5위)에 달한다. 물론 지역이 광대하고 많은 서방진영 국가들을 대적하기 위해서는 이 같은 규모가 필요할지 모른다. 러시아는 핵탄두 숫자만 해도 미국보다도 더 많은 6,375기(2019년 기준)를 보유하고 있어 과히 초 군사대국이라고 말할 수 있다. 사실 러시아는 국내적으로는 원유와 천연자원을 제외하면 별 특별한 산업도 없이 군사력과 무기수출 등에만 의존하고 있는 실정이다.

이런 러시아가 한반도 동북쪽 끝 두만강 하구 부분에 약 17km 길이로 한반도와 국경을 마주하고 있다. 이 국경선이야말로 러시아가 한반도와 각종 거래를 하고 영향력을 행사하기 위한 파이프라인(pipeline) 역할을 하고 있는 셈이다. 이 짧은 국경선에 가로막혀 중국은 동해와 태평양으로 직접 나올 수 있는 해상통로가 완전히 봉쇄당하고 있어서 러시아로 보아서는 이 국경선이 지정학적으로 중국을 견제할 수 있는 절묘한 봉쇄선이 되는 셈이다.

〈그림 8-1〉 한반도의 북방 경계선(중국, 러시아)

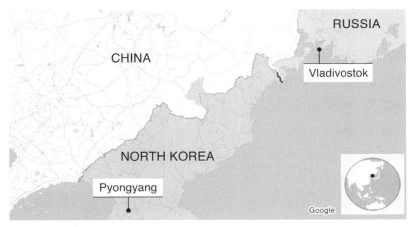

출처: Google map.

여러 사안을 감안해 볼 때, 러시아는 통일 한반도 시대에 가서도 결코 우호적인 대상만은 아닐 것이며, 언제나 기회를 노리는 경계의 대상이 되리라고 본다. 따라서 통일한국의 군사력과 병력수준도 중국을 비롯한 러시아의 의도와 상호관계를 파악해서 설정해야 할 것이다.

다. 잠재적인 위협국 일본

다음은 일본관계다. 일본은 과거와는 달리 현재로서는 한반도에 당장의 위협적인 존재는 아니다. 미-일동맹이라는 형식에 의해 일본은 사실상 미국의 안보통제 하에 놓여 있기 때문에, 미국의 동의 없이는 사실상 한반도에 독자적으로 군사개입을 할 수 없는 형편이다. 일본은 2차 대전의 죄과를 톡톡하게 치르고 있는 셈이며 마땅한 일이라고 생각한다. 그러나 이런 미일동맹도 영원할 수는 없는 것이다. 일본은 미국의 손아귀에서 벗어나 국제법상 전쟁을 할 수 있는 '보통국가'가 되기 위해서 안간힘을 쏟고 있다. 세월이 흘러 언젠가는 일본도 자위대가 아닌 정상적인 군대를 가질 것으로 보기 때문에 한반도는 그것에 걸맞은 대응태세를 갖추어야 할 것이다.

현존하는 당장의 위협은 없다하더라고 일본은 역사적으로 한반도에 언제나 부정적인 존재였다. 1592년 임진왜란 후 일본은 한반도와의 관계에 있어서 언제나 위협적 존재였으며, 구한말에는 모든 서양세력들을 물리치고 단독 드라이브로 한반도를 강탈했다. 이런 일본이 제2차 세계대전을 일으킨 범죄의 대가로 맥아더 헌법을 강요받았고 지금까지도 미국의 안보 손아귀에서 벗어나지 못하고 있다. 그러나 앞으로 이런 관계가 해제되면 일본은 다시 한반도를 향해서 위협적인 존재로 다가올 수가 있다. 따라서 통일이후의 한반도 정부는 일본 또한 잠재적인 위협국 관점에서 안보와 군사력을 대비해야 할 것이다.

라. 안보 지원국인 미국

그러나 미국은 미래에도 안보상 한반도의 위협국이 되지 않으리라고 본다. 현재도 군사적 동맹관계이지만, 2차 대전이후 지금까지 미국은 한국의 최대 우방이자 지원국이었으며, 앞으로 통일과정에서도 분명히 적극적인 해결사 역할을 수행하리라고 기대한다. 더욱이 무기체계에 있어서도 한국은 미국군과 유사하므로, 안보문제에 관한 한 미국을 배제할 수가 없는 게 현실이다. 통일한국의 군대규모를 결정함에 있어서도 미국과의 관계가 동맹관계이냐, 아니면 단순한 선린우호관계이냐 등에 따라서 그 규모가 달라질 수 있겠으나, 통일한국이 비동맹 영세중립국을 선택한다면 군사동맹관계로 계속 남을 수는 없을 것이다.

미래에 통일한국이 부닥치게 될 주변국과의 안보상의 관계를 그림으로 나타내 보면 아래와 같다.

〈그림 8–2〉 통일한국의 안보 위험군(危險群)

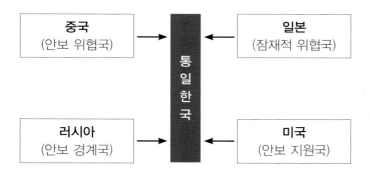

2) 통일한국의 적정 군대 규모

가. '작지만 강한 군대'(强小軍): 30만 명 이내가 적합

통일한국의 적정 군대규모를 설계함에 있어서 고려해야 할 사항으로서 주변국들과의 관계를 살펴보았지만, 또 다른 변수로서는 통일한국의 국제적 지위와 군사적 목표도 고려대상이 된다. 먼저 국제적 지위와 관련해서는 통일한국이 영세중립국을 지향한다면 군사상 비동맹으로 남아서 자주국방에 의존할 수밖에 없고, 그리고 한반도가 비폭력, 평화지대를 지향한다면 그 무력화 수준은 방어목적의 최소한에 머물러야 할 것이다. 이런 변수들을 감안한 통일한국의 군사적 목표로서는 결국 독자적 방어능력을 갖춘 '작지만 강한 군대'(the small-yet-strong troops with self-defense capabilities)를 목표로 삼아야 할 것이다.

그러면 이 목표를 충족할 수 있는 최적의 군대수준은 무엇이겠는가? 앞에서도 살펴보았듯이, 통일 전 남한은 2019년 기준으로 종합국력수준은 세계 11위, 군사력은 6위를 기록하고 있고, 북한은 국력수준은 아주 낮으나 군사력은 25위를 유지하고 있다. 이 통계만 보아도 남북한 양측이 모두 국력에 비해 과도한 군사력을 유지하고 있음에 틀림없다. 즉, 2019년 기준으로 남북한의 군사력을 합쳐 보면 미국, 러시아, 중국 다음의 세계4위 수준이 된다. 이 수준을 통일 후에까지 그대로 가져갈 수는 없겠지만, 만약에 그대로 이 수준을 유지한다면 이것은 분명히 과도한 것이 된다.

한편, 남북한의 현역병 수만 따져 봐도 2019년 기준으로 남한은 58만 명(인구의 1.13%), 북한은 128만 명(인구의 5.04%)으로 남북한을 합칠 경우 총 현역병 수가 186만 명에 이르게 된다. 또한 예비병력(예비군)에 있어서는 남한이 310만 명(인구의 6.03%), 북한이 60만 명(인구의 2.36%)으로서 남북한을 합치면 370만 명에 달한다. 남북한의 현역과 예비전력을 모두 합치면 그 인원이 총 556만 명으로서 남북한 전체인구 7,680만 명의 7.24%에 해당되는 데, 이 수치는 지나치게 높은 것으로서 그만큼 무리한 인력과 군비지출을 하고 있음을 말해준다.

그러나 통일 후에는 군비 면에서나 병력 수에서 대폭적인 감축이 필요해 보인다. 그때 가면 주적이 사라진 이상, 독자적인 무력 영세중립국(가정)의 유지에 필요한 최소한의 군비와 병력만 확보하면 되리라고 본다. 따라서 현역 병력 수에 있어서는 대폭 감축한 '총 30만 명 이내'를 권고하고 싶다. 병력 수만 많다고 해서 강한 군대가 되는 것은 아닐 것이다. 현대전은 과학전이고 경제전이기 때문에 충분한 군비와 첨단 화력, 그리고 국민정신이 뒷받침된다면 이 수자만으로도 소기의 목적을 달성할 수 있을 것으로 믿는다. 이 수치(30만 명 이내)는 통일 전 남한 현역 숫자의 절반 수준이며, 남북한 전체 현역 수 186만 명에 비하면 16% 정도에 해당하지만, 여러 가지 사정을 감안해 볼 때 이 정도가 적정해 보인다. 왜 이런 규모의 병력수를 제안하는가에 대해서 그 이유를 설명해 보면 다음과 같다.

〈표 8-5〉 통일 전후의 군 병력과 군사력 대비(2020기준)

국가	총인구 수 (명)	현역 군인 수 (명)	군사력 세계 순위	국방비
통일 전 남한	51,418,097 (27위)	580,000 (7위)	4위	440억 USD (9위)
통일 전 북한	25,381,085 (54위)	1,280,000 (4위)	25위	16억 USD (74위)
통일 한국 (미래)	76,799,182 (20위)	300,000이내 (19위)	5~6위	10위권

출처: Global Fire Power(GFP) 2020 자료를 기초로 재구성.

(참고1) 일본 자위대: 22.7만 명, 군사력 세계 5위(2020년 기준)

통일한국의 병력(현역) 수 30만 명을 제안함에는 현재 일본 자위대와 스위스 군대가 많은 참고가 된다. 잘 알려진 바와 같이, 일본 자위대는 총 병력수가 겨우 22.7만 명(2020년 기준)으로 전체인구 1억 2천6백만 명의 0.2%에 불과하고, 예비병력 또한 아주 적은 56,000명 정도에 불과하다. 물론 일본은 미국과의 군사동맹조약에 의해서 안보를 보장받고 있지만 자위대원의 숫자는 최소한의 수준에 해당한다. 비록 일본의 평화헌법(제9조) 규정에 따라 자위대가 정식 군대로 칭하지는 않지만 역할 면에서는 사실상 군대나 다름없다.

그러나 일본 자위대는 막대한 국방비(세계7위)를 지출하면서, 첨단 군사장비로 무장하여 세계5위(2020년 기준)의 군사력을 유지하고 있다. 한마디로 엄청난 군비와 첨단무장화로 부족한 병력 수를 만회하고 있는 셈이다. 이 같이 최소의 인력으로 최대의 군사력을 확보하는 일본 자위대의 실례를 감안해 볼 때, 통일한국의 경우에도 현역군인 수를 현재 일본 자위대 수준을 약간 상회하는 '30만 명 이내'선을 저자는 제안했던 것이다. 물론 일본 자위대는 미국의 강력한 지원 하에서 그 숫자로도 방어가 가능한 측면도 있지만, 통일한국의 경우에도 그때가 되면 주적이 없는 상태가 되고, 더욱이 영세중립국까지 채택한다면, 굳건한 경제력과 재래식 무기의 첨단화로 부족한 인력 공백을 매울 수 가 있다고 보는 것이다.

〈표 8-6〉 일본 자위대 병력 수(2020기준)

구 분	현 원(명)
육상 자위대	138,060
해상 자위대	42,850
항공 자위대	42,828
통합막료감부 등	3,704
총 병력 수	227,422

출처: 2020 일본방위백서.

(참고2) 영세중립국 스위스 군대: 상비군이 아닌 민병대 체제

한편, 영세중립국 스위스의 군대운영을 살펴보면 아주 경이롭기까지 하다. 스위스는 매우 적은 숫자의 현역병(21,000명)을 가지고 있으나 세계 30위의 군사력을 유지하고 있다. 스위스는 상비군 체제가 아닌 민병대체제로 군대를 유지하는 독특한 국가다. 즉, 평시에는 생업에 종사하다가 유사시에는 신속 동원되는 체제다. 아주 현명한 스위스인 들이다. 현역병 21,000명(인구의 0.25%)도 상시군(常時軍)이 아니고, 18~23주간 신병 훈련을 받은 후 26세까지 매년 19일씩 6회 소집교육을 받는 대상까지 포함한 숫자이고, 진정한 상시군은 사실상 평시에는 3,000명 수준에 불과하다. 물론 전시 등 위급 시에는 48시간 이내에 22만 명까지 동원할 수 있는 체제를 갖추고 있다. 쉽게 말해서 평시에는 최소 병력으로 현상유지를 하다가, 긴급 시에는 최단시간 내(48시간)에 최대인원(22만 명)을 동원하는 신속기동대방식의 군 체제를 운용하고 있다. 시간과 국민고통을 절감하면서도 충분한 화력을 확보하는 참으로 현명한 군대라고 말하고 싶다.

그렇다고 스위스는 군사력이 결코 약하지도 않은 세계 30위 수준을 유지하고 있다. 이 나라는 전 국민의 95%이상을 소개할 수 있는 전국 27만개 이상의 대치소를 운영하는 등 스위스 민병대의 방어태세와 결의는 세상 사람들이 놀라워하고 있다.[2] 국가 경제력도 최상급이어서 1인당 GDP가 약 8만2천USD(2020년)로 세계 2위의 부국이고, 국방비도 매년 50억USD(GDP의 0.68%) 이상을 투입함으로써 주변 열강의 침입 시 독자적으로 방어할 수 있는 준비된 전투태세를 항시 유지하고 있다.

(참고3) 이스라엘의 강소 군대: 17만 명

이스라엘이야말로 탁월할 전쟁능력을 소유한 군대를 운용하고 있

---

2) 대한민국 외교부 자료 참조.

다. 아랍국들로 둘러싸여 있고 국내적으로도 팔레스타인 민족과 대치하고 있는 이스라엘은 항시 전시체제하에서 살고 있다고 볼 수 있다. 2020년 기준으로 인구 842만 명의 이스라엘은 적은 인구에도 불구하고 17만 명의 현역병과 44만5천 명(인구의 5.28%)의 예비전력을 유지하고 있으며, 국방비 지출은 약 2백억 달러에, 군사력은 세계18위 수준을 유지하고 있다.[3]

이스라엘 현역 군인 수(17만 명)가 인구에 비해서는 높은 비율 (2.02%)에 해당하지만, 주변 아랍 국가들의 숫자를 감안해 본다면 턱없이 적은 숫자라고 할 수 있다. 이 같이 작은 규모의 병력 수를 가지고도 이스라엘 군대는 선제기습과 속전속결(항시 총기 및 실탄 휴대), 적의 영토에서의 전쟁수행 등과 같은 자생적 생존전략들을 터득하여 실전에 임하고 있다. 무엇보다도 최신 무기체계와 정보 등 기술과 질적 우위를 바탕으로 해서 반드시 이기는 강소군대가 된 것이다.

3. 통일한국의 병력 충원 방식: 성 평등 모병제

통일이후 대한민국이 영세중립국을 지향하는 한 국가방어를 위한 평시 군 병력규모로 저자는 '총 30만 명 이내'를 제안한 바 있다. 그럼 이 현역병 숫자를 어떻게 충원하고 관리할 것인가? 우선 국민개병주의에 입각한 징병제는 통일 후에는 지양할 필요가 있어 보인다. 통일 전까지는 눈앞에 주적을 둔 준(準)전시상황이기 때문에 불가피 하게 많은 국민들의 희생을 강요하는 징병제를 채택하였다면,

---

3) Global Fire Power 2020 자료 참조.

통일 이후에는 주변국 환경이 바뀌게 될 것이고, 현역 숫자(30만 명 이내) 또한 통일 전 남북한 현역군인 총 숫자의 16%수준으로 대폭 감축될 것이기 때문에 새로운 시대상황을 반영한 혁신군대 차원에서라도 군대를 직업화하는 모병제가 바람직한 방식이 아닐까 생각한다.

최근(2020년)에 들어서 한국의 현 병역제도에 모병제를 도입해 보자는 일부 여론이 있기는 하지만 이것은 현실을 직시하지 못한 인기영합적인 발상으로 여겨진다. 통일이 완수될 때까지는 한미동맹과 징병제는 끝까지 함께 가야 할 사안이고, 통일이 완성 된 이후에는 이것들도 변화된 환경에 맞도록 조정할 일이라고 생각한다.

통일 후에 모병제를 채택하자는 데에는 다른 여러 가지 이유들도 있다. 우선 가장 젊고 창의적인 두뇌기능을 가진 20대 청년들을 비생산적인 군대 울타리에 가두어 두는 것은 너무도 낭비적인 일이다. 이들이 빼앗기게 될 시간과 에너지를 되돌려 주어 더 큰 창의성과 생산성을 발휘하도록 해 주는 것이 더 바람직하다고 본다. 그리고 미래군대는 더 많은 전문성을 요구하는데, 징병제에 의한 단기간의 아마추어 병사보다는 모병제에 의한 직업군인이 현대전에 필요한 경험축적과 전문성 확보에도 더욱 효율적일 수가 있다.

모병제를 채택하게 되면 당연히 그들을 직업군인으로서 정당한 권리와 복지를 보장해 주어야 할 것이다. 그들은 자의에 의해 법적인 선발절차를 거쳐 충원된 현역군인들이기 때문에 국방부 공무원으로서 합당한 처우가 전제되어야 할 것이다. 그렇기 때문에 모병제의 경우에는 군대 인건비가 징병제 때보다는 월등히 높아 질 수밖에 없게 된다. 2018년의 예를 보면, 징병제인 한국군 약 60만 명에 대한 인건비가 국방비 총액의 약 29%를 차지한 데 비하여, 모병제를 채택하고 있는 일본 자위대 병력(약 25만 명)의 인건비는 자위대 총예산의 약 44%를 점한 사실을 보더라도 모병제 채택에 따른 인건비 부담은 상당할 것으로 예상된다. 그러나 많은 젊은이들이 학업과 생업에 종사하게 됨으로써 국가의 부(富, GDP)가 그만큼 증대되는 것으로 상쇄할 수 있을 것이다.

통일 대한민국이 모병제를 선택하는 경우에는 여성에게도 똑같은 참여기회를 주어야 한다는 것은 말할 필요도 없다. 국방에 남녀차별이 있을 수 없기 때문이다. 물론 소요인력은 직종과 업무내용에 따라 남녀 간의 비율이 다를 수는 있을 것이다.

그러면 군에 입대하지 않는 다른 젊은이들에 대해서는 어떻게 할 것인가? 국가가 있는 이상 통일한국에 가서도 아마도 헌법상에는 모든 국민에게 '국방의 의무'가 규정될 것이고, 다만 병역모집에 있어서 징병제가 아닌 모병제를 채택하는 경우에는 일반국민의 병역의무는 해제될 것이다. 하지만 모든 국민에게 '국방의 의무'가 있는 이상, 직접적으로 군복무를 하지 않는 일반 국민에 대해서는 대신에 '국방의 의무'의 최소한으로서 군사훈련은 필요하다고 보며, 이 의무에는 여자 남자가 따로 없다고 본다. 따라서 일정 연령대의 모든 젊은이들은 생애 최소한 몇 달간(4개월 정도)의 기초 군사훈련을 의무적으로 받도록 법제화 하는 것이 필요할지도 모른다. 이 의무에는 여성에게도 남성과 동등하게 의무를 부여하는 것이 성 평등의 시대정신에도 부합하고 인구감소에 대응하는 차원에서도 합리적이라고 생각한다.

이같이 몇 개월간의 기초 군사훈련을 마친 젊은이들은 모두 일정기간 예비군에 편입되어 유사시 국가방위에 참여할 수 있도록 대비함이 필요하다. 어느 나라에서나 현역군인만으로는 부족하기 때문에 예비전력을 두는데 통일한국의 경우에도 예비군제도를 충실히 운영할 필요가 있다고 본다. 스위스가 아주 좋은 예가 된다. 스위스는 국민(남성) 개병주의에 의한 징병제(19~34세 남자)를 채택하고 있는데, 18~23주 간의 신병훈련을 마친 후 26세까지 매년 19일씩 6회의 소집교육을 받으며, 27~30세까지는 예비군에 편입된다. 그래서 스위스에는 현역군인이 평시에 3천여 명 밖에 되지 않기 때문에, 사실상 상비군체제가 아닌 비직업적인 민병대체제를 운영하고 있는 데, 그 숫자가 무려 22만 명(총인구 850만 명의 약 2.6%))에 이르고 있다. 이들은 평시에는 생업에 종사하다가 비상시에는 48시간 내에 전투태세에 돌입할 수 있도록 잘 훈련되어 있다. 바로 이것이다. 통일한국의 경우에도 상비군 수준을 30만 명 이내로 대폭 줄인다면 그 공백은 예비군이 감당해야 한다. 그렇기 때문에 그 예비군은 통일이전의 예비군과 달리 질적으로 향상되고 즉시 전투에 투입 가능한 준 전투인력이 되어야 할 것이다.

4. 스마트 국방시대(Smart Military)

통일한국이 영세중립국을 표방하는 한 스스로를 지켜낼 수 있는 확고한 자주국방이 전제조건이 된다. 그렇지 않고서는 아무리 이상적인 중립제도라고 하더라도 공염불에 불과한 것이 된다. 그 자주국방의 기반은 과학기술집약의 스마트 방어체제와 국민의 강한 안보의식에 두어야 할 것이다. 여기서 스마트 방어체제(smart defense system)란 제4차 산업혁명시대의 첨단과학기술기반의 군사방어체제를 의미한다. 이것을 기반으로 통일한국은 작지만 강력한 '누구도 넘볼 수 없는' 스마트 군대가 요구된다.

앞에서도 살펴보았지만, 매년 인구 감소세가 확연해지고 통일한 국의 군대가 징병제가 아닌 모병제를 채택할 경우, 인력 상의 공백 과 부족분은 첨단 무기체계와 효율적인 군사운용체제, 그리고 국민 의 확고한 안보의식에 의해 극복해 나가야 할 것이다. 다시 말해서 적은 수의 병력으로 소기의 목적을 달성하기 위해서는 무기를 첨단 화하고 군조직과 운용을 효율화하는 방법 외에는 뾰족한 수가 없을 것이다. 여기에 국민과 지도자의 확고한 안보의식과 대응태세는 필 수품이다. 지금의 스위스가 그 대표적인 예에 해당한다.

통일한국을 비롯하여 인류는 적어도 앞으로 몇 십 년간을 이른바 '제4차 산업시대'에 살게 된다. 정보통신기술(IT)로 대표되는 3차 산업시대가 도래한 지가 30년도 채 되지 않았고 아직도 진행 중인 데 또 다른 차원의 산업시대가 시작되었다고 한다. 그만큼 우리는 빠른 시대에 살고 있기에 이 흐름에서 뒤처지면 동력을 상실하게 된다. 이렇게 정보통신기술의 혁혁한 발전으로 인해서 또 다른 기 술영역이 급 발전하고 있다. 이것을 제4차 산업혁명이라고 하고, 아직은 초창기 수준에서 있지만 앞으로 더 큰 사회적 변화를 이끌 게 될 것으로 보인다.

제4차 산업의 진행은 앞으로 군대에도 당연히 큰 변화를 가져올 것이다. 우선 노동집약적 군대에서 기술집약적 군대로 바뀌게 될 것이다. 과거와 같이 많은 숫자의 비숙련 병력들이 필요 없고, 앞으 로는 숙련되고 전문화된 고급인력이 필요하게 된다.

제4차 산업의 특징으로는 초연결성, 초지능성과 무인자율화 등을 든다. 초연결성은 사람과 사람뿐만 아니라 사람과 사물, 사물과 사 물 간에도 연결되며, 가상공간과 현실공간, 보이는 것과 보이지 않 는 것까지도 상호 연결하여 데이터를 생산하고 저장, 분석해 내는

〈그림 8-3〉 스마트 국방시대의 스마트 군인

출처: 국방부 제공.

기술이다. 센스의 발달과, 보다 빠른 통신체계, 사물인터넷(IoT)과
빅 데이터(big data) 등의 발달이 그것이다.

초지능성은 대표적으로 인공지능(AI)의 발달을 들 수 있는데, 이
것은 사물이 스스로 학습하고(deep learning), 얼마 안 가서 인간
지능을 훨씬 능가하는 특이점(singularity)에 도달하리라고 본다.
군대의 무기와 장비에도 당연히 상당한 수준의 인공지능이 탑재될
것이다.

무인자율체재 역시 무기체계와 군사작전의 개념까지도 송두리째
바꿀 것으로 본다. 무인감시정찰뿐만 아니라 군사드론, 전투로봇,
무인전차, 무인스텔스전투기, 무인잠수함 등등 그 적용 영역은 무

한하다. 전쟁도 전통적인 땅과 바다, 공중을 넘어 우주와 사이버로 확대될 것이며, 전자기파 무기 등이 한 몫을 하리라고 본다. 현재도 그렇지만 앞으로 4차 산업시대의 미래전(戰)에는 누가 우수한 과학기술무기와 장비를 가지느냐에 따라 전쟁의 승패가 판가름 날 것이며, 무인자율화 등으로 인해 오히려 인명피해는 훨씬 격감될 수 있다.

참고로 군사무기의 첨단을 걷고 있는 미국군의 경우를 보면, 제4차 산업시대를 맞아 국방과학기술의 중점추진 분야로서 자율기계학습(deep machine learning)과 전투원 작전지원, 전투원과 기계의 협업적 의사결정, 유무인 협력 작전, 전자전/사이버 환경 하에서의 작전수행 등의 연구에 진력하고 있다.[4] 무서운 미국이다. 따라서 한반도 통일이전에는 한미동맹을 최대한 활용하여 미국의 노하우(knowhow)를 전수받는 것이 국익이 된다.

근년에 와서 미국은 작전개념을 아주 달리하는 소위 '모자이크 전투방식'(mosaic warfare)을 개발 중에 있다. 이 방식은 군대를 한 곳에 묶어 두는 전통적 작전방식이 아니라 모자이크와 같이 군대를 여러 곳에 분산 배치하면서도 정밀한 네트워크로 상호 연결하여 필요시에는 즉각적인 동원과 통제가 가능한 '헤쳐모여 식'의 새로운 군대운용방식이다. 이것은 물론 4차 산업의 과학기술이 접목되어야만 가능한 신 작전개념이라 할 수 있다. 이 개념은 현재로서는 주로 미국이 중국과 북한, 중동지역을 겨냥하는 용도이지만 앞으로는 우주전(戰)까지 감안해 볼 때 어느 나라와 지역에서도 적용가능한 일반적인 작전개념으로 발전될 가능성이 높다.

---

4) 국방기술품질원, "미래 국방 7대 전략기술 트렌드" 2018 참조.

통일한국의 군대운용과 관련해서는 현재의 스위스방식을 참고해 볼 만하다. 스위스는 아주 현명한 군사제도를 운용하고 있다. 국민 희생과 자원낭비를 최소화하기 위해서 사실상 상비군이 없는 민병 대체제로 운용하고 있는데, 이 방식은 국민들이 평시에는 생업에 종사하다가도 긴급 시에는 48시간 내에 각자의 지정위치에서 즉각 적으로 전투를 수행할 수 있는 훈련과 장비체제를 완비하고 있다. 이 스위스 방식 역시도 국민이 흩어져 있다가 긴급 시 즉각 모이는 방식이라는 점에서 어떻게 보면 앞서 언급한 미국군의 모자이크 전 쟁방식과도 일맥상통하는 듯하다. 즉, 미국 군대가 '공간 분산'을 이 용한 모자이크 전투방식이라면, 스위스 군대는 '시간차'를 이용한 모자이크 전투방식인 셈이다.

통일한국의 군대에서도 스위스의 민병대체제와 미국의 신속대응 체제인 모자이크 전쟁방식을 활용한 새로운 전투방식을 고안해 낼 필요가 있다. 젊은 청년들과 국민들의 희생과 시간낭비를 최소화 하되, 긴급 시에는 최대의 화력과 전투력을 확보할 수 있는 그런 국 방체제를 저자는 말하는 것이다. 다시 말해서, 비용 대비 가성비가 높은 스마트 군사체제(smart military)를 만들어 내라는 것이다. 군대라는 조직은 사실 인간의 행복과는 무관한 낭비적인 것이기 때 문에, 가능한 한 현역 군인수를 최소화(30만 명 이내) 하여 비용을 줄이고, 대신 예비군과 민방위대를 모자이크 전쟁개념의 신속대응 체제로 활용하는 방안을 모색해 볼 필요가 있다고 할 것이다.

통일한국의 산업과 사회

지난 세기에 식민지 지배와 전쟁까지 치르면서 세계 최빈국 수준에서 출발한 대한민국이 산업화에 성공하고, 제조업과 정보통신기술을 발판으로 2022년 현재 세계 10위권의 경제대국에 이르는 기적을 일구어냈다. 이것은 분명히 인도의 시성 타고르가 한민족의 처참한 식민지 당시에 예언했던 '동방의 등불'을 훨씬 넘어서 '세상의 큰 별'로 향하는 쾌보로 볼 수 있다. 이 놀라운 기적의 이면에는 '과학기술'과 '교육'이 중심 역할을 하고 있다.

앞으로 대한민국이 험난한 통일 산맥을 넘어선 후에 8천만 국민이 하나 되어 미래 100년의 먹거리와 부(富)를 창출해 낼 수 있는 방안은 무엇이겠는가? 그 답으로는 완전한 개방사회에, 과학기술의 강국, 그리고 문화와 한류를 활용한 관광대국이 그 답이 될 수 있을 것이다. 즉, 이들 모두를 합친 이른바 '스마트 대한민국'을 창출해 내야 할 것이다. 이렇게만 되면 8천만 통일한국의 국민들은 어느 나라도 부럽지 않은 윤택한 경제적 삶에다가, 윤리와 인본이 떠받쳐주는 행복한 세상을 구현해 낼 수 있을 것이다.

제9장

미래 100년의 먹거리 산업

과학 · 기술 강국: 스마트 대한민국

1. 미래성장 동력: 과학과 기술이 답이다

지금까지도 그러했지만 대한민국이 통일 후에도 국민의 먹거리와 생계를 책임지고 보다 유복한 미래를 기약하기 위해서는 '스마트 대한민국'(Smart Korea)을 이루어 내는 것이 그 답이 되리라고 본다. 스마트 대한민국은 혁신을 통한 과학 · 기술의 강국을 의미하며, 그것도 보통의 수준이 아닌 세계 정상급의 수준을 말한다. 통일한 국이 과학기술의 모든 영역에서 최고의 수준을 갖는 것은 어렵겠지만, 적어도 몇 가지 부문에서는 정상급 수준을 유지할 때, 통일한국의 원대한 꿈과 이상들을 실현해 낼 수 있을 것이다.

2021년 현재 통일 전 대한민국은 몇 가지 부문에서는 이미 세계 굴지의 기술력을 가진 것으로 평가되고 있다. 예컨대, 반도체(메모리), 휴대폰, 디스플레이, 자동차, 가전제품, 인터넷 통신, 배터리, 조선, 제철 등 제조업과 여타 IT산업이 대한민국을 10위권의 경제 산업국가로 끌어 올렸다. 그러나 이것만으로는 많이 미흡하고, 통일한국이 궁극적으로 지향하는 G3~G5수준의 국제경쟁력에 도달하기 위해서는 보다 폭넓은 신(新)성장 동력들을 개발, 확보하는데 국가와 기업 모두가 올인(all in)해야 할 것이다.

이렇게 과학과 기술을 지나치리만큼 강조하는 것은 이것이 인류 문명사에서 추동력으로 작용해 왔기 때문이다. 역사적으로 기술 진보는 경제의 흐름을 바꾸었고, 그것은 다시 인류의 다른 영역(정치, 사회, 문화)에까지 커다란 영향을 미쳤으며, 심지어 인류의 생각과 사고방식까지도 변화시켰다. 좋든 싫든 그 한가운데는 기술(technology)이 자리하고 있었다.

사실 저자는 기술이 인간사회의 중심에 서는 것을 개인적으로는 별로 달갑지 않게 생각한다. 그러나 현실세계를 직시해 보면 그렇지가 않다. 기술이 인간생활의 중심에 서 있고, 그것을 통해서 다른 것들이 변화해 가기 때문에 기술 자체를 그대로 인정하지 않을 수 없다. 인류사적으로 보아도 기술은 인간의 삶을 크게 변동시킨 원동력이었다. 한국공학한림원(2015년) 회원들이 선정한 인류의 삶을 바꾼 20가지의 공학기술을 열거해 보면, 기원전 1200년경에 탄생한 나침반으로 시작해서, 종이, 렌즈, 화약, 기계시계, 인쇄술, 백신, 철도, 현수교, 직조기, 사진, 석유, 자동차, 전기, 무선통신, 합성약, 제트엔진과 로켓, 핵폭탄, 에니악(1946년 최초의 디지털컴퓨터), 중합효소연쇄반응에 이르기까지 20가지다.[1] 이 하나 하나의 기술이 발명될 때마다 사회를 변화시키고, 국력이 달라지고, 국가의 운명이 바뀌었다. 앞으로도 더 많은 새로운 기술들이 추가될 것이다.

---

1) 이인식 등, 세계를 바꾼 20가지 공학기술, 글램북스, 2015.

새로운 기술은 새로운 세상을 만든다. 이 대열에 신속히 합류하는 국가는 살아남게 되고, 그렇지 못한 국가는 후퇴할 수밖에 없다. 통일 전의 작은 나라 한국이 10위권의 경제대국이 된 것도 이 대열에 신속히 합류한 보상이었다. 6·25전쟁의 폐허에서 벗어나 1960년대부터 여러 단계를 거쳐 50년 만에 기적과 같은 첨단 산업국가로 태어났다.(아래 그림 참조)

한국의 과학기술정책은 처음부터 정부가 주도했고, 민간이 따르는 형식을 취했다가 일정 궤도에 오른 후에는 민간주도로 넘어가는

〈그림 9-1〉 한국의 과학기술 발전 단계

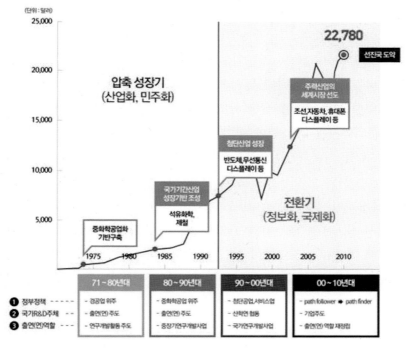

출처: 한국국가과학기술연구회(2014) 자료.

과정을 밟았다. 돌이켜보면 1960년대부터 한국정부는 과학기술 입국을 통해 국가발전을 실현하고자 정부 내에 '과학기술처'를 설립하고, 한국과학기술연구원(KIST)과 한국과학원 등 연구기관을 본격적으로 구축했으며, 이것이 훗날 한국 중화학공업발전의 기반이 되었다. 1980년대에 들어서는 활발한 연구개발(R&D) 사업이 시작되었고, 1990년대에는 정보통신기술(ICT) 중심의 전략적 기술개발에 집중한 결과 선진국 수준의 기술경쟁력을 확보하게 되었다. 2000년대에 들어와서는 세계 경제·산업의 환경변화와 기술발전에 대응하고자 새로운 성장 동력 발굴에 역점을 둔 결과 몇 가지 분야(반도체, 휴대폰, 디스플레이, 조선 등)에서는 세계적 기술력을 인정받고 있고, 이것이 국가발전의 원동력이 되고 있다.

2020년에 스위스 국제경영개발원(IMD: International Institute for Management Development)의 세계경쟁력 분석에 따르면, 국가경쟁력 순위에 있어서 63개 분석대상국 중 한국은 전년(2019년) 보다 5단계 상승한 23위를 차지했으며, 과학경쟁력(인프라) 순위에서는 2019년에 이어 미국, 스위스 다음으로 괄목할 만한 세계3위를 기록했으며, 기술경쟁력(인프라) 순위에 있어서는 전년도(2019년)의 22위에서 2020년에는 13위로 크게 만회했다. 한 가지 특징적인 것은 2020년도의 경우 IMD가 분석한 세계경쟁력 순위에서 싱가포르 1위, 덴마크 2위, 스위스 3위, 네덜란드 4위, 홍콩 5위, 스웨덴 6위, 노르웨이 7위, (캐나다 8위), UAE 9위, (미국 10위) 순으로 10위권 내에 인구 2천만 명 미만의 국가가 8개국이나 포진한 것으로 나타남으로써 5,200백만 명의 인구를 가진 한국으로서는 국가경쟁력을 설명함에 있어서 인구수를 탓할 일은 결코 아닐 것이다. 즉, 인구수와 국가경쟁력 간에는 함수관계에 있는 것은 아닌 것이다. 한 가지 희망적인 사실은 한국이 과학경쟁력(인프라)에서 세계3위,[2] 기술경쟁력에서는 세계13위를 기록함으로써 조금만 더 노력하면 세계 재패가 가능한 과학기술 강국이 될 수 있는 가능성을 보여주었다.

〈표 9-1〉 IMD의 한국에 대한 세계경쟁력(2019~2020) 평가

(63개국 대상)[3]

연도	국가경쟁력(순위)	과학경쟁력(인프라)(순위)	기술경쟁력(인프라)(순위)
2019	28	3	22
2020	23	3	13(2018년도 14위)

출처: IMD 2020세계경쟁력 연감 자료 편집.

2. 미래 100년의 핵심 기술 산업

신(新)성장 동력을 몇 가지나 가지고 있느냐에 따라서 그 나라의 미래가 결정될 전망이다. 미국은 1980년대에 들어와서 경제적 활력이 떨어지면서 쇠퇴의 길로 접어들었다는 경고들이 나오다가 1990년대 후반에 들어서 인터넷 등 IT산업이 급격히 성장하면서 다시 국가 경제 전체가 활력을 되찾아 다시 확고한 G1의 자리를 유지해 오고 있다. 미국이 이 같은 미래 성장 동력들을 확보하고 있는 한 팩

---

2) 한국의 과학 인프라 부문은 전통적인 강점지표인 연구개발비, 연구인력, 특허 수 등이 지속적으로 상위권을 유지하며 2020년에는 전년(2019)과 동일한 3위를 기록했다.
   ※ 2020년 한국의 GDP 대비 총 연구개발투자비 비중: 2위, 인구 천 명당 R&D 연구자 수: 2위, 인구 10만 명당 출원인 국적별 특허 출원 수: 3위
3) IMD(스위스 국제경영개발원)는 1989년부터 매년 상반기에 「IMD 세계 경쟁력 연감(The IMD World Competitiveness Yearbook)」을 발간하고 있다.

스 아메리카(Pax-America)시대는 적어도 21세기 동안에는 지속될 것으로 전망된다. 한국 또한 1990대부터 IT산업에 성공적으로 참여하게 됨에 따라 국가의 위상이 높아지게 되었으나, 앞으로 얼마나 치열하게 신 성장 동력들을 확보하느냐에 따라서 국가의 운명이 결정되리라고 본다.

2016년에 세계경제포럼(WEF, World Economic Forum; Davos Forum)을 이끌고 있는 글라우스 슈밥(Klaus Schwab) 회장이 제4차 산업혁명이라는 화두를 처음 던진 후 세계는 정말 제4차 산업혁명시대에 완전히 접어든 듯이 반응하고 있다. 슈밥은 4차 산업혁명이 속도, 범위, 체제에 대한 충격의 세 가지 측면에서 3차 산업혁명과는 확연히 다르다고 강조한다. 그가 생각하는 4차 산업혁명은 기존의 산업혁명들과는 달리 선형적인 변화가 아닌, 차원이 다른 지각 변동 수준의 것으로 본 듯하다.

한편, 미국의 경제학자 제러미 리프킨(Jeremy Rifkin) 같은 이는 2011년에 오히려 『3차 산업혁명(The Third Industrial Revolution)』이라는 저서를 출간하면서 이제야 3차 산업혁명이 시작되었다고 보기도 하였다. 그는 인터넷 기술과 신재생 에너지가 융합해서 강력한 '3차 산업혁명'을 가져왔다고 고찰한 것이다. 리프킨은 1760년대의 1차 산업혁명은 석탄과 증기기관을 에너지로 하여 대량 생산시대를 열었고, 철도, 인쇄술, 대중교육 등이 결합되었다고 보았다. 그리고 1860년대에는 2차 산업혁명으로서 전기와 석유 같은 신에너지와, 전신, 전화, 방송 등 전자 통신 기술로 하여금 널리 경제와 사회를 변화시켰다고 보았다. 드디어 1990년대에는 인터넷의 등장으로 정보고속도로, 재생에너지, 분자생물학 등의 발전을 가져오는 3차 산업혁명이 등장했다고 본 것이다.

저자가 보기에는 제4차 산업혁명은 비록 파급효과가 큰 것은 인정하지만, IT산업을 기반으로 하는 제3차 지식정보화 사회의 단절이 아닌, 그 연장선상의 심화현상으로 이해하고 싶다. 이런 점에서 4차 산업혁명이라는 용어는 다소 성급한 측면이 있다고는 보지만, 그만큼 사회적 변동 파장이 커다는 점에서 굳이 이 용어를 거부할 필요는 없다고 본다. 문제는 용어의 표현에 있지 않고, 우리가 그 새로운 물결에 얼마나 빨리, 그리고 깊숙이 편입하느냐가 더 중요할 것이다.

이런 관점에서 대한민국이 지금의 산업화 수준을 훨씬 뛰어 넘어 통일 이후에는 새로운 목표로 삼는 세계 G3~G5수준의 산업국가가 되기 위해서는 어떤 신(新)성장 동력들을 발굴하고 개척해야 할 것인가가 최대의 관건이다. 일반적으로 앞으로 인류의 삶을 바꿀 첨단기술로 5가지를 들라고 한다면, 착용형기기(wearable devices), 인공지능(AI), 3D프린트, 무인화(unmanned)와 시뮬레이션(simulation)을 든다. 각자의 미래관에 따라서 그 품목은 달라질 수 있을 것이다.

〈표 9-2〉 한국정부가 선정한 19대 미래성장 동력 산업(2015)

구분	분야
주력산업(4)	• 5G 이동통신 • 스마트(smart) 자동차 • 심해저 해양플랜트 • 고속수직이착륙 무인항공기
미래신산업(5)	• 지능형 로봇 • 착용형(wearable) 스마트기기 • 실감형 콘텐츠 • 스마트바이오(smart bio) 생산시스템 • 가상훈련시스템(simulation)

구분	분야
공공복지에너지 산업(5)	• 맞춤형 웰니스(wellness) 케어 • 재난안전관리 스마트 시스템 • 신재생에너지 하이브리드(hybrid) 시스템 • 멀티터미널(multi-terminal) 직류송배전시스템 • 초임계CO_2 발전시스템
5대 기반산업	• 융복합 소재 • 지능형 반도체 • 지능형 사물인터넷 • 빅 데이터 • 첨단소재 가공시스템

출처: 한국 미래창조과학부(2015년).
　　　한국정부는 19대 미래성장 동력산업을 5대 기반산업과 14대 전략산업으로 분류하였다.

　한국정부도 미래 신(新)성장 동력에 깊은 관심을 가지고, 2015년에는 정부차원에서 19가지 산업을 구체적으로 선정한 후 투자와 연구개발, 인프라 구축 등 노력을 하고 있다. 이 성장 기대 품목들은 시간이 지나면서 변화해 나갈 것이다. 그러나 분명한 것은 이들 분야가 이전 시대 때와는 전혀 다른 새로운 분야들로서 고도의 과학기술력이 뒷받침되지 않으면 해 낼 수 없는 것들이다. 저자는 과학기술분야의 전문가는 아니지만 미래학적 시각에서, 앞으로 대한민국이 미래 100년의 먹거리 산업개발을 위해서 반드시 성취해야 할 몇 가지 주력 분야에 대해서 언급하고자 한다.

1) 인공지능(AI) 관련 산업

　제3차 산업혁명시대가 인터넷 등 IT산업을 중심으로 하는 '지식정보화'사회라고 한다면, 지금 막 출범하고 있는 제4차 산업혁명시대는 '인공지능과 초(超)연결'을 특징으로 하는 '지능정보화'사회라고 할 수 있다. 그만큼 제4차 산업혁명시대에는 인공지능(AI, Artificial Intelligence)이 핵심이 되고 있다. 이 인공지능(AI)가 기반이 된 이른바 ICBM(IoT, Cloud, Big Data, Mobile)의 디지털 기술이 4차 산업혁명시대를 이끌게 될 전망이다.

인공지능(AI)은 인간이 가지고 있는 지각, 인식, 이해, 학습, 추론, 판단 등의 제반적 정신 능력을 인공적으로 구현해 내는 공학 프로그램이다. 한마디로 인간을 닮아가는 기술인데, 이것이 엄청나게 빠른 속도로 진화하고 있다. 계산, 데이터 처리, 분석 등 어떤 분야에서는 이미 인공지능이 인간을 훨씬 넘어섰고, 여타 분야에서도 인간을 앞서갈 전망이다.

이 인공지능이 4차 산업혁명시대에 들어와서 핵심적 역할을 하게 될 것은 분명하다. 기계가 인간과 같이 스스로 학습하고 해결책까지 내 놓는 딥 러닝(deep learning) 시대에 접어들었고, 그 기술은 앞으로 상상할 수 없을 정도로 발전할 것으로 보인다. 문제는 이 AI가 인간생활의 모든 영역에 적용되어 사회변동의 원천이 된다는 점이다. 인간을 대신하여 AI가 적용되지 않는 데가 없을 정도로 광범위한 영향력을 미치게 될 것이다. 이미 거의 모든 산업에서는 앞 다투어 AI를 적용하고 있고, 자율자동차, 항공기, 반도체, 로봇 등 기존의 제조 산업에도 광범위하게 AI기술을 채택하고 있으며, 의료, 운송, 유통, 스포츠, 법률행정서비스 등등 마치 '마법의 손'과 같이 인간생활영역에 깊숙이 침투하고 있다.

이 같이 AI의 참여가 활성화됨에 따라 인간의 일자리가 줄어들 수밖에 없게 되고, 결국에는 인간이 할 일이 별로 없게 될 지도 모른다. AI는 인간의 단순 업무뿐만 아니라, 많은 분석과 지능을 요하는 전문영역에도 적용이 확대되고 있다. AI가 신문기사를 작성하고, 약을 제조하고, 의사의 판단을 보좌하며, 심지어 공정성이 요구되는 판사의 역할까지 수행할 날이 얼마 남지 않아 보인다. AI가 인간의 역할을 대체하는 것을 넘어서 인간을 지배하는 세상을 맞이하게 될지도 모른다. 아마도 얼마 안가서 인간의 감정까지 닮은 지능로봇이 인간과 함께 한 집에서 살날도 멀리 않아 보인다.

특히 인간의 신체와 유사한 모습을 띤 인간을 닮은 로봇, 즉 휴머노이드(humanoid)가 앞으로 인간생활을 크게 바꾸게 될 것이다. 미국, 일본, 유럽, 한국 등 여러 나라에서 연구에 박차를 가하고 있다. 앞으로 고도의 지능과 감정까지도 지닌 휴머노이드가 인간과 함께 한집에서 생활하게 될 전망이다. 단순한 가사노동과 심부름은 물론이고 애완동물 이상으로 희노애락의 감정을 가지며, 심지어 성생활 역할까지도 맡는 로봇이 등장하게 될 전망이다. 그리하여 얼마가지 않아 거의 모든 가정에는 역할분담이 각기 여러 다른 휴머노이드가 인간과 함께 생활하게 됨으로써 많은 사회적 문제도 발생하게 될 것이다.

휴머노이드(humanoid)의 출현과 관련하여 이미 많은 미래학자의 연구가 축적되어 있다. 고도의 인공지능과 감정까지 지니는 인간형 로봇은 인간과 어떤 관계에 놓이게 되는가? 로봇은 단순히 기계이며, 인간의 지시에만 따르는 인간의 노예인가? 아니면 인간에 준하는 권리까지 요구할 수 있는 객체인가? 의견이 분분하다. 그러나 그 판단은 휴머노이드의 역할과 기여도에 따라서 결정될 일이라고 본다.

〈그림 9-2〉 미국 NASA가 화성에 보낼 휴머노이드 발키리(Valkyrie)

출처: 미국항공우주국(NASA) 제공.

미래사회의 AI와 관련해서 미래학자인 레이 커즈와일(Ray Kur-zweil)은 그의 저서 『특이점이 온다』(The singularity is near, 2005)에서 인간의 지능을 뛰어넘는 인공지능이 곧 우리 앞에 닥칠 것이라고 합리적인 추론을 한 바 있다. 그의 예측은 충분히 현실 가능한 것인데, 예컨대 나노기술의 발전에 따라서 혈관을 타고 다니는 나노로봇(nano-robot)에 의한 질병치료, 가상현실과 증강현실(VR, AR)의 생활화, 뇌와 컴퓨터 간의 정보교환과 영생(永生) 가능성 등 실로 공상과학(SF) 차원이 아닌 현실가능성으로 우리 앞에 성큼 다가오고 있다.

인공지능이 인간지능을 추월하게 되는 특이점(singularity), 즉 그 원년을 미국의 미래학 연구기관인 밀레니움 프로젝트(The Mil-lenium Project)는 2045년으로 못 박기도 했다. 이미 2016년에는 신의 한수라는 인간 이세돌과의 세기적 바둑대결에서 구글(Google)의 딥마인드(DeepMind)사가 개발한 알파고(AlphaGo)가 4:1로 압승을 거둔 바 있고, 계산과 데이터처리 등 어떤 영역에서는 이미 AI가 인간지능을 넘어선지 오래지만 이것은 아직 일부에 해당하는 것이고, 전반적인 면에서 인간의 지능을 넘어설 AI의 특이점은 곧 당도하리라고 보며, 지금 속도라면 2045년 보다 더 빨라질 수도 있을 것이다. 4차 산업혁명시대의 기초 자산인 AI를 누가 더 빨리 그리고 더 많이 확보하느냐에 따라 국가의 미래가 결정될 것이다.

2) 친환경기술 산업

지금까지 인간은 지구와 자연환경은 말할 것도 없고 다른 생물들에까지지도 너무나 가혹하게 굴어왔다. 그 숫자도 2021년 현재 무려 78억 명에 이르고 있고, 2060대 중반에는 97억 명에서 정점을 찍고 내려와서 2100년에는 88억 명 정도에서 머문다는 것이 인구통계학자들의 견해다. 앞서도 말했지만 이 숫자는 분명히 지구가 견뎌내기 힘든 과잉인구다. 그렇기 때문에 땅과 물, 공기는 오염되어 있고, 지나친 자연채취로 인해 모든 자원이 고갈을 맞고 있다. 공중에는 미세먼저와 황사, 이산화탄소 등 화학물질이 넘쳐나서 숨쉬기가 힘들고, 기후마저 대폭 상승하여 지구온난화로 몸살을 맞고 있다. 지금 상태를 계속한다면 기온상승으로 남북극의 빙하가 녹아내려 해수면을 상승시키고, 그 결과 많은 육지 면적이 해수에 잠기고 지구환경의 대변화와 재앙을 맞게 될 것이다.

이들 모두가 인간이 해 놓은 결과물이다. 인류는 뒤늦게 서야 이 변고에서 벗어나고자 1992년에 유엔 주관으로 범세계적인 기후변화협약을 체결하고 교토의정서(Kyoto Protocol, 1997년)을 채택,

구체적인 온실가스 감량 노력에 들어갔으나 각국의 이해관계에 막혀 별 진전을 보지 못하였다. 다시 각오를 새롭게 하여 2015년에는 파리기후협정을 체결하고 2020년부터는 각국이 스스로 온실가스 감축목표를 설정하고 국제사회의 검증을 받는 것으로 되어 있으나 그 결실가능성은 여전히 불투명하다. 가장 앞장서야 할 미국과 중국이 미온적이며, 다인구의 인도 또한 개도국임을 앞세워 뒷짐을 지고 있는 형국이다.

온실가스 배출 세계 7위국인 한국의 경우는 2030년까지 전망치 대비 37%의 온실가스 감축을 발표하였고, 더욱이 2050년까지는 탄소중립(탄소제로)을 달성하겠다고 선언했는데, 지금의 산업정책들로 봐서는 과연 이들 약속을 지킬 수 있을는지 미지수다.

그런데도 불구하고 세계인구는 계속 늘고 있다. 한쪽에서는 저출산 고령화로 야단들이지만, 다른 한쪽(인도, 아프리카 등)에서는 인구증가가 계속되고 있다. 비록 저출산이라고 해도 수명연장 등으로 인해 전체 인구의 감소 속도는 그만큼 줄어들고 있다. 그 결과 금세기 말까지는 세계인구가 지금보다도 10억~20억 명 가량이나 더 늘어나기 때문에 지구생태계는 당연히 과부하가 걸릴 수밖에 없고, 이것을 타개하기 위한 인류의 노력이 계속될 수밖에 없기 때문에 과학기술도 이 속도와 필요성에 맞추어 발전돼 가리라고 본다.

이런 방향성을 감안하여 지금의 한국과 미래 통일한국의 과학기술도 자연친화적인 분야에 올인(all-in)할 필요가 있다고 본다. 친환경분야는 적어도 금세기말까지는 고부가가치를 창출할 수 있는 중요한 분야가 될 것이다. 이미 한국은 이 분야에 일찍이 뛰어들어 큰 성과를 내고 있다. 친환경에너지 분야인 축전지(배터리) 산업(LG, SK, 삼성 등)은 이미 세계적 수준에 이르고 있어 앞으로 반도체 산업과 함께 4차 산업혁명시대에서 중요한 역할을 할 것으로 보이며, 바닷물의 담수화 기술(두산 등) 또한 세계의 선두를 달리고 있다.

그러나 아직도 한국의 친환경 관련 산업은 걸음마 단계다. 2021년 현재 한국의 친환경산업, 일명 녹색산업의 세계 점유율은 2%에 불과한데, 이 비율은 친환경기술의 선도국인 미국(31%), 유럽(30%), 일본(9.5%)과 비교해 볼 때 아주 낮은 수준이다.[4] 그러나 앞서 말한 대로 몇 가지 부문에서는 탁월한 성과를 보이고 있고, 여타 부문에서도 가일층 분발한다면 통일 후에 8천만 명의 한국인의 생계에 일조를 하게 될 것이다. 친환경기술 산업이라는 분야도 상당히 광범위한데 그 중 하나의 자료를 소개하면 아래와 같다.

〈표 9-3〉 녹색기후 기술 분류

대분류	중분류	소분류
온실가스 감축	1. 재생에너지	수력
		태양광
		태양열
		지열
		풍력
		해양에너지
		바이오에너지
		폐기물
	2. 신에너지	수소 제조
		연료전지

---

4) 한국산업연구원(KIET), "녹색산업 현황 조사 및 활성화 방안 연구 " 2020년 4월 참조.

대분류	중분류	소분류
온실가스 감축	3. 비재생에너지	청정 화력발전 효율화
		핵융합발전
		원자력발전
	4. 에너지 저장	전력 저장
		수소 저장
	5. 송배전, 전력 IT	송배전시스템
		전기 지능화 기기
	6. 에너지 수요(사용)	수송 효율화
		산업 효율화
		건축 효율화
	7. 온실가스 고정	CCUS
		Non-CO2 저감
기후변화 적용	8. 농업, 축산	유전지원, 유전개량
		작물재배, 생산
		가축 질병관리
		가공, 저장, 유통
	9. 물	수계, 생태계 관리
		수자원 확보 및 공급
		수처리
		수재해 관리
	10. 기후변화예측 및 모티터링	기후예측 및 모니터링
		기후정보 경보 시스템
	11. 해양, 수산, 연안	해양생태계
		수산자원
		연안재해관리
	12. 건강	감염질병관리
		식품안전관리
	13. 산림, 육상	산림생산 증진
		산림피해 저감
		생태, 모니터링, 복원

대분류	중분류	소분류
감축 및 적용 융복합	14. 다분야 중첩	신재생에너지 하이브리드
		저 전력소모 장비
		에너지 하베스팅
		인공광합성
		기타 기후변화 기술

출처: 한국산업연구원(KIET), "녹색산업 현황조사 및 활성화 방안 연구", 2020.4.
(첨부자료).

친환경 녹색산업이 세계적으로도 아직 초기 개발단계인 만큼 한국은 현재의 기술수준을 세밀히 점검해 보고 향후 100년을 내다보는 발전 전략을 섬세하게 짜야 할 것이다. 친환경에너지기술과 관련하여 앞서 말한 축전지(배터리) 제조업에 더하여, 수소연료전지사업 또한 4차 산업혁명시대에서 주축을 이룰 것으로 보이며, 전기자동차를 비롯하여 그 수요처는 광대하다. 뿐만 아니라 한국이 최고 기술을 자랑하는 원자력발전사업을 한 단계 더 업그레이드 시켜 방사능이 없고 발전량은 훨씬 더 많은 핵융합발전소 개발에 더욱 박차를 가해서 인류를 전기에너지 부족에서 벗어날 수 있도록 하면 얼마가 좋을까 기대해 본다.

이런 맥락에서 볼 때, 한국의 문재인 대통령(2017~2022년 재임) 당시에 그동안 잘 나가고 있던 한국의 원자력발전사업을 합당한 대안 없이 대폭 축소해 나가는 일명 '탈원전'정책[5]을 강행한 것은 친

___

5) 문재인 대통령은 대선후보 당시 '원자력 제로'를 목표로 내세워 신규 원전 건설계획의 백지화, 노후 원전 수명연장 중단, 월성1호기 폐쇄, 신고리 5·6호기 공사중단 등을 주장했다. 또한 원전 비중을 2030년까지 30%에서 18%로 낮추고, LNG는 20%에서 37%, 신재생 에너지는 5%에서 20%로 높이겠다고 발표한 바 있다.(출처: 랭킹쇼, 문재인 정부 탈원전 정책일지. 레이더

환경정책에도 어긋나고, 원전수출정책과도 상치되는 성급한 정책이었다고 여겨진다. 그 같은 급격한 축소정책보다는 정상급인 한국의 원자력기술과 노하우를 충분히 활용하면서 합리적 대안으로 옮겨가는 점진적인 정책이 필요했다고 보여 진다.

〈그림 9-3〉 핵융합발전소 구도

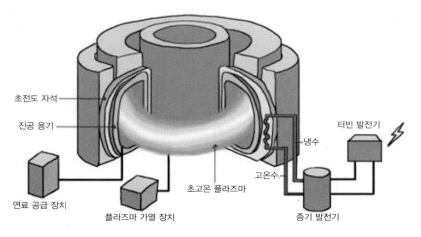

출처: The Science Times, 2019.7.12.

그 대안과 관련하여, '인공태양'이라고까지 불리는 핵융합발전을 위한 실험로(프랑스에 소재)가 2025년까지 일단 조립을 마칠 전망이다. 이 방식은 기존의 원자력발전과는 아주 다른 방식이다. 이중수소와 삼중수소를 융합하는 방식으로서 방사능이나 핵폐기물이 발생하지 않고 훨씬 더 많은 에너지를 얻을 수 있는 획기적인 방식이다. 한국을 비롯하여 모두 7개국(한국, 미국, EU, 일본, 러시아, 중

P, 2018.7.26)

국, 인도)이 공동 참여한 국제핵융합실험로(ITER) 프로젝트가 각 참여국이 납품한 장치들을 2020년부터 조립을 시작하여 2025년까지 500MW급(약 20만 가구 사용)의 에너지 출력을 내는 소규모 급의 핵융합발전소를 만들 예정인데, 이 실험용 발전소를 2040년까지 운영해 보고, 2050년경에는 2000MW급의 발전소를 만들어 상용화 한다는 계획이다.

한국은 이 공동 프로젝트에 참여하여 삼중수소시스템 등 9개장치를 이미 납품했다.[6] 미래 꿈의 에너지라고 불리는 핵융합발전사업에 한국은 한발을 걸치고 중요한 역할을 하고 있으며, 이미 많은 국내기업들(현대중공업 등 110여개, 2020년)이 참여하여 수주가 이루어지고 있는데, 앞으로 한국의 4차 산업발전과 국민의 먹거리 산업 차원에서도 커다란 성과가 기대된다.

3) 바이오·헬스(Bio-Health) 산업

인간은 누구나 건강한 몸으로 장수를 꿈꾼다. 그동안 과학기술의 발달로 인간수명이 대폭 늘어났고 많은 질병들이 인간의 관리 하에 놓이게 되었다. 한국인의 경우만 해도 평균 기대수명이 1970년에 62.3세였던 것이 대폭 증가하여 2019년에는 83.3세(남성 80.3년, 여성 86.3년)를 기록했다. 식생활의 개선과 의학기술의 발달이 주요 원인이 될 것이다.

그러나 인간의 욕망은 끝이 없어서 제4차 산업혁명시대와 그 이후에도 인간의 질병을 예방, 치료하고 더욱 수명을 연장해서 심지어 영생(永生)까지도 꿈꾸는 바이오·헬스(Bio & Health) 산업이

---

6) 한국경제, 2020.7.28. https://www.hankyung.com.

〈그림 9-4〉 한국인의 평균 기대수명

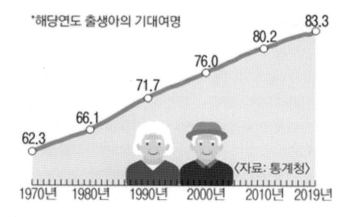

*해당연도 출생아의 기대여명

62.3 1970년
66.1 1980년
71.7 1990년
76.0 2000년
80.2 2010년
83.3 2019년

〈자료: 통계청〉

크게 각광받을 전망이다. 이 산업은 세계적인 인구고령화 현상과 맞물려 미래성장가능성이 아주 높은 차세대 주력 신산업이 될 것이다. 앞으로 10년간(2021~2030년)의 성장률 전망에 따르면 바이오·헬스 분야의 성장률(4.0%)은 조선(2.9%)이나 자동차(1.5%) 보다 훨씬 높게 나타나고 있다.[7] 바이오·헬스 분야는 이전의 의료제품과 의료서비스에서 더욱 나아가 인공지능과 디지털기술이 융합되어 바이오 빅데이터(bio-big data), 정밀의료, 재생의료 등의 발전으로 이어질 전망인데, 사실 그 끝이 보이지 않는다.

이번에 코로나19(COVID-19)의 팬데믹(pandemic) 사태를 겪으면서 이에 대응하는 각국의 능력을 보면 그 나라의 미래가능성을 가늠해 볼 수가 있다. 코로나19의 예방을 위한 백신과 치료제를 얼마나 빨리 개발해 내느냐가 관건이다. 역시 미국이 가장 앞서 갔다.

---

7) 한국보건산업진흥원(KHIDI), "바이오헬스산업 경쟁력 확보를 위한 미래유망기술 후보군", 보건산업브리프, vol.319, (2020.11.27).

그 백신인 화이저-바이온택(Pfizer & BioNTech, 독일과 합작)과 모더나(Moderna), 얀센(Janssen), 노바백스(Novavax) 등이 미국에서 질병 발현 후 1년 전후해서 나왔고, 영국도 재빨리 아스트라제네카(AstraZeneca)를, 러시아는 스푸트니크(Sputnik) V를, 중국도 시노백 등 백신을 출시했다. 물론 효용성과 안전성 면에서는 서로 간에 차이가 있지만 팬데믹 질병에 신속하게 대응했다는 면에서 이들 국가는 미래의 성장 동력을 가졌음이 입증된 셈이다. 물론 한국도 후발주자로서 일부 백신(아스트라제네카 등)을 위탁 생산했고, 여러 가지 백신과 치료제를 개발 중에 있다. 문제는 시간이다. 시간이 능력이고 성장 동력인 것이다. 앞으로도 팬데믹(pandemic) 수준의 전염병이 지속적으로 발생할 것으로 보여 이의 예방과 치료 분야에 획기적인 투자와 연구가 절실히 요청된다. 한편, 최근 (2020)의 한 연구에 의하면 한국은 보건의료분야에서 유망기술로서 10가지를 제시했다.

〈표 9-4〉 보건의료분야 10대 미래 유망 기술 분야

연번	기술명	상용화 예상 시기	선진국 대비 국내기술 수준(%)
1	바이오 프린팅으로 제작된 인공장기와 조직	10~20년 이내	미국: 100 한국: 90~100
2	손실된 인체감각을 대체하는 기기용 소재	10~20년 이내	미국: 100 한국: 70
3	맞춤형 암 백신	10~20년 이내	미국, 독일: 100 한국: 50
4	실시간 액체 생검	5~10년 이내	미국: 100 한국: 40~50

연번	기술명	상용화 예상 시기	선진국 대비 국내기술 수준(%)
5	생체 내 유전체 편집기술	5~10년 이내	미국: 100 한국: 50~60
6	인공지능 기반 분자 디자인	5~10년 이내	미국, 영국: 100 한국: 80~90
7	면역세포치료제 활성화 백신	5~10년 이내	미국: 100 한국: 70
8	오가노이드 기반 체모사기술	5~10년 이내	미국: 100 한국: 70
9	휴먼 마이크로바이옴	5~10년 이내	미국, 유럽: 100 한국: 70
10	조직 내 노화세포 제거기술	10~20년 이내	미국: 100 한국: 80

출처: 한국보건산업진흥원, "바이오헬스 산업경쟁력 확보를 위한 미래 유망 기술군", 보건산업 브리프, vol. 319, 2020.11.27.발행.

위 표에서 보는 바와 같이 선정된 바이오·헬스 관련 10대 미래 유망기술들에서 미국이 단연코 앞서가고 있는 것은 사실이지만, 한국 또한 상당한 수준까지 미국에 근접하고 있음을 보면 놀랍기도 하고 희망이 보인다. 지금까지 정부차원에서 많은 지원이 있었지만 미래 100년의 국민 먹거리 산업 육성 차원에서라도 국가가 보다 더 적극적인 연구개발(R&D)과 규제완화 등 지원에 앞장설 필요가 있다. 그리하여 한국의 글로벌 바이오 시장 점유율을 현재(2019년) 1.7% 수준에서 대폭 향상시켜 10% 이상의 수준이 된다면 국민 건강과 100년의 먹거리 산업발전에도 크게 기여하게 되리라고 본다.

4) 항공 우주 산업

미래는 우주를 누가 지배하느냐에 따라 국가의 운명이 결정되리라고 본다. 왜냐하면 우주공간을 이용하여 수많은 사업과 부의 창출이 가능해지고, 특히 군사안보 면에서는 우주의 지배자가 지구의 관리자가 되는 시대를 맞게 될 것이기 때문이다. 우주공간이야말로 인류의 마지막 블루오션(blue ocean)인지도 모른다. 지금 미국과 중국이 패권다툼을 하는 것도 실상은 누가 우주를 지배하느냐의 경쟁이기도 하다. 이미 미국은 2019년에 우주전을 위한 통합사령부로서 국방부 산하에 우주사령부(United States Space Command)를 결성하고 활동에 들어갔다.

돌이켜보면, 1957년에 소련이 인류 최초로 스푸트니크1호 위성을 발사한 이래 미국을 비롯한 여러 국가가 앞 다투어 우주 진출과 탐사활동을 이어갔다. 그러나 이제는 단순한 탐사수준을 넘어서 우주공간을 상업적 내지는 군사적 무대로 이용하는 단계로까지 접어들었다.

우주진출 하면 단연코 미국이 가장 앞선다. 미국은 1969년에 유인우주선 아폴로11호가 달 착륙에 성공한 이래 갖가지 우주사업을 펼쳐왔다. 그 중에서도 최근에 각광받고 있는 사업으로는 일론 머스크(Elon Musk가 이끄는 Space-X사에 의한 것들이다. 2002년에 설립된 이 민간기업은 무서운 속도로 우주사업들을 펼치고 있다. 달의 진출은 물론이고 2100년까지는 화성에 100만 명의 지구인을 이주시키겠다는 계획을 가지고 대형 왕복우주선(starship) 개발이 진행 중이며, 이미 국제우주정거장(ISS)에는 화물운송은 물론이고 승무원들까지 보내고 있다. 무엇보다도 Space-X사는 우주 저궤도에 수 만개의 소위성군을 쏘아 올려 초 광대역의 위성인터넷 사업(일명 Starlink Project)을 벌이고 있는데, 이미 2021년 현재 1천여 개의 위성을 쏘아 올렸고 점차 그 수를 늘려 2030년까지는

4만여 개의 위성을 우주 저궤도에 올려 지구 전역에 인터넷의 사각 지대를 없애고, 전송속도 또한 1Gbps 이상으로 한다는 것이다. 이 사업은 벌써 북미, 유럽, 인도 등에서 상업적 서비스가 시작되었으며, 단순히 인터넷사업을 넘어서 앞으로는 모바일과 자율주행자, 드론, 선박 등 다양한 정밀산업분야에도 적용될 것으로 보여 4차 산업혁명시대의 게임 체인저(game changer)가 될 공산이 크다.

그 밖의 영역에서도 항공우주산업은 급격하게 발전하고 있어서

〈표 9-5〉 미국 Space-X의 Starlink Project

출처: 조선일보(2018.3.5.)   이미지: 셔터스톡(라이선스).

국가차원에서 이 사업에 뛰어들어 주인공이 되든지, 아니면 최소한 협력국의 지위라도 가지지 못한다면 4차 산업혁명시대와 그 다음 시대에 있어서는 적응하기가 어렵게 될 것이다.

지금까지 인류가 발사한 인공위성의 총 누적수가 1만대를 돌파했다. 이는 우주선과 탐사선을 합친 숫자다. 유엔우주사무국(UN-OOSA)의 인공 우주물체 목록에 따르면, 2020년 11월 15일 현재 1만 93개가 등재되었다. 그런데 2020년 한 해에만 1,000개가 넘는 인공위성이 발사됐다. 그 이유는 SpaceX와 Blue Origin사 등의 소형위성이 다량 발사되고 있기 때문이다. 그러나 실제 활동 중인 인공위성은 2020년 7월말 기준으로 2,787대였다.[8] 이들 활동 위성의 국가별 보유 현황은 미국(1,425), 중국(382), 러시아(172), 기타(808) 순이었고, 전체의 73%인 2,032대가 지구에 가까운 우주상의 저궤도를 돌고 있는 것으로 나타났다. 한국은 1992년 8월에 과학실험위성인 우리별 1호를 처음 발사한 이후 △ 정지궤도 10개 △ 비정지궤도 10개를 포함 총 22개의 위성을 쏘아 올렸다. 이 중에서 2020년 현재 운영 중인 위성은 정지궤도 7개, 비정지궤도 5개로 모두 12개다. 숫자로만 볼 때 한국의 우주 진출은 아직 많이 부족한 실정이다.

한국은 우리 땅(전남 고흥 나로우주센터)에서 우리가 만든 기술로 우주로켓을 쏘아 올리고자 2010년에 시작한 프로젝트가 결실을 맺어 드디어 11년만인 2021년 10월 21일에 누리호를 성공적으로 발사하였다. 다만 3단 로켓의 연소시간이 일부 단축되어 위성모사체를 우주궤도에 안착시키지는 못했지만 '미완의 성공'을 거둔 것으로

---

8) 미국 비영리 과학시민단체 USB(Union of Concerned Statistics) 자료 참조.

평가받고 있다. 2022년 5월에는 다시 누리호 2호 발사계획을 잡고 있는 데, 이때는 완전한 성공을 목표로 하고 있다. 지난 2013년에는 최초의 우주발사체 '나로호'가 우리 땅(나로우주센터)에서 발사됐지만 사실상 러시아제 발사체(1단 로켓엔진)에 의존했던 것을 이번에는 우리가 자체 제작하고 개발한 발사체(총중량 약 300톤, 3단 로켓)에 의해 성공적으로 발사되었다는 점에서 한 획을 긋는다. 로켓 누리호는 아리랑 위성(150kg)보다 훨씬 더 무거운 1.5톤급의 위성까지도 탑재 가능하도록 개발된 것이다. 이어서 한국은 2022년에는 달궤도선을 Space-X가 개발한 팔콘9(Falcon9)을 이용해서

〈그림 9-5〉 한국형 우주발사체 누리호의 재원과 구조

출처: 한국항공우주연구원 자료.

발사할 계획이며, 2030년경에는 달착륙선까지 자체 개발하여 비록 미국보다는 늦지만 직접 달에 착륙한다는 계획이다.

이 같은 진전은 한국이 우주시대에 본격 뛰어 들겠다는 것을 의미한다. 그러나 더욱 분발해야 할 분야로 본다. 지난날의 우주경쟁은 올드 스페이스(Old Space) 시대로서 국가가 직접 나섰지만, 앞으로는 민간기업이 주도하는 뉴 스페이스(New Space) 시대가 전개되고 있으며, 그 활동도 군사 분야를 넘어서 상업적 차원의 '우주경제'시대를 맞고 있다. 한국은 그동안 우주개발 분야에 많은 투자를 해 왔으나 아직도 국내 우주산업의 매출비율은 전체 우주시장의 1%에도 못 미치는 낮은 수준이다. 앞으로 인력확충과 인프라 구축 등 지속적인 노력이 요망된다.

〈표 9–6〉 한국의 국내 우주산업 규모(2019년)

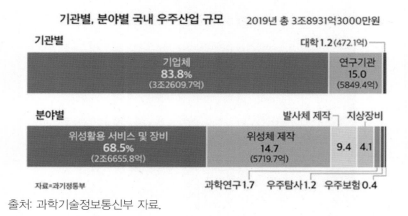

출처: 과학기술정보통신부 자료.

우주산업과 관련하여 한 가지 더 언급하고자 하는 것은 '글로벌 내비게이션 위성 시스템'(GNSS: Global Navigation Satellite

System)에 관한 것이다. 현재 많은 국가가 미국이 개발한 GNSS인 GPS(Global Positioning System)을 사용하고 있다. 이 장치는 미국이 군사용으로 개발했던 것을 민수용으로도 활용함으로써 항공기나 선박, 차량, 인터넷, 휴대폰 등을 비롯한 많은 기기에 아주 유용하게 사용되고 있다. 그러나 몇몇 우주 선진국들은 이 장치를 그대로 사용하는 것을 꺼리고 있다. 그것은 경제적인 이유와 자신들의 독자적인 사용 용도를 감안한 측면도 있지만 타국의 GNSS를 사용하는 경우에 정보노출과 조작, 해킹 등을 염려하기 때문이다.

그 결과 러시아는 자체 개발한 글로나스(GLONASS)를 사용하고 있고, 유럽은 갈릴레오(Galileo)를, 일본은 준천정(準千頂, QZSS)을, 중국은 베이더우(北斗, BeiDou)를 각각 독자 개발하여 사용 중에 있다. 한국 또한 자체적으로 KPS(Korean Positioning System) 개발을 계획하고 있는데, 이것은 아주 합당한 것으로 생각한다. 왜냐하면 한국 역시 독자적인 GNSS를 가지고 있어야 용도에 적합하게 사용할 수가 있게 되고, 특히 전투기나 미사일 등 군사용 무기 등에 우리의 GNSS를 사용함으로써 이른바 선진국의 '기술종속'에서 벗어날 수 있기 때문이다. 앞으로도 GNSS 사업은 우주 선진국 간에 더욱 경쟁적으로 진행될 것으로 보이며, 제4차 산업혁명 시대와 맞물려 많은 富(부)를 창출할 수 있는 분야가 될 전망이다.

또 한 가지는 앞으로 전개될 우주전(宇宙戰) 관련 산업과 그에 대한 대비문제다. 그동안 인류는 지구표면을 중심으로 생활하였다면 앞으로는 우주공간이 지구인의 '삶의 놀이터'가 될 전망이다. 이런 시대에는 우주의 지배자가 곧 지구의 관리자가 되는 것이다. 이미 우주를 선점하는 경쟁은 뜨겁다. 초기에는 미국과 구소련(러시아)이 경쟁하다가 경제적 이유 등으로 러시아가 움 추려들고 있으며,

금세기에 들어와서는 중국이 도전장을 내고 갖가지 우주사업에 뛰어 들고 있으나 미국의 강력한 견제를 받고 있다. 아마도 중국은 러시아와 같은 신세가 될지도 모른다. 우주경쟁에서도 2인자는 철퇴되는 것이 싸움의 생리이기 때문이다.

앞서도 언급했지만, 미국은 2019년에 트럼프 대통령은 기존의 공군우주사령부를 확대 재편하여 독립적인 우주사령부를 창설한 바 있다. 그 지위도 격상하여 4성 장군이 우주군 참모총장이 되고, 1만여 명의 병력이 배치되는 등 가장 앞선 조치를 취했다. 한편 러시아는 2015년에 자신들의 공군 명칭을 '항공우주군'으로 변경하고 작전 범위를 우주로까지 넓혔다. 중국은 자신들의 독자적인 우주 기술력을 바탕으로 인민해방군 전략지원부대를 운영 중이다. 한국도 이런 상황을 인식하여 공군 내에 '우주정보상황실'을 운영하는 수준이나 2030년경에는 '항공우주통제사령부'라는 별도의 부대를 창설한다는 계획이다. 한국의 발 빠른 대응은 바람직하다는 생각이며, 우주 공간은 단순히 군사적 이용이나 우주전에도 대비해야 하겠지만, 경제산업적 측면에서도 중요성이 지대하다는 점에서 '군사+산업'이 함께 가는 방안을 강구할 필요가 있다고 본다.

한국은 이미 우주발사체(누리호)를 자체 개발했고, T-50 초음속 고등훈련기 개발과 양산에 이어서 2026년까지는 국내 최초로 4.5세대 초음속(마하1.8) 한국형 전투기(KF-21 보라매)를 개발 완료하여 2028년부터 실전 배치하고 수출까지 계획하고 있다. 이 같은 첨단 방위산업이야말로 자주국방의 초석이 될 뿐만 아니라, 많은 일자리와 부를 창출하는 미래 산업의 성장 동력이 될 것이다. 그러나 여기서 한 가지 유의해야 할 점은 앞으로 통일한국이 저자가 주장하는 대로 영세중립노선을 선택하고, 한반도를 비핵, 비폭력 평화지대로 삼고자 한다면 한국의 무기관련 산업은 국가의 기본정신을 훼손하지 않는 범위 내에서 발전시켜 나가야 할 것이다.

〈그림 9–6〉 한국이 자체 개발한 KF21 보라매 전투기 모형

출처: kai–webzine.com
저자 주: 2021년 4월 9일에 KF21 보라매 전투기 시제품 1호가 출고 되었고, 2026년에 개발을 완료한 후 2028년에 40대, 2032년에 120대를 실전 배치한다는 계획이다.

제2절 한류·문화·관광 산업: K–Culture

1. 제2의 미래성장 동력: 한류·문화·관광 산업

앞에서는 통일한국의 제1의 미래성장 동력으로서 과학·기술 강국을 들었다. 그 다음으로 제2의 성장 동력을 찾자면 한국인의 풍부한 정신문화자산을 활용하는 방안을 생각해 볼 수 있다. 구체적으로 말하자면, 이미 세계무대에서 한몫을 하고 있는 이른바 한류(韓流, Korean Wave) 산업과, 5천년 역사의 풍부한 문화유산, 그

리고 이들을 활용한 관광산업이 이 범주에 들어간다. 앞 장에서 살펴 본 과학기술이 한국인의 물리적 하드웨어(hardware)에 해당한다면, 한류문화는 한국인의 정신적 소프트웨어(software)에 해당한다. 이 한류문화는 앞으로 인간이 별로 할 일이 없게 되는 미래사회에서 과학기술 강국 못지않게 정신적 치유(healing)와 새로운 먹거리 창출을 위한 또 하나의 미래성장 동력이 될 수 있다. 이것은 지금의 프랑스나 이탈리아, 스페인 등과 같은 국가들을 보면 바로 알 수 있다. 이들 국가는 문화, 관광산업을 빼고 나면 사실상 별로 남는 것이 없다.

한국의 문화는 일제강점기와 6.25전쟁을 거치면서, 그리고 1970~1980년대의 경제개발시대를 거치면서 생계에 쫓겨 우리의 찬란한 문화를 제대로 되돌아보고 감상해 볼 여유가 없었다. 그러나 2천 년대에 들어서면서 경제와 사회가 안정되고 국민들도 다소 여유로운 생활을 하게 됨에 따라 그동안 묻혀있던 각종 문화자산들이 수면위로 떠오르게 되고 새로운 조명을 받기 시작했다. 그러나 한국인 스스로도 자신들의 문화자산이 얼마나 훌륭한 것인지를 잘 모르는 경우가 많다. 사실 한국인은 세계 어느 민족보다도 고귀하고 값진 문화자산들을 많이 가지고 있다.

2020년 현재 유네스코(UNESCO)에 등재된 인류의 '세계유산'은 총 1,121점(167개국)인데, 그 중에서 한국의 '세계유산'은 14점이며, 북한의 2점까지 포함하면 한반도에는 총16점(문화유산 15점, 자연유산 1점)의 '세계유산'이 등록되어 있다.(문화재청 자료)

〈표 9-7〉 유네스코 등재 한반도 세계유산

(문화유산 15점, 자연유산 1점: 계 16점)

명칭	지정 연도	명칭	지정 연도
석굴암과 불국사	1995	조선왕릉	2009
합천해인사 장경판전	1995	한국의 역사마을 하회와 양동	2010
종묘	1995	개성역사유적지구 (북한 소재)	2013
창덕궁	1997	남한산성	2014
수원화성	1997	백제역사유적지구	2015
경주역사유적지구	2000	산사·한국의 산지승원	2018
고창·화순·강화 고인돌 유적	2000	한국의 서원	2019
고구려 고분군 (북한 소재)	2004	제주특별자치도 화산섬과 용암동굴(자연유산)	2007

그리고 2020년 현재 유네스코에 등재된 한국의 '무형문화유산'으로는 종묘 및 종묘제례악(2001년), 판소리(2003년), 강릉단오제(2005년), 강강술래(2009년), 남사당(2009년), 영산재(2009년), 제주 칠머리당영등굿(2009년), 처용무(2009년), 가곡(2010년), 대목장(2010년), 매사냥(2010년, 공동등재), 줄타기(2011년), 택견(2011년), 한산모시짜기(2011년), 아리랑(2012년), 김장문화(2013년), 농악(2014년), 줄다리기(2015년 공동등재), 제주해녀문화(2016), 한국의 전통 레슬링(씨름)(2018), 연등회(2020) 등 총 21건의 유산이 등재되어 있다.(문화재청 자료)

한편, 2020년 현재 유네스코에 등재된 '세계기록유산'으로는 훈민정음(1997년), 조선왕조실록(1997년), 직지심체요절(2001년), 승

정원일기(2001년), 해인사 대장경판 및 제경판(2007년), 조선왕조의궤(2007년), 동의보감(2009년), 일성록(2011년), 5.18 민주화운동 기록물(2011년), 난중일기(2013년), 새마을운동 기록물(2013년), 한국의 유교책판(2015), KBS 특별생방송 '이산가족을 찾습니다' 기록물(2015), 조선왕실 어보와 어책(2017), 국채보상운동기록물(2017), 조선통신사 기록물(2017)로 총16건이 있으며 세계에서 네 번째, 아태지역에서는 첫 번째로 많다.(문화재청 자료)

이렇게 보면, 2020년 현재 유네스코에 등재된 한국(북한 포함) 문화 중에서 세계유산(16점), 무형문화유산(21건), 세계기록유산(16건) 등 모두 53건이다. 이것들만 보아도 우리 민족이 얼마나 오랜 역사 속에서 값진 문화를 간직해 온 문화민족인가를 입증하고도 남는다. 우선 훈민정음(한글) 하나만 보아도 알 수 있다. 언어학적

〈그림 9-7〉 훈민정음 언해본

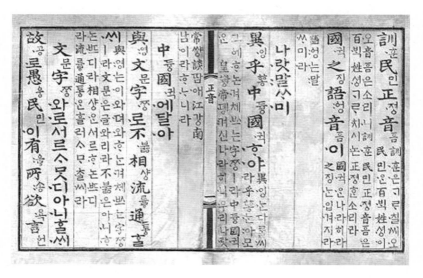

으로 가장 과학적이고 쉬우며 다양한 표현이 가능한 그런 고유 언어를 가진 민족이 세상에 얼마나 있던가? 그 뿐만 아니라, 이 세상에 식탁에서 나무가 아닌 고풍스런 금속 수저를 사용하는 민족이 또 있던가?

예술적 감각이 뛰어난 우리 민족은 오랜 역사 속에서 고유한 문화를 발전시켜 왔다. 한반도라는 지리적 특성으로 인하여 대륙문화와 해양문화를 함께 수용하고 자연조건에 순응하면서 독창적이면서도 인류가 공감할 수 있는 문화를 형성해 왔다. 음악, 미술, 문학, 무용 등 우리의 모든 민족 문화 예술에는 전통과 현대가 함께 살아 숨 쉬고 있다. 건축, 의복, 음식 등 의식주를 비롯한 다양한 생활양식에서도 마찬가지다. 이 모두가 민족의 문화자산이고 정신적 유산으로서 미래의 풍부한 먹거리 산업이 될 수 있을 것이다.

과학기술 못지않게 문화도 좋은 상품이 되며 수출품목이 된다. 앞으로의 세상에는 정신세계의 표현물인 문화자산이 더욱 각광받는 시대가 될 것이다. 자동차나 가전제품을 수출하는 것보다도 K-pop 가수들이 해외에서 벌어들이는 수입이나 드라마 판매수입이 더 큰 부가가치를 창출하는 세상이다. 그 만큼 풍부한 문화자산은 미래의 주요한 먹거리 산업을 창출할 수 있다.

이와 관련하여, 한국의 대중문화예술은 21세기에 들어와서 일명 한류(韓流, Korean Wave)라는 이름으로 세계적으로 크게 주목받고 있다. 젊은 클래식 음악인들이 국제콩쿠르무대를 휩쓰는가 하면, 문학작품들도 외국어로 번역되어 해외 독자와 시청자들을 사로잡고 있다. 한국 화가들의 단색화는 세계에서 가장 주목받는 미술품으로 급부상하기도 했다. 뿐만 아니라, K-pop 가수들 또한 세계를 달구고 있고, 프로골프 계에서는 한국 여성들이 LPGA 상을 휩쓸고 있다. 한국 영화, 드라마, 게임 등이 세계인들의 안방을 차지한 것도 오래 전의 일이다. 이 모두에는 조상들이 장구한 역사 속에서 은근과 끈기, 투철한 장인정신을 발휘해서 창조해 낸 전통문화의 뛰어난 예술성과 정교함, 그리고 민족정신이 숨 쉬고 있는 것이다.

앞으로 일어날 한반도 통일은 오랫동안의 정신문화적 단절을 벗어나서 온 민족을 한마당에 모이게 함으로써 민족의 정체성(identity)을 되찾게 하고, 새로운 민족문화를 고양시킬 수 있는 소중한 기회를 다시금 제공할 것이다. 우리 민족은 정신문화 측면에 있어서도 독특하고 남다른 데가 많다. 이들은 한번 신바람이 나면 밤을 세워가면서 혼을 불사르는 뜨거운 열정과 영혼을 가진 민족이라는 평가를 받고 있다. 이런 정신이 한류가 되어 지금 세계인들의 각광을 받고 있는 것이다.

〈그림 9-8〉 민족의 전통 풍물놀이 한마당

2. 문화의 향유와 산업화

인류는 앞으로 4차 산업혁명시대로 접어들면서 인공지능(AI)과 로봇 등에 의해 일자리를 빼앗기고 대량실업시대에 접하게 될 것이다. 사회적 양극화는 더욱 심해지고, 빈부의 격차는 더 크게 벌어질 전망이다. 첨단산업화시대에 잘 적응하지 못하는 많은 사람들은 별로 할 일이 없게 되고, 국가는 그들의 기본생계를 지원하기 위해서 기업과 부자들로부터 더 많은 세금을 부과할 것이다. 다시 말해서 소수(10%미만)의 부자가 다수의 생계를 책임지는 '더블 트라이앵글'(double triangle) 구조의 사회가 될 것으로 전망된다.

〈그림 9-9〉 미래의 국민 생계 구조(Double Triangle Structure)

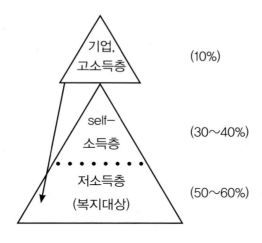

이런 사회에서는 고부가가치를 창출하고 양산하는 소수(10%이내)의 첨단기업과 고소득층이 서민들의 기회비용 상실에 대한 대가

로서 막대한 세금을 내지 않을 수 없게 되고, 별 재능이 없는 대다수(50%이상)의 일반 서민들은 국가로부터 연금, 실업수당 등 각종 복지정책에 의존해서 연명해 나가며, 나머지 30~40%의 중견층만이 '자신이 벌어서 먹고 사는 self-소득층 사회'가 될 전망이다. 이런 사회에서는 실업(失業)이 오히려 '뉴 노멀'(new normal)이 되고, 특별한 기능이 없는 대다수의 보통사람들은 직업적으로 별로 할 일이 없게 되어 '매일 먹고 놀고 쉬는'게 노멀(normal)이 되는 마치 에덴동산(?)과 같은 사회가 되는 것이다. 이런 곳에서는 많은 사회적 부(不)적응 자가 속출하게 되고, 우울증 내지 정신병 환자가 많이 나타나게 될 것이다.

이런 사회에 필요한 것이 바로 레저(leisure)와 문화적 힐링(healing)이다. 그만큼 미래 인들에게는 정신적 안식처가 필요한 것이다. 우리가 가지고 있는 수많은 문화 콘텐츠(contents)들을 우선 이들을 위해서 사용하고, 관광과 산업화로 연결해 볼 수 있을 것이다. 앞에서도 언급한 바와 같이, 미래사회는 현재와는 많이 달라서 국가의 부는 1차적으로는 첨단기술과 기업들이 창출해 내고, 2차적으로는 문화, 한류와 관광산업에 의해 보완하는 방식을 취할 수밖에 없다. 그러기 위해서는 문화를 단순히 즐기는 차원이 아닌, 관광과 수출산업화 하는 방안까지도 고려해 볼 만하다고 본다. 이미 이 분야는 한류 콘텐츠와 함께 시작되었다.

그 예로서, K-pop이나 한국 드라마의 배우나 공연장, 촬영지 등을 찾는 관광객이나, 유명 한국 화장품 구매를 위해 찾아오는 외국 관광객, 심지어 성형과 질병치료를 위해 찾아오는 관광객들까지 늘고 있다. 이런 것들은 예전에는 보지 못한 현상들이다. 한국의 문화가 세상에 널리 알려지게 되고, 첨단기술이 이들을 뒷받침해 주며,

국민이 잘 살게 됨에 따라 많은 세계인들이 한국을 찾는 것이다. 정부와 국민은 이 노력을 지속적이고 전략적으로 추진해야 할 것이다.

〈그림 9-10〉 함경북도 소재 명산 칠보산 내칠보 사공바위

출처: SPN 서울평양뉴스.

통일 이후에는 북한지역의 자연, 문화자산도 충분히 활용할 가치가 있다. 북한지역에서는 인민들이 한없이 어려운 환경에서 살아왔으나 많은 천연자원이 있고, 몇 군데의 명산과 해변은 세계적 미항이라고 하는 베트남 북부의 하롱베이 못지않게 아름답다. 저자가 직접 가 본 백두산과 금강산은 알프스산에 결코 못지않으며, 묘향산, 칠보산, 구월산과 원산의 명사십리 해변 등은 더 없이 아름답고 잘 보존돼 있어서 통일 후의 관광 산업화에 아주 적합하다고 생각한다. 그리고 북한 지역의 고유 음식문화와 특산물 또한 관광객을 유치하기에 좋은 소재가 되리라고 본다. 통일 후에는 남과 북이 따

로 없이 하나의 국가이기에 문화의 산업화와 관광산업의 개발은 한 반도 전역 차원에서 추진해 나가야 할 것이다.

제10장

미래사회와 기술윤리

제1절 완전한 개방국가 & 개방사회

1. 물리적 국경도, 경제적 장벽도 제거

특별한 부존자원이 없는 통일 대한민국이 특별한 나라와 미래를 꿈꾸기 위해서는 남다른 생각과 행동이 요구된다. 무엇보다도 8천만 국민이 경제적으로 '잘 먹고 잘 살 수 있는' 충분한 미래의 먹거리를 확보하는 일이 현실적으로는 가장 중요한 과제가 된다. 그 방안으로서 생각해 낸 것이, 첫째는 우리 국가, 사회를 완전한 '개방체제'로 전환하여 경제활동의 공간을 확장하는 방안이며, 둘째는 우리 국민의 우수한 두뇌를 활용하여 '과학기술의 최강국'을 실현해 내는 일이고, 셋째는 우리가 가진 풍성한 문화자산과 한류를 기반으로 한 문화관광대국을 이룩하며, 넷째는 기술과 물질만능에서 벗어나서 정신적 가치로서 생명과 윤리, 그리고 인간이 존중받는 인본사회를 구현해 내는 일이다. 이 같은 목표들이 실현된다면 통일한국의 국민은 경제적으로 유복하며, 진정으로 사람이 행복한 세상에서 살아갈 수 있을 것이다.

그 일환으로서 이 단원에서는 먼저 통일한국 사회를 완전한 개방체제로 전환하여 경제활동의 공간을 확장하는 문제에 관해서 언급하고자 한다. 여기서 '완전한 개방체제'라 함은 통일한국의 물리적인 국경을 사실상 거두어 냄으로써 누구나 출입을 자유롭게 하고, 관세 등 경제적 장벽을 제거함으로써 누구나 대한민국과 상거래가 가능한 완전한 개방국가와 개방사회를 의미한다. 여기서 국경을 완전히 개방한다는 것은 국경 자체를 아예 없애자는 것은 아니고, 물리적인 국경은 그대로 유지하되 그 출입을 자유롭게 하자는 것이다. 다시 말해서 모든 국가의 외국인은 내국인과 마찬가지로 비자 없이도 대한민국을 방문할 수 있도록 사실상 국경을 개방하자는 것이다. 마치 현재의 유럽연합(EU) 회원국 국민들 간에 무비자로 자유 왕래하는 것과 같은 것이다. 통일 대한민국도 이것을 못할 이유가 없다고 본다. 다만 특별한 경우, 이를테면 중대 범죄자나 테러, 펜데믹(pandemic)과 같은 전염병의 방지를 위해서만 적정한 정도의 국경관리가 필요할 것이다. 이미 통일 전에도 제주도에는 무비자로 거의 모든 외국인이 자유롭게 여행할 수 있도록 개방했지 않았던가? 한국은 지금도 사실상 거의 개방국가에 속한다.

외교부 자료에 따르면 2020년 기준으로 한국은 일반여권을 소지한 112개국의 외국인에 대해서 비자면제협정 또는 상호주의에 의해서 30~90일 동안 무비자로 국내입국을 허용하고 있으며, 자국민(한국인)이 무비자로 해외여행을 할 수 있는 국가 수자도 187개국에 이른다. 개방으로 가는 것이 세계적 추세다. 통일한국도 국가개방의 폭을 대폭 넓혀 완전한 개방체제로 가는 것이 미래의 방향이고, 경제적으로도 유리한 환경이 된다고 본다. 다만 완전한 국경개방으로 중대 범죄인이나 테러리스트 또는 전염병 유입과 같은 문제들이 발생할 소지가 있다. 이런 문제들에 대해서는 한국의 보안능력과 발전된 정보통신기술로 충분히 감시하고 대응해 나갈 수 있으리라고 본다.

물리적 국경 못지않게 경제적 국경도 철폐함이 바람직하다고 생각한다. 이미 세계화의 바람을 타고 국가들 간에는 자유무역협정(free trade agreement)을 체결하여 관세 부담에서 벗어나고자 노력하고 있다. 앞으로는 인류가 더욱 더 세계화의 길로 갈 것이며, 국제무역기구(WTO)와 같은 기구를 통해서 세계 공통의 자유무역체제가 설립될 것이 전망된다. 그러나 이것이 다소 늦어진다고 하드라도 통일 대한민국은 선제적으로 일부 품목만을 제외하고는 자국과의 모든 무역거래에 대해서 무관세를 원칙으로 하고, 꼭 필요한 경우에만 예외적으로 개별적인 무역협정을 체결할 것을 권하고 싶다. 한마디로 한반도 전체를 자유무역지대화 하자는 것이다.

이렇게 되면 비록 관세수입은 대폭 줄게 되지만 무역거래의 증가로 인해 거래세(부가가치세) 등에 의한 세수확보가 가능해 지기 때문에 손실을 그만큼 상쇄하게 된다. 그리고 수출입량의 조절문제에 대해서는 반드시 관세에만 의존할 필요가 없이 시장의 수요공급원리에 의해서도 어느 정도는 자율적인 조절이 가능하리라고 본다. 관세 철폐로 인하여 일부 열악한 국내산업(농업 등)에 폐해가 올 수가 있겠지만 이 문제 또한 보조금 지급이나 산업전환 등 별도의 대책에 의해서 해결할 수 있으리라고 본다.

이렇게 대외적으로 대한민국의 관문을 활짝 개방함으로써 그로 인한 불이익 보다는 이득이 훨씬 더 클 것으로 보며, 특히 통일 대한민국이 영세중립국을 표명하고, 비핵·비폭력의 평화지대를 조성한다면, 국경의 개방정책은 이 같은 정치, 외교적 이념과도 아주 잘 부합하는 선택이 될 것이다.

2. 완전한 개방사회: 다인종, 다이민, 다문화 사회

지구촌 시대가 도래함에 따라 국경의 의미도 축소되고, 사람들의 빈번한 이동과 이주가 일상이 되고 있다. 거기에다가 정보통신기술(IT)의 발달로 인류 전체가 크고 작은 네트워크에 의해서 엮어짐에 따라 이제는 '나만의 정체성'(self-identity)을 고집하기가 점점 더 어렵게 되고 있다. 그 결과 오랜 기간 '배달민족'으로 살아온 우리 민족에게도 그 같은 정체성을 계속 유지할 수가 없는 환경에 놓이게 되었다.

이미 이러한 변화는 한국사회에 깊숙이 찾아들었다. 통계청이 조사한 바에 따르면 2018년 기준으로 한국의 다문화 가구원 숫자는 이미 100만 명을 넘어서서 전체 인구의 2%를 차지한다. 이 다문화 가구원에는 결혼이민자와 귀화자 및 그들의 자녀가 모두 포함된 숫자다. 이 중에서 다문화 가정의 출생아 수는 전체 연간 출생아의 5%를 차지함으로써 내국인 보다 훨씬 많은 비율로 아이들이 다문화가정에서 태어나고 있음을 보여 주고 있다. 이러한 추세는 앞으로 더욱 가속화 될 것이다.

비록 한국에 영구 거주 목적은 아니라 하더라도 일시 체류하는 외국인 숫자를 보면 2019년 현재 250만 명을 넘어선 것으로 나타났다(자료: 법무부). 이 외국인 숫자는 전체 인구의 5%에 해당하는데, 여기에다가 앞서 본 다문화 가구원(인구의 2%)까지 합하면 전체 인구의 7%가 한국에 와 있는 다문화 또는 외국인이 되는 셈이다. 이 숫자는 이제 시작에 불과하며, 앞으로 한국의 국력이 커질수록 훨씬 더 확대될 것이 분명해 보인다.

한편, 통일 전 남한의 인구는 2020년도 한해에 2만 명이 줄어드는 인구감소 현상을 최초로 경험했다. 출생아가 사망자보다 적은 인구 데드 크로스(dead cross) 현상이 일어난 것이다. 한국 여성의 합계출산율(2019년, 0.918)은 세계 최하위 수준이다.[1] 이 같은 인구 감소는 통계청이 1970년부터 공식적으로 출생통계를 작성한 이래 처음 있는 일이라고 한다. 이런 추세라면 2100년경에는 현재 인구의 거의 절반수준으로 감소할 수 있다는 분석까지 나오고 있다. 인구절벽이 시작된 것이다.

그런데도 불구하고 한국의 인구고령화는 크게 심화되고 있다. 2019년 현재 한국의 65세 이상 고령인구 비율은 14.9%이며, 이미 한국은 2017년부터 고령사회에 들어서서 세계에서 가장 빠른 속도로 고령화가 진행되고 있어 50년 후인 2067년경에는 고령인구 비중이 47%까지 치솟을 것이라는 분석이 나오고 있다.

이 같은 인구감소와 고령화 추세는 한국사회가 가는 길에 당장은 걸림돌로 작용할 수 있다. 근본 대책이 필요하다. 그 첫째 방안으로는 국가와 사회를 완전한 개방체제로 이끌어서 보다 많은 외국인과 기업들이 한반도에 몰려들게 하여 부족한 국내 인적자원을 보충하고 동시에 경제에 활력을 불어넣게 하는 것이다. 이런 상황에서는 더 이상 민족이라는 혈통적 개념 대신에 모두와 더불어 사는 다인종, 다민족, 다문화 사회가 그 해결책이 될 수 있다. 우리의 한민족이라 하는 것도 학자에 따라서는 순수한 하나의 혈통, 즉 완전한 배달민족이 아니라 역사적으로 여러 혈통이 혼합되어 왔다고 말하고

---

1) 한 나라의 인구를 같은 수준으로 유지하기 위해서는 여성의 합계출산율이 2.1 이상이 되어야 한다.

있다. 지금 시대에 혈통을 따지는 것 자체가 시대착오적인 우스운 일인 바, 총인구와 생산가능인구가 감소하는 미래사회에 있어서는 한국사회도 다인종, 다문화 사회로 자연스레 변모해 나갈 것이다.

이런 현실에서 하나의 대안이 있다면 그것은 2,500만 명이나 되는 북한 주민을 활용하는 것이다. 이 숫자는 상당한 것으로 통일 후에는 이 나라의 인력부족 상태를 충분히 보완하고도 남을 수준이 된다. 따라서 인구감소문제는 통일 이전에는 문제가 될 수 있어도, 통일 후 적어도 상당한 기간 동안은 북한주민들이 합류함으로써 인력부족문제는 많이 완화될 것으로 전망한다.

3. 인구감소가 장기적으로는 유익할 수 있다

지금까지 인구감소와 관련하여 우려되는 일들만을 언급했는데, 과연 인구감소가 정말 걱정거리만 되는 것인가? 현재의 세계인구는 지나치게 과잉이어서 지구환경에 큰 부담을 주고 있다는 생각이다. 따라서 세계인구의 감소는 당장 현 세대(30년 이내)에게는 어려움을 줄 수 있으나 장기적(50~100년) 관점에서 본다면 인류와 지구환경뿐만 아니라 한국사회에도 긍정적 효과를 가져 올 수 있다고 생각한다.

산업시대 이후 세계 도처에서 도시화가 촉진되고, 제조업 등 굴뚝산업이 급격히 발전함에 따라서 지구환경이 급격히 악화되는 부작용을 낳았다. 최근에는 이른바 기후변화(climate change)로 지구와 인류가 몸살을 앓고 있지만 더 큰 경제성장을 원하는 각국의 욕심에 가로막혀 해결책을 세워놓고도 실천하지 못하고 있는 실정이다. 즉, 지구온난화의 주범으로 인식하고 있는 온실가스를 감축하기 위해서 UN이 중심이 되어 1997년에는 교토 프로토콜(Kyoto Proto-col)이 채택되었고, 이어서 2015년에는 파리협정(Paris Agree-ment)을 체결하는 등 나름대로 국제적 노력을 해 오고는 있으나, 요란한 계획만 세웠을 뿐 실천은 따르지 못하고 있다.

2020년부터 적용되는 파리협정에서는 산업화 이전과 비교하여 지구평균기온을 당초 설정한 2.0도 보다 더 낮은 1.5도 이하까지 줄인다는 계획을 세우고 각국이 온실가스 감축 목표와 방안을 5년마다 제출토록 하는 등 노력은 하고 있지만, 실제 온실가스는 줄지 않고 오히려 늘어나고 있다. 구호만 요란하지 실적은 별로 없는 것이다. 서유럽의 일부국가는 이 사업에 앞장서고 있는 것이 사실이다. 그러나 온실가스를 가장 많이 배출하고 있는 중국은 갖가지 이유를 내세우면서 미온적으로 대응하고 있고, 그 다음 배출국인 미국 또한 이 사업에 앞장서기는커녕 파리협정에서의 탈퇴를 통보(트럼프 대통령)를 했다가 다시 돌아오는(바이든 대통령) 해프닝까지 벌였다.

한국의 경우에는 2030년까지 배출전망치(Business As Usual: BAU) 대비 37%의 온실가스를 감축하겠다고 목표치를 제출한데 대해서 국제사회에서는 배출량(세계11위, 2016년) 대비 너무 적은 목표치라는 점을 들면서 '기후악당'이라는 평가까지 받고 있다. 그래서 이것을 만회하고자 다시 2050년까지 '탄소제로'시대를 열겠다고 선언하였으나 국제사회가 얼마나 믿을지는 미지수다. 한국을 비롯하여 온 세계가 이렇게 미온적으로 대응한다면 지구환경개선은 요원하다는 생각이다. 왜냐하면 지금도 늦은 온실가스 감축문제를 더 이상 미루어서는 안 되기 때문이다.

인간의 생산 활동으로 파생되는 온실 가스는 지구환경파괴의 주범이 되고 있지만, 보다 근본적인 원인은 과잉인구에 있다는 것이 저자의 생각이다. 사실 현재의 세계인구는 지구가 수용할 수 있는 수준을 훨씬 벗어나 있다고 본다. 인구가 과다하다 보니 각가지 문제들이 발생하는 것이다. 인간의 생계유지를 위해서 각가지 지구자산이 고갈될 수밖에 없고, 더 많은 생산을 해야 하기에 온실가스가 발생하는 것은 당연하다. 이 밖에 주택난이나 교통난, 빈곤문제 등 수많은 문제들이 과잉인구에서 비롯된다고 본다. 현재의 세계인구는 지구가 수용가능하고, 여타 생명체들도 공생할 수 있는 적정 인구수를 훨씬 넘어섰기 때문에 이 같은 부작용과 문제들이 발생한다는 생각이다.

세계 인구와 관련하여 그 추이를 한번 살펴볼 필요가 있다. 유엔 인구기금 등 각종 통계자료에 따르면, 지금으로부터 2천 년 전인 기원 년에 지구상의 총인구는 약 2억여 명으로 추정된다. 그 후 농경사회와 중세시대를 지나면서 세계 인구는 그다지 늘지 않다가, 1800년경에 와서 제1차 산업혁명으로 도시화와 산업화가 시작되면서 세계 인구는 약 10억 명 수준으로 상승했다가, 1927년에는 불과 120년 만에 두 배인 약 20억 명으로 증가했으며, 속도를 더욱 높여 1987년에는 약 50억 명으로 폭발적 증가를 보인 후에, 33년 만인 2020년 현재 지구 인구는 약 78억 명을 기록하고 있다.

〈표 10-1〉 세기별 세계 인구 증가 추이

시기	세계 인구(추산, 명)	시대 상황
기원 년	2억	로마시대
1000년(서기)	3억	중세봉건시대
1500년	5억	신대륙발견
1800년	10억	1차 산업혁명, 신민지 개척

시기	세계 인구(추산, 명)	시대 상황
1900년	17억	2차 산업혁명
1927년	20억	
1960년	30억	
1974년	40억	3차 산업혁명
1987년	50억	
1999년	60억	
2011년	70억	
2020년	78억	4차 산업혁명

출처: 유엔 등 여러 통계자료 정리.

일부 지역에서는 인구감소현상이 나타나는 가운데 세계인구는 아직도 성장세를 멈추지 않고 있는 데, 통계에 따라서 조금씩 차이는 있지만, 세계인구는 2064년경에 97억 명으로 정점을 찍은 후에 예측보다 가파르게 감소하기 시작하여 2100년에는 88억 명 가량이 될 것이라는 분석이 설득력을 얻고 있다. 저자가 생각하기에는 이 88억 명 보다 훨씬 더 감소하리라고 본다. 왜냐하면 인도, 아프리카, 중동 등 개도국 여성들의 교육수준과 생활수준이 높아짐에 따라 합계출산율이 훨씬 떨어지게 되기 때문이다. 이런 현상은 사실상 세계 도처의 현상이 될 것이다.

어떻든 예측대로 2064년경에 세계 인구가 현재의 78억 명보다 거의 20억 명이 더 많은 97억 명까지 증가한다고 할 때, 과연 지구 생태계가 이 무게를 견디어 낼 것인가를 생각해 보자. 지금도 온실가스와 기후변화, 자연재해, 자원고갈과 파괴 등으로 몸살을 앓고 있는 지구생태계에 초과잉인구는 너무도 가혹한 과부하를 걸게 될 것이 분명해 보인다.

한편, 유엔의 분석에 따르면 남한(북한 제외)만의 경우에는 2031년에 5,400여만 명으로 정점을 찍은 후 급격히 하강하여 2100년경에는 2,700만 명 정도로 반 토막이 날 것이라고 예측하였으나, 이미 2020년에 남한의 인구는 5,183만 명으로 전년도보다 2만 명이 줄어든 인구감소시대에 접어들었다. 이것을 어떻게 해석해야 할 것인가? 많은 이들은 인구감소는 비정상적인 이변이라고 보는 경향이다. 인구가 줄면 생산가능인구와 소비가 줄고, 세입이 줄어들며, 학교가 폐교 되는 등 기존 사회 시스템에 많은 어려움을 주는 것이 사실이다. 그러나 인구가 감소함에 따라 다른 긍정적인 효과도 있다. 예컨대 자연생태계가 복원되고, 매연 등 온실가스 배출량도 줄게 되며, 사회적 과밀화 현상들이 완화됨으로써 보다 여유로운 공간 활용 등이 가능하게 된다. 다시 말해서 인구감소에 대해서는 긍정, 부정의 효과가 함께 있기 때문에 양측 모두에 대한 합리적 평가가 필요하다는 생각이다.

〈표 10–2〉 세기별 한반도 인구 통계

시기	인구수(추산, 만 명)	비고
기원 년	160	
1000년	390	
1500년	800	
1600년	1,000	
1700년	1,200	
1820년	1,400	
1900년	1,700	
1940년	3,600	
1950년	1,920	남한만의 인구
1980년	3,810	위와 같음

시기	인구수(추산, 만 명)	비고
2000년	4,700	위와 같음
2020년	5,180	위와 같음

출처: 행정안전부 자료 등 조정.

그럼 지구상의 적정 인구로는 얼마가 바람직한가? 이 질문에 대해서는 설정하는 기준에 따라서 서로 다른 주장을 펼 수가 있다. 〈인구 폭탄〉의 저자인 진화생물학자 폴 에를리히(Paul R. Ehrlich)가 1994년에 계산한 세계 적정인구는 15억~20억 명이었다. 그가 적정 인구 계산을 위해 선택한 목표는 5가지였다. 즉, 모든 사람이 알맞은 부와 기본권을 누리고, 문화와 생물다양성이 보장되며, 사람들의 창의성이 잘 발현되는 상태가 그것이었다. 또 하나의 계산 방식은 인간이 소비하는 자원의 양을 생산에 필요한 땅의 면적으로 환산하는 '생태발자국방식'을 이용하는 것인데, 이 계산법에 따르면 현재 프랑스인의 삶을 기준으로 할 경우 세계인구는 30억 명이 적정수준이라는 것이며, 미국인과 한국인을 기준으로 삼는다면 각각 15억과 22억 명으로까지 대폭 줄여야 한다고 보는 것이다. 그만큼 미국과 한국인의 소비량이 크다는 예기다. 그러나 인구를 줄이고 싶지 않다면 생태발자국을 줄여 지금의 인도인처럼 사는 방법이 있다고 꼬집기도 한다.[2]

이들 분석이 주는 함의는 현재(2021년) 약 78억 명의 세계인구는 분명히 과(過)한 것으로 지구생태계에 지나친 과부하를 걸고 있고, 인류의 삶의 질을 악화시키는 요인으로 보고 있는 것이다. 사실 모

---

2) 지구생태발자국네트워크(Global Footprint Network) 자료 참조.

두가 합의할 수 있는 적정인구 수는 없다. 그러나 저자가 여러 가지 연구결과와 미래상황을 감안한 판단으로는 세계인구가 현재 인구 78억 명의 약 60%에 해당하고, 2064년에 정점을 찍을 97억 명의 절반(50%) 수준에 해당하는 '50억 명 이하'가 관리 가능한 인구수가 되지 않겠나 생각한다. 이 숫자는 엄격히 말하면 적정한 세계인구라기 보다는 지구가 견뎌낼 수 있는, 관리 가능한 수준의 숫자라고 말할 수 있다.

한편, 미래 통일한국의 적정 인구와 관련해서는 어떤 답을 낼 수 있을까? 이것 역시 앞에서의 적정 세계인구수와 만찬가지로 기준에 따라 다른 답이 나올 수가 있을 것이다. 2005년에 한국인구학회가 내놓은 남한만의 적정인구는 4,600만~5,100만 명이었다. 이미 그 수준을 넘어섰다. 이것은 경제·복지·환경 등 4가지 기준에서 추정한 것이었다. 그리고 2011년에 한국보건사회연구원은 한국의 적정인구로서 4,300만~5,000만 명이란 숫자를 내놨다. 그 기준은 지속가능하면서도 경제·복지가 가능한 인구규모'였다. 한편, 한국경제가 호황을 누렸던 1980년대 후반의 '4000만 명대 초반'을 적정인구로 보는 연구자도 있다. 한국 통계청은 세계 최저수준의 저출산율을 감안하여 2065년의 한국 인구를 4,300만 명으로 예측한 바 있다.

그러나 저자가 보기에는 예상보다 앞선 2020년에 이미 인구감소가 시작된 것으로 보아서 45년 후인 2065년에는 4,300만 명보다 훨씬 더 숫자가 내려갈 것으로 본다. 사실 어떤 추정치가 더 현실적이고 적합한 지를 판단하기는 어렵다. 하지만 무엇을 기준으로 하든지 남한의 적정인구는 대체로 현재(2021년)의 약 5,200만 명보다는 적은 게 분명하다. 다시 말해서 현재의 인구는 분명히 과잉이라는 것이다. 따라서 저자가 현실성과 지속가능성 등을 감안한 남한만의 적정인구를 추산해 본다면, 그 숫자는 현재 보다도 훨씬 아래인 '4천만 명 선'이 될 것으로 본다. 이 숫자는 1980년대 초 남한의 인구수에 해당한다.

여기에다가 통일 후의 북한 인구를 합한 통일한국 전체의 적정인구에 관해서 살펴보면, 현재(2021년) 한반도 내의 전체 인구가 남한 5,200만 명과 북한 2,500만 명을 합쳐서 약 7,700만 명인데, 남한의 적정인구는 앞서 논의한 대로 4천만 명을 상한선으로 보고, 북한은 면적에 비해 인구밀도가 낮고, 인구수가 남한의 절반밖에 되지 않기 때문에 현재의 수준을 그대로 유지할 경우, 통일한국 전체의 적정인구는 남한 4,000만 명+북한 2,500만 명=6,500만 명 정도가 한반도에서의 지속가능한 적정 인구수로 추정된다.

사실 현재 남북한을 합친 전체 인구 약 7,700만 명은 100년 전의 한반도 전체 인구보다 4배 이상으로 증가된 숫자다. 1세기 만에 엄청나게 인구가 늘어난 것이다. 이것은 세계적 인구증가 추세와도 거의 일치한다. 이 숫자를 줄여야 한다고 말하면 어떤 이는 주변의 중국과 일본의 인구를 생각해서라도 더 늘이면 늘여야지 줄여서는 안 된다고 말할지도 모른다. 일견 일리가 있다고 생각한다. 사실 중국과 일본의 인구도 한국 못지않게 줄어들 것으로 예측하고 있다. 인구를 억지로 증가시키는 것도 쉬운 일은 아니며, 그 감소가 대세기 때문에 자연스레 현실을 받아들이는 것이 현명해 보인다. 또한 인도 등의 국가에서도 보는 바와 같이 인구수가 곧바로 국력으로 연결되는 것은 아니라는 점에서 인구감소문제에 대해서 너무 과민하게 반응할 필요는 없다고 생각한다.

이런 관점에서, 비록 남한의 인구가 1,200만 명이나 줄어들어

4,000만 명대까지 감소한다고 하드라도, 당장은 각종 사회제도가 축소되는 등 문제가 발생하지만 시간이 지나면서 오히려 긍정적인 면들도 있게 된다. 그 부족한 인구 분은 외국인 유입과 이민, 다인종, 다민족 사회로의 전환을 통해서 극복할 수 있다고 본다. 그리고 4차 산업시대에 접어들면서 인구감소율보다 더 큰 비율로 인간의 노동력이 줄어들기 때문에 산업생산에는 큰 문제가 없게 될 것으로 보인다. 그리고 통일 후에는 2,500만 명이나 되는 북한 주민이 합류하기 때문에 통일한국사회에 있어서의 인구감소 문제는 그만큼 완화될 수 있다고 본다. 따라서 인구감소 내지 인구절벽 문제에 관해서 그것이 마치 큰 재앙이라도 되는 듯이 떠들기 보다는 긍정과 부정의 양면을 잘 계량하면서 슬기롭게 대처하는 혜안이 필요하다고 본다.

제2절 결론: 인간이 행복한 세상

1. 기술윤리와 인본사회

대한민국과 그 국민이 경제적으로 윤택한 삶을 영위하기 위해서는 과학기술 강국의 실현이 중요함을 강조하였지만, 이 과학기술의 발달은 자체적으로 많은 위험요소를 안고 있기 때문에 이것을 적절히 제어할 수 있는 윤리도덕률과 인본사상이 함께 가지 않으면 인류에게 심대한 위기를 초래할 수 있다. 한마디로 말해서 윤리, 도덕이 뒷받침 되지 않는 과학기술은 위험한 것이다. 인간을 위해서 인간에 의해서 제어되는 과학기술만이 인정된다. 그렇지 아니하고 인간의 제어를 벗어나서 인간에게 위해와 위험을 초래할 가능성이 있는 과학기술은 적절한 제어가 필요하다고 본다.

〈그림 10-1〉 과학기술 vs. 윤리인본, 상위가치로서 '인간 행복'

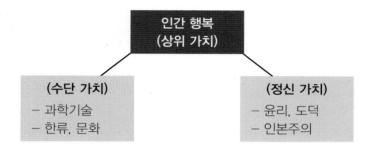

과학기술은 인간에게 많은 편리를 제공하지만, 그것으로 인하여 인간이 반드시 행복해지는 것은 아니다. 특히 4차 산업혁명시대를 맞이하여 과학기술이 첨단화를 거듭함에 따라서 인간이 알게 모르게 위험의 길로 노출되고 있다. 다시 말해서 자칫 잘못 설정된 과학기술의 질주는 인간에게 오히려 유해한 것이 될 수 있기에 먼저 그에 대한 각성이 필요하다. 앞으로 과학기술 강국도 중요하고, 한류와 문화산업도 중요하지만, 위의 그림에서 보는 바와 같이, 이들 모두는 수단적 가치인 '필요요건'에 불과하고, 진정으로 윤리와 도덕, 인본사회가 충족될 때 그 상위가치로서의 '인간 행복'을 구현할 수 있게 될 것이다. 다음에서는 과학기술분야 중 몇 가지 우려되는 사안에 대해서 언급한다.

1) 질주하는 인공지능(AI), 가이드라인이 필요하다

과학기술의 미래와 관련하여, 먼저 인공지능(AI)의 발달 상황을 살펴보면 경이롭다. 4차 산업혁명시대에서 주역을 담당할 인공지능 기술이 얼마 안가서 인간의 지능을 능가하는 이른바 특이점(sin-gularity)에 도달할 지경이다. 빅 데이터(big data)와 더불어 인공지능의 발달은 많은 문제점도 수반한다. 개인의 사생활(privacy) 보호문제를 비롯해서 정보의 오남용, 투명성과 공정성 문제 등이 그것이다. 아무리 좋은 결과물이라고 하더라도 인간에게 유해하고 윤리성에 문제가 있다면 당연히 손을 봐야 할 것이다.

이와 관련된 조치 하나를 예로 들면, 미국 연방거래위원회(FTC)는 2020년 4월에 "인공지능과 알고리즘 이용에 관한 지침"을 발표했다. 이 지침은 소비자 보호와 권리보장을 목표로 하여, 투명성 제고, 의사결정에 대한 설명, 결과의 공정성, 데이터와 모델의 타당성과 책임 등 크게 다섯 가지 분야로 나누어 구성하였다. 투명성 제고를 위해서는 AI 사용 시 그 방법론에 대해서 명확히 밝히고, 데이터 수집에 있어서는 투명성을 보장하며, 소비자에게 불리한 조치를 하게 되는 경우에는 통보를 의무화 하고 있다. 그리고 소비자에게 구체적으로 알고리즘의 결정사항을 설명하고, 거래조건을 변경하는 경우에는 소비자에게 통보하도록 명시하고 있다. 또한 공정성과 관련해서는 집단, 계층 간에 차별을 금지하며, 정보를 수정할 수 있는 기회를 보장하여야 한다. 정보의 타당성과 관련해서는 데이터가 정확하고 최신의 것인지를 지속적으로 확인하고, AI 모델이 의도한대로 작동하는지 확인함으로써 타당성을 보장해야 하며, 최종적으로는 각종 윤리상의 책임을 져야 한다고 밝히고 있다.

이 같은 지침(guideline)은 인공지능기술을 선도하는 미국에서 인공지능을 활용하는 기업을 대상으로 기술윤리문제를 해결하기 위해서 구체적인 가이드라인을 내 놓았다는 점에서 아주 유의미하다고 생각한다.

〈표 10-3〉 미국 연방거래위원회(FTC)의 인공지능과 알고리즘 이용에 관한 지침(2020년 4월)

	구분	주요 내용
1	AI 및 알고리즘 활용의 투명성	소비자 기만 금지
		민감한 데이터 수집 시 투명성 담보
		불리한 조치에 대한 통지
2	AI 및 알고리즘을 활용한 의사결정에 대한 설명	결정에 대한 구체적 이유 설명
		영향을 미친 주요 요인 공개
		거래조건 변경 시 통지
3	결과의 공정성	특정 집단, 계층에 대한 차별 금지
		결과의 공정성 보장
		소비자에게 정보 접근 권한 및 수정 기회 제공
4	데이터와 모델의 견고성과 실증적 타당성	정보의 정확성과 최신성 유지
		명문화된 정책과 절차 마련
		AI 모형의 유효성 검사
5	법령 준수, 윤리, 공정성 및 차별성에 대한 책임	자가 점검을 통한 편견, 피해 방지
		무단사용에 대한 알고리즘 보호
		책임 메커니즘 구축

출처: 양기문, 기업의 AI 및 알고리즘 이용에 관한 지침, KISDI(2020.4)를 재구성.

앞으로 한국사회에도 질주하는 인공지능(AI) 기술과 관련하여 그 투명성과 공정성, 윤리성과 사생활 보호 등 올바른 사용을 위한 의견 수렴과 적절한 제도적 장치가 요구된다.

2) 미래의 로봇, 적절한 제어가 요구된다

다음으로 로봇(robot)을 예로 들어본다. 미래사회에는 가정마다 로봇과 함께 사는 것이 일반화 되는 시대가 곧 오리라고 예상한다. 사람을 위해서 잔심부름을 하는 로봇, 노래를 불러주는 로봇, 청소와 요리를 담당하는 로봇, 심지어 성생활까지 돕는 로봇 등 인간은 필요에 따라 각가지 기능의 로봇과 함께 살게 되리라고 본다. 특히 1인 가족이 대세가 될 미래사회에는 더욱 그러하다. 이런 정도 수준의 로봇은 인간을 닮은 휴머노이드(humanoid)라고 말할 수 있다. 그러나 이 휴머노이드에 고성능 인공지능(AI)과 나노기술까지 탑재하고, 급기야 인간의 감정까지 공유하는 로봇이 나타나게 되면 전혀 예상하지 못한 상황이 벌어질 수 있다. 더 이상 로봇이 단순한 기계장치나 인간의 노리개 감 내지 노예로 볼 수 없게 되는 것이다. 그 쯤 되면 그들(로봇) 스스로도 정당한 자기 권리를 요구할 날이 오리하고 본다. 이런 휴머노이드들이 길거리에도 많이 등장하게 되고, 자연 인간과 함께 길을 걷는 경우에 구별하기 어렵게 될 날도 그리 멀지 않다고 본다. 무엇보다는 인공지능과 인간의 감정까지 탑재한 슈퍼 급 로봇에 의해 자연 인간이 살상을 당하는 일들이 생길 것을 염려한다.

휴머노이드의 권리와 의무에 관한 논란은 흥미롭다. 미국의 저명한 미래학자 제임스 데이터(James A. Dator) 교수는 이미 1970년대에 '로봇의 권리장전'(The Rights of Robots)의 필요성을 주장했었다. 로봇에게도 인간과 같은 법적 권리, 즉 로봇권을 제도적으로 인정해 주고 보호해야 한다는 것이다. 로봇을 단순한 인간의 노리개 감으로 봐서는 안 되고, 인간에게 인격이 있다면 로봇에게도 로봇권이 있어야 한다는 것이다. 이 같은 주장은 상당히 현실화 되고 있는 데, 한국에서도 로봇에 대한 윤리헌장이 필요하다는 주장들이 이미 나오고 있다. 그러나 이런 주장들은 대개가 로봇의 권리보호 측면 보다는 의무에 관한 것인데, 로봇이 너무 지능화하여 인간생활에 피해를 줄 수 있기 때문에 그 역할과 기능면에서 일종의 레드라인(red line)을 설정하자는 것이다.

이와 관련, 2017년 초 유럽연합 의회(European Parliament)에서는 주목할 만한 선언이 나왔다. 인공지능(AI)을 가진 로봇의 법적 지위를 '전자인간'으로 인정하고, 이를 로봇시민법으로 발전시킨다는 것이다. 이 선언의 주요 3원칙으로는, i) 로봇이 인간을 위협해서는 안 되고, 인간이 해를 입는 것을 모른 척해서도 안 되며, ii) 로봇은 인간의 명령에 복종해야 하고, iii) 로봇 역시 자신을 보호해야 한다는 것이다. 이 선언 속에서 앞의 두 항목은 로봇의 인간에 대한 의무사항이고, 세 번째 항목은 로봇의 권리이자 인간의 로봇에 대한 의무인 것이다. 이것이 현재로서는 선언에 불과하지만 앞으로 로봇이 생활화 되면 단순한 선언이나 헌장 수준이 아닌 실정법에 의한 권리의무규정으로 나타날 것으로 예상된다.

한편, 단순 기능의 휴머노이드 수준을 넘어서 인간 자체가 생물체로서의 두뇌기능만 남겨두고 나머지 신체부위들은 기계장치로 대체하는 이른바 사이보그(cyborg, cybernetics + organism) 시대 또한 멀지 않았다고 본다. 이 사이보그는 초창기에는 단순히 상실된 인간 신체의 일부 기능을 보완하는 대체재로서 의족, 의수, 인조안구 등의 형태로 나타나지만, 이것이 발달하면 신체의 대부분을 통상의 자연 인간보다 훨씬 우수한 기계장치로 대체해 나가는 수순을 밟게 되리라고 예상한다. 예컨대, 고성능 인공 눈을 개발하여 매

의 눈 이상으로 멀리 볼 수 있게 하고, 팔과 다리의 힘도 거의 초인
적 수준이 되며, 심장과 여타 내장 기능도 불멸의 경지에 도달하는
날이 올 수 있다.

이것이 더 진행되면, 아예 자연 인간의 신체부위가 조금도 담기
지 않은 몸 전체가 기계장치인 이른바 '안드로이드'(Android)가 등
장할 날까지도 내다 볼 수 있다. 공상과학(SF) 영화에 나오는 주인
공이 바로 그들이다. 그래도 사이보그(cyborg)는 자연 인간의 두뇌
를 가짐으로써 부분적으로는 나름 인간의 정체성을 일부라도 유지
하지만, 안드로이드는 인간의 형태지만 온 몸이 기계장치로 구성된
인간 아닌 인간 인데다가, 물건 아닌 물건인 것이다. 여기에다가 뇌
에는 특이점(singularity)을 상회하는 최첨단 인공지능(AI)을 장착
하고, 상당 수준의 인간 감정까지 공유하며, 전신은 초인적인 힘을

〈그림 10-2〉 사이보그를 넘어 전신이 기계장치인 안드로이드 모습

출처: 셔터스톡(라이선스).

가진 기계장치들로 무장하고, 부품교체에 의해서 영생(永生)이 가능한 그런 것이다. 이 쯤 되면 끔찍한 세상이다. 만물의 영장인 자연 인간은 설 자리를 잃게 된다.

여기에다가 지금 열심히 연구하고 있는 인간두뇌와 컴퓨터를 상호간에 연결, 정보교환과 저장까지 시도하는 뉴럴 링크(neural link) 분야를 살펴볼 필요가 있다. 이미 상당한 연구가 진척되고 있고, 앞으로 더욱 진전될 전망이다. 현재로서는 초기단계인 만큼 신체 장애인들을 위해서 신경통제장치(의수, 의족, 의안 등)를 고안하는 수준이지만, 앞으로 더욱 발전되어 인간두뇌와 외부 프로그램 간에 정보가 상호 교환되고 상호 저장까지 가능한 '마인드 업로드'(mind upload) 수준에 이르게 된다면, 인간의 정체성은 어떻게 되는 것인가? 이것은 일종의 인간 아닌 인간의 영생불멸이 되는 것인데, 기술이 가능하다고 해서 이런 경지에까지 가도록 방치해도 되는 것인지에 의문이 간다. 이같이 인간이 인식하지 못하는 사이에 기술이 너무 앞질러 가서 인간에 의한 인간을 위한 제어의 기회를 잃는 일이 발생하지 않도록 미리 대비할 필요가 있다고 본다.

3) 두려운 생명공학, 규범화 조치가 필요하다

한 가지 더 예를 든다면, 인간의 유전자(DNA) 조작 기술문제다. 생명공학의 발달로 이미 인간은 인간을 비롯한 동식물과 미생물의 유전자 정보(게놈)를 알게 되었고, 그 정보를 담고 있는 DNA에 변경을 가하는 유전자 편집기술까지 갖게 되었다. 이른바 '유전자 가위'(genetic scissor)로 불리는 이 기술은 특정 염기서열의 DNA를 삭제, 추가 또는 대체하는 등의 유전자 조작기술이다. 이 기술은 혈

우병이나 암, 유전병 등 난치병 치료와 예방에 활용되고 있어서 긍정적 효과도 많지만, 자칫 잘못 가면 예상치 못한 대재앙도 가져올 수 있다는 면에서 논란이 되고 있다. 이 기술은 일종의 창조주의 비밀을 인간이 밝혀낸 것으로 평가되는데, 기술이 일단 작동하면 무한히 질주하는 직진성을 가지는 특성 때문에 그에 합당한 적절한 제어장치가 반드시 필요하다는 생각이다.

〈그림 10-3〉 유전자 가위, 어디까지 허용할 것인가?

출처: 2020년 노벨상 홈페이지.

그 밖에 생명공학의 발전은 동물복제수준을 이미 넘어서 인간배아복제 단계에까지 이르렀는데, 더 나아가게 되면 인간마저 수백, 수천, 내지 무한대로 복재가 가능해 지고, 심지어 영원불멸하는 물건으로 남게 되는 끔찍한 결과를 낳을 수도 있다. 이런 결과가 눈앞에 보이는데도 그대로 방치해 둘 것인가? 누구를 위한 기술이며, 무엇을 위한 기술인지를 묻지 않을 수 없다. 인간의 자연성과 정체성을 해치는 그 어떤 기술도 인간에 의해서 통제됨이 마땅하며, 그 위험성을 미리 인지하여 분야별로 선제적인 규범화 조치가 함께 이루어져야 할 것이다.

2. 맺는말

한반도라고 하는 어려운 지정학적 환경 하에서 유구한 전통과 역사를 지니고 있는 대한민국과 그 국민이 주변 강대국들로부터 자신의 안전을 도모하고 자자손손 번영과 행복을 누리기 위한 최적의 방안을 찾고자 이 책을 썼다. 그 방안은 각자의 시각과 논리에 따라 다르겠지만 저자는 평생 직업으로 택한 공직과 교직 생활에서의 지식과 경험, 그리고 개인의 가치관과 미래관에 입각하여 그 해답을 찾고자 진력하였다.

우선 이 나라가 당면한 가장 시급하고 중요한 과제로는 국가의 안전보장, 즉 안보의 문제로 보았다. 이것이 담보되지 않고서는 이 나라는 한 발짝도 앞으로 나아갈 수가 없다. 역사적으로 한반도는 한시도 자신의 생존과 안전 문제에서 자유롭지 못했다. 언제나 주변국의 침입과 위협, 간섭과 지배의 대상이었다. 이 악순환의 고리를 완전히 끊어내는 것이 절실히 필요하다고 본다. 그래서 내놓은 색다른 대안이 바로 외교 군사적 의미를 가지는 영세중립국 노선이다. 이것은 주변의 열강에 대응하는 일종의 비대칭전략으로서 강(强) 대 강(强) 또는 폭력 대 폭력의 전략이 아닌, 폭력(强) 대 비폭력의 평화전략이다. 그러나 이 영세중립노선은 약한 자의 비굴한 전략이 아니라 무력(자주국방)을 기반으로 하는 강한 자의 무기이자 전략인 것이다.

현재(2021년) 대한민국은 종합국력이 세계11위 수준이고, 군사력은 세계6위 수준인 데, 통일 후에는 더욱 강한 국가가 될 것으로 예견하여, 이 정도 수준이면 외부와 군사동맹 없이도 자력으로 자신의 안보를 충분히 지켜낼 수 있다고 본 것이다. 한마디로 통일한국의 중립노선은 한반도의 지정학을 이용한, 자주국방에 기반을 둔 특수한 외교군사노선에 해당한다. 지금과 미래의 대한민국은 과거와 같은 약소국이 아닌, 세계 10위권 내의 국력을 가진 강소국인 된 만큼 이 영세중립노선은 충분히 지속가능한 정책이 되리라고 믿는다.

무엇보다도 영세중립국노선은 세계평화주의와도 일치하는 개념이다. 어떤 세력과도 군사동맹을 맺지 않고(비동맹), 어떤 전쟁이나 군사적 충돌에도 가담하지 않는 중립노선을 지키며, 핵무기 등 반인류적인 대량살상무기는 개발, 보유나 반입 자체를 원천적으로 금지한다. 저자는 오히려 주변의 핵보유국들과는 비대칭적으로 한반도를 비핵, 비폭력 평화지대로 관리해 나갈 것을 제안하였다. 이것에 대하여는 비현실적인 대안이라고 비판할 수 있겠으나, 국력이 뒷받침 되고, 충분한 국방력을 보유하며, 국내정치가 자유민주주의를 실천하며, 국민의 안보결의가 확고하다면 외부의 어떤 공격에도 충분히 자기방어가 가능하다고 보는 것이며, 오히려 한반도를 가장 안전한 평화지대로 전환함으로써 더 큰 정책적 보상을 거둘 수 있다고 보는 것이다.

한반도가 완전한 중립국을 표방하고, 안보상으로도 전혀 위험이 없는 평화지대로서의 역할을 충실히 수행한다면, 자연히 세계인들의 이목이 집중되고 한반도로 몰려들게 될 것이다. 여기에다가 높은 경제력과 첨단의 과학기술산업이 한 몫을 하고, 한류와 문화산업까지 가세한다면 한반도는 아마도 얼마 안가서 현재의 G10권에서 훨씬 상회하는 G3~G5까지 이르는 기적 아닌 기적을 보여주리라고 예상한다. 이것은 절대로 허상이나 희망사항만이 아닌 실현가능한 현실적 목표인 것이다. 지난 70년 동안 세계 120위권의 최빈국에서 10위권의 경제대국으로 발돋움한 사실을 인정한다면 그 가능성은 충분하다. 한국인들은 이미 그 가능성을 보았고, 더 큰 희망과 꿈을 꾸고 있다.

이런 대한민국에게 통일은 곧 현실이 될 것이다. 물이 높은 곳에서 낮은 데로 흐르듯이, 한반도 통일 또한 높은 곳에 위치한 남한 주도의 통일이 될 수밖에 없다. 비록 과정상 많은 우여곡절은 있겠지만 통일은 반드시 온다고 확신하기에 이 책을 통해서 그 준비를 미리 한 것이다. 통일이 일어나는 데에는 많은 시간이 걸리지 않고 일단 계기만 마련되면 순식간에 마치 쓰나미가 밀려오듯이 속전속결로 다가올 것을 예상한다. 독일의 통일과정을 보아도 그랬다. 통일은 결코 대화나 협상테이블에 의해 성취되는 것이 아니라, 북한 내부나 외부에서 빅뱅 수준의 대변혁이 발생할 때 가능하다는 점을 저자는 여러 차례 강조했다.

따라서 한반도 통일은 언제 그 빅뱅이 일어나느냐의 시간문제로 본다. 이미 남북한 간에는 체제경쟁이 끝난 지가 오래다. 멀지 않은 훗날 통일이 되는 그 날에는 기쁨과 환희 속에서 대축제의 장이 열릴 것이다. 그러나 며칠 안가서 곧 현실문제로 돌아와서 정치, 경제, 사회적으로 큰 혼란에 빠질 것을 저자는 미리 예상하고 이를 심각하게 염려한다. 왜냐하면 지금까지 우리 정부나 연구기관 그리고 학계에서도 통일 이후를 대비하는 체계적인 연구나 토론이 사실상 전무하기 때문이다. 한마디로 준비 없는 통일은 대혼란을 초래할 수밖에 없게 된다.

사전에 면밀한 준비가 없다면 남과 북의 8천만 국민이 하나 되어 하나의 통일국가를 세우는 일이 결코 쉽지 않을 것이다. 우리는 이미 1945년 해방을 맞은 후 민족내부에서 겪은 분열과 대혼란을 생각해 본다면 앞으로의 상황을 바로 예상해 볼 수 있다. 1세기에 가깝도록 단절되어 살아온 남과 북의 주민 간에는 정체성에 많은 차이가 있고, 사고방식과 가치관도 많이 다르기 때문에 국론을 통합하는 데는 많은 어려움과 진통이 예상된다.

통일 대한민국이 새로이 하나 되어 새로운 국가를 건설함에 있어서는 건국이념부터 시작하여 외교노선과 국방문제, 정치체제와 정부조직 등 많은 빅 이슈들에 대해서 하나씩 선택해 나가야 할 것이다. 그러나 이 선택들은 나와 주변, 현실과 이상, 현재와 미래를 두루 숙려한 혜안의 선택이어야 한다. 이런 관점에서 저자는 제2의 대한민국 건국이념으로서 불멸의 '자유민주주의' 이념을 강조하였고, '생명과 인본'에 기반 한 공동체 정신을 제안했으며, 비대칭전략으로서 '비폭력 평화주의'를 제시했다.

새 국가의 정부 구성과 관련해서는 가장 자유롭고 민주적인 정부조직을 위해서 대통령과 총리 간의 권한을 명시적으로 양분하는 '이원정부제'의 중앙정부를 제안했고, 국회권력 또한 상호견제를 위해서 양원제를 제안했다. 지방정부는 지금까지의 중앙집권방식에서 완전히 벗어나 '분권'과 '주민자치'를 중심으로 하는 가능한 직접민주주의 방식을 건의했다. 여기에는 한국의 발달된 정보통신기술(IT)이 중요한 역할을 할 것이다.

이 책의 마지막 장에서는 이 나라의 미래 100년간에 걸쳐 8천만 국민의 경제적 웰빙(well-being)을 위한 주된 성장 동력으로서 과학기술강국과 문화한류대국의 실현을 제시했다. 대한민국은 현재

(2021년)도 1인당 GDP가 3만 2천 달러(USD)에, 국가경제는 세계 10위권에 이르고 있지만, 미래의 통일 대한민국이 가일층 부강한 G3~G5의 경제대국이 되는 꿈을 이루기 위해서 과학기술 강국을 강조하였고, 보조적으로 한류와 문화·관광산업의 진작을 제안했다.

그러나 아무리 과학기술이 발전한다 하더라도 인간의 정체성과 존엄성을 해치는 과학과 기술은 경계해야 한다는 관점에서 윤리와 도덕률, 그리고 인본주의 사상을 강조하면서, 이것을 미리 규범화, 제도화할 것을 건의하였다. 그리하여 기술과 윤리가 함께 가고, 인간이 그 중심 되는 그런 미래사회를 꿈꾼다.

이 책을 쓰면서 저자의 생각을 가장 깊숙이 지배한 것을 스위스 나라와 국민이었다. 알프스 산기슭의 척박한 환경을 이겨내고, 지상의 천국과 같은 세상을 일구어낸 스위스인 들에게 존경을 경의를 표하고 싶다. 저자는 그들이 창안해 낸 여러 가지 제도와 정책들을 크게 참고하였다. 이를테면, 그들의 독특한 영세중립제도, 가장 경제적이고 효율적인 군사제도(상비군이 아닌 민병체제), 정당 간에 권력을 분점하는 중앙정치(정당이 다른 7명의 장관이 내각을 구성), 중앙과 지방의 권력분할, 주민이 주인인 지방자치(직접민주주의), 1인당 국민소득(약 87,000달러 USD, 2020년)이 세계 최고수준인 경제와 산업정책(정밀기계, 제약), 잘 설계된 교육정책(유럽 최고의 쥬리히 공과대학, 노벨상 32명 배출), 가장 안전하다는 금융업, 수많은 국제기구들, 친환경적인 국토관리와 관광산업 등등 모두가 창의적이고 그 나라에서 자생적으로 탄생한 것들이다.

저자는 몇 차례 스위스를 방문하면서 지방자치 현장을 관찰할 기회가 있었는데, 모두가 국민중심이고, 주민이 주인인 참 민주정치의 모습이었다. 어느 것 하나도 버릴 것이 없는 스위스라는 생각이

들었다. 그들이 아름답게 일구어 놓은 알프스 산과 국토에 감탄하였고, 그들의 독특한 민요인 요들송에도 매료되었다. 물론 그들도 인간사회이기에 더 깊이 들어가면 문제들도 있을 것이다. 그러나 그런 스위스는 마치 인간이 만들어 낸 지상의 천국이 아닐까 하는 생각마저 들었으며, 그런 곳에서 더불어 살아가는 동물들도 더없이 평화롭고 행복해 보였다. 저자는 이런 스위스와 같은 통일 대한민국을 꿈꾼다.

이 책을 통해서 통일 대한민국의 안전과 번영을 위해 제시한 많은 것들은 그 자체로서는 목적이 될 수 없는 수단적 방안에 해당할 것이다. 그럼 이들 수단을 통해서 무엇을 추구하려 했는가? 그것은 궁극적으로 대한민국과 국민이 그 안전과 번영의 기반 위에서 이 땅에서 참으로 '행복'한 삶을 누릴 수 있는 토대를 마련해 보려는 것이었다.

'행복'이 무엇이냐에 관해서는 사람에 따라 그 해석이 분분하다. 혹자는 '행복'(幸福, happiness)을 만족감이나 기쁨, 즐거움, 의미, 가치 등의 요소가 복합적으로 내포된 포괄적 개념으로 보기도 하고, 또 다른 이는 단순히 생활에서 느끼는 기쁨이나 만족감을 말하기도 한다. 그러나 여기서는 행복이란 말의 정의를 깊이 고찰하자는 것은 아니고, 다만 행복 개념을 "어떤 일에 대한 주관적인 만족감이나 성취감 내지 기쁨"정도로만 이해하고자 한다. 이 같은 행복감을 현재와 미래의 대한민국과 그 구성원들은 물론이고, 그 주변과 이웃 국가들까지도 함께 누릴 수 있는 그런 '행복한 세상'을 그려내는 것이 이 책의 목표다.

국가가 행복하기 위해서는 스스로 세운 목표를 달성해 내고, 동시에 그 구성원인 국민을 행복의 길로 인도할 수 있어야 한다. 앞으로 통일한국이 직면하게 될 가장 어려운 과제 중의 하나는 국민통합을 이루어내는 일이 될 것이다. 이것을 원만하게 해결해 내지 못한다면, 이 책에서 제시한 수많은 방안들도 의미를 잃게 될 것이다. 이유인즉, 정책보다는 사람이 먼저이기 때문이다. 통일과 더불어 상당히 생각이 다른 8천만의 대인구가 한 지붕 아래서 함께 살게 되면서 일어나는 각가지 갈등과 불협화음을 여하히 통합해서 하나로 묶어내느냐가 물리적인 통일 못지않게 중요한 과제가 된다. 이 문제의 해결에는 탁월한 지도자가 요구되고, 국민의 自省(자성)이 필요하다.

통일 대한민국에서는 국가 못지않게 그 구성원인 개별 국민 또한 진정으로 행복한 삶을 영위하는 세상이어야 한다. 아무리 국가가 강해도 국민이 행복하지 않다면 의미가 없는 것이다. 그러나 미래 사회에서는 개인이 행복하기가 참 어려운 환경에 놓이게 될 전망이다. 구체적으로는, 4차 산업혁명시대를 맞이하여 국가(통일 대한민국)는 과학기술과 문화대국으로 무장하여 이른 바 유토피아(utopia)를 성취할 수 있을는지는 모르나, 각 개인은 인공지능(AI) 등 첨단기술에 떠 밀려서 대부분이 일자리를 잃고, 사실상 실업(失業)이 뉴 노멀(new normal)이 되는 디스유토피아(dystopia)를 경험하는 참혹한 미래를 예상해 볼 수 있다.

이런 미래에서는 국민도 가진 자와 못 가진 자 간의 간격이 훨씬 더 벌어지게 되고, 소수의 재벌과 기업이 대다수의 국민을 먹여 살리는 부의 양극화가 극심하게 될 것으로 전망한다. 일자리를 갖지 못한 대다수의 개인은 할 일이 없어 매일 '먹고 놀고 쉬는'것이 일상인 세상이 되는 것이다. 이들은 연금이나 정부의 복지정책에 의존할 수밖에 없게 되고, 그 복지 수준은 미흡할 수밖에 없다. 여기에

다가 1인 가족시대까지 합쳐지면서 사회적으로는 고독과 소외, 우울증 등으로 정신병이 만연하고, 사회적 불만과 자살률이 더욱 커질 전망이다. 이미 한국은 높은 자살률이 사회적 문제가 되고 있는데, 기술사회가 진행될수록 이 문제는 더욱 심각해지리라고 본다.

행복문제와 관련하여 국민의 행복지수통계를 살펴보면, 한국인은 2020년 현재 행복지수 상 세계 153개에서 61위를 기록했다. 유엔 산하 자문기구인 지속가능발전해법네트워크(SDSN)가 발표한 〈2020 세계행복보고서〉에 따르면, 국가별 행복지수에서 한국인은 2019년 보다 7계단 하락한 61위를 기록했다. 이 통계에는 1인당 평균소득(GDP), 건강기대수명, 관용, 부정부패, 사회적 지원, 삶에 대한 선택의 자유 등 모두 6개의 지표를 기준으로 국가별 행복지수를 산출했다. 한국은 10점 만점에 5.872점을 받았다.

〈표 10-4〉 한국인의 행복지수 순위(153개국 중)

연도	2015	2016	2017	2018	2019	2020
순위	47	58	56	57	54	61

출처: 유엔 지속가능발전해법네트워크(SDSN), 2020 세계행복보고서 재구성.

한국은 국력수준(11위, 2020년)에 비하여 국민의 행복지수 면에서는 크게 부족한 것이 들어나 있다. 2020년 기준으로 한국은 건강기대수명(10위)과 1인당 평균소득(27위)에서는 좀 나은 편이지만, 나머지 항목인 관용(81위), 부정부패(81위), 사회적 지원(99위)에서는 중하위급이고, 삶에 대한 선택의 자유(140위)에서는 최하위급을 기록했다. 한국은 경제적으로는 풍요롭고 보건의료서비스에서는 앞서가지만, 사회적으로는 갈등과 차별, 불신이 팽배하고, 개인이 더 나은 삶을 선택할 기회와 이에 대한 사회적 지원에 있어서는 매우 미흡한 것으로 나타났다. 이것은 정확하게 한국사회를 평가한 것이다. 정부와 국민이 심각하게 받아들여야 할 대목이다. 아무리 국가가 부강해도 국민이 행복하지 않는 사회라면 무의미한 것이다.

한편, 행복지수 상에서 상위 10위권에 들어간 국가들의 면면을 살펴보면 아래 표에서 보는 바와 같이 뉴질랜드를 빼고 나면 모두 유럽 국가들이며, 공통적인 점은 모두 지방자치가 활발하고 인구가 적은 강소국이라는 점이다. 이것을 보면 국민의 행복에 관한 한 반드시 큰 인구나 군사강국이 될 필요는 없고, 국민의 기대와 수요에 충실히 응답하고, 국가의 크고 작은 일들도 국민이 스스로 결정하는 작지만 행복한 강소국이 오히려 바람직함을 말해주고 있다.

〈표 10-5〉 상위 10위권 국가의 행복지수 순위

(2020년, 153개국 중)

순위	1	2	3	4	5	6	7	8	9	10
국가	핀란드	덴마크	스위스	아이슬란드	노르웨이	네덜란드	스웨덴	뉴질랜드	오스트리아	룩셈부르크

출처: 유엔 지속가능발전해법네트워크(SDSN), 2020 세계행복보고서.(재구성)

이 책을 통하여 이 나라와 국민이 영원무궁한 안녕과 번영을 누리기 위한 많은 방안들을 찾기 위해서 노력했으나 결국 사람의 행복은 주관적인 만족감에 달린 문제로 볼 때, 거대한 국가권력이나 부국강병과 같은 외형적(hardware)인 것들에 못지않게 개별 국민의 감성이나 인권, 공정, 윤리, 인간존중 등과 같은 내면적(software)인 면에도 정책자들이 더욱 세심한 관심을 둘 필요가 있어 보인다. 이 책을 마무리하면서 이 연구가 미흡하나마 새로운 통일연구의 촉진제가 되고, 앞으로 '통일한국의 선택'이 요청될 때 새로운 길을 여는 데 작은 길잡이가 되기를 바란다.

강장석(姜長錫)

- 연세대 행정학과 졸
- 서울대 행정대학원 졸
- 미국 하와이대학교 정치학박사
- 제1회 입법고시 합격
- 국회사무처 국제국장, 기조실장, 통일외교위원회 수석전문위원 역임
- 국민대학교 정치대학원 교수(전)
- 대통령 자문위원(전)
- IPU 총회 참석차 평양 방문(1991년)
- 세계 80여 개국 정부, 국회 방문
- 홍조근정훈장
- 한국의회학회 회장
- 한국미래학연구소 대표

| 저서 |
- 국회제도개혁론
- 프라하의 봄
- Conflict Management in Divisive Legislatures